Rolf Esser

Arbeitsblätter

Musik

für die Sek. I

Verlag an der Ruhr

Impressum

Titel: Arbeitsblätter Musik für die Sek I

Autor: Rolf Esser

Druck: Druckerei Uwe Nolte, Iserlohn

Verlag: Verlag an der Ruhr

Postfach 10 22 51, 45422 Mülheim an der Ruhr
Alexanderstr. 54, 45472 Mülheim an der Ruhr
Tel.: 02 08 – 439 54 54 Fax: 02 08 – 439 54 39
e-mail: info@verlagruhr.de
http://www.verlagruhr.de

© Verlag an der Ruhr 1999
ISBN 3-86072-409-6

Die Schreibweise der Texte folgt
der reformierten Rechtschreibung.

Gedruckt auf chlorfrei gebleichtes Papier.

Inhaltsverzeichnis

Inhaltsverzeichnis

Abkürzungen auf den Arbeitsblättern:

Alle in den Texten genannten Namen und Bezeichnungen können geschützte Markenzeichen sein und werden anerkannt.

INFO = Information, z.T. mit Aufgaben

AB = Arbeitsblatt

LZK = Lernzielkontrolle

OHP = Vorlage für Overhead-Projektion

Einleitung

Liebe Kolleginnen und Kollegen,

die Arbeitsblätter Musik wurden so gestaltet, dass fertige Übersichten, Arbeitsvorschläge, Grafiken und Lernzielkontrollen Ihnen einen schnellen Zugriff gestatten und die Arbeit erleichtern. Die Themen stammen aus dem Repertoire der Sekundarstufe I und bieten sicher für jeden/jede ein breites Spektrum der Anwendbarkeit. Der Übersichtlichkeit halber beschränkt sich der Epochen-Überblick auf die EUROPÄISCHE MUSIKGESCHICHTE, zumal sich das Arbeitsmaterial insgesamt überwiegend darauf bezieht. Mit diesen Arbeitsblättern lassen sich vorhandene Unterrichtsreihen bequem ergänzen, für neue Reihen bieten die Materialien vielfältige Grundlagen. Auch zu alternativen Arbeitsformen wie Gruppenarbeiten oder Referaten sind Anregungen vorhanden. Selbst Freiarbeit sollte mit vielen Blättern möglich sein.

Es versteht sich von selbst, dass zahlreiche Vorlagen einer Ergänzung durch entsprechende Musikbeispiele bedürfen, die dieser Mappe natürlich nicht beiliegen, da sonst zu hohe Kosten entstehen würden. Tatsächlich sind es aber Beispiele, die sich vermutlich ohnehin im Archiv einer jeden Musiklehrerin und eines jeden Musiklehrers befinden. Ich erspare mir daher eine Diskografie. Allein für den Klassikbereich kann man davon ausgehen, dass jede Schallplattengesellschaft ein entsprechend breit gefächertes Angebot bereithält.

Manche Arbeitsblätter erfordern eine ganz spezifische Musikzusammenstellung, die sich aber aus dem Kontext ergibt. (Einige Vorschläge – sie beziehen sich auf das Arbeitsblatt „Aktiv Hören!" – finden Sie dem Lösungsteil vorangestellt.) Wenn man sich eine solche Arbeit „antut", macht sie doch letztendlich großen Spaß, wie ich aus eigener Erfahrung sagen kann. Schließlich hört man dabei mal wieder in Tondokumente hinein, die jahrelang unbeachtet geblieben sind.

Bleibt noch, Ihnen einen erfolgreichen Musikunterricht mit musisch aufgeschlossenen Schülerinnen und Schülern zu wünschen.

Rolf Esser
(März 1999)

Epochen-Überblick

ab Beginn der Menschheitsgeschichte	**Urzeit**
ab ca. 3000 v.Chr.	**Antike** (Mesopotamien, Palästina, Indien, China, Ägypten, Griechenland, Rom)
ca. 1 n.Chr. – 800	**Spätantike** und **frühes Mittelalter**
ca. 800 – 1400	**Mittelalter**
15./16. Jahrhundert	**Renaissance** (flämisch-burgundische Tonkunst, Reformation)
ca. 1600 – 1750	**Barock** (Generalbass-Zeitalter)
18. Jahrhundert	**Klassik**
19. Jahrhundert	**Revolution** und **Romantik**
20. Jahrhundert	**Moderne**

Die Entwicklung der Musik

 MUSIK THEORIE

Antike
ab ca. 3000 v.Chr. bis ca. 1 n.Chr.

- Vorherrschaft der Griechen
  in Musiktheorie und Praxis
- antike Chöre
- Psalmodien (Vorträge von Psalmen
  im gehobenen Sprechgesang)
- kultische Gesänge
- Einfluss des frühen Christentums brachte
  eigene geistliche Musik im Kulturkreis
  des Römischen Reiches hervor

Spätantike und frühes Mittelalter
ca. 1 n.Chr. bis ca. 800

- entscheidender Einfluss durch
  Papst Gregor den Großen; um das Jahr 600 n.Chr.
  traf er aus den überlieferten Altargesängen eine Auswahl,
  die unter dem Namen Gregorianik zum Kern
  der katholischen Kirchenmusik wurde

Mittelalter
ca. 800 bis ca. 1400

- um 900 n.Chr. wurde das Zusammensingen in
  mehreren nebeneinander laufenden Melodieketten üblich;
  der Übergang zur Vorherrschaft der Mehrstimmigkeit
  vollzog sich jedoch langsam und fließend und dauerte
  bis ca. 1200 n.Chr.

Renaissance
flämisch-burgundische Tonkunst, Reformation
15./16. Jahrhundert

- komplizierte Sätze in der Mehrstimmigkeit;
  häufig auf der Grundlage von Volksliedern
- Notendruck
- trotz des 30-jährigen Krieges kam es
  zu einer reichhaltigen Musikentfaltung
- protestantischer Barock
- Leipziger Thomaskantorat
- Dietrich Buxtehude (galt vor J. S. Bach als
  bedeutendster Orgelmeister Norddeutschlands)

Barock (Generalbass-Zeitalter)
ca. 1600 bis ca. 1750

- um 1600 Geburt der Oper;
  große Bedeutung italienischer Komponisten
  (z.B.: C. Monteverdi)
- Oper = weltlich (ernst-heiter)
- Oratorium, Oratorien = geistlich
- Suche nach der Verbindung des Göttlichen
  mit dem Menschlichen
- Corelli (Italien) als „erster Instrumental-
  komponist"
- Bach
- Händel

→

Die Entwicklung der Musik
Fortsetzung

Klassik
18. Jahrhundert

- Sinfonie als neue Kunstform
- Vertreter:
  Haydn, Mozart, Stamitz,
  Carl Phillip Emanuel Bach (Sohn von
  Johann Sebastian Bach)

Revolution und Romantik
19. Jahrhundert

- Zeitalter Napoleons;
  „politische Etappe" der europäischen Musik
- Beethoven (Eroica-Sinfonie!)
- Vertreter:
  Weber, Berlioz, Liszt, Bruckner, Brahms,
  Wagner, Schumann, Chopin

Moderne
20. Jahrhundert

- Abkehr von Traditionen
- Expressionismus
- Zwölftonmusik
- Vertreter:
  Strawinsky, Bartok, Hindemith, Schönberg,
  von Webern, Berg
- Im Verlauf des Jahrhunderts völlig neue
  musikalische Ansätze; neue Möglichkeiten
  durch Elektronik und Medien
  experimentelle Musik, elektronische Musik,
  Verfremdung

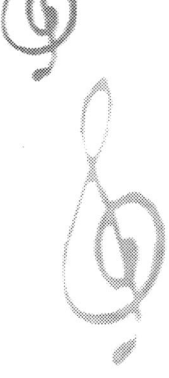

Aufgaben

1. Schlage in Geschichtsbüchern und Lexika nach:
   Was geschah in den einzelnen Epochen jeweils
   in der Politik, in Kunst und Wissenschaft,
   in der Musik?
2. Ermittle für jeden Zeitraum bedeutende
   MusikerInnen.

Die Renaissance

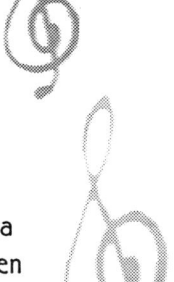

Begriffserklärung:
von lateinisch „renasci" = Wiedergeburt

Historischer Überblick
Bereits im 14. Jahrhundert kam die Vorstellung auf, dass römische Bildung, Sprache, Dichtung und Kunst nach vielhundertjährigem Schlaf wieder erweckt worden seien. Im 15. Jahrhundert wurde diese Vorstellung zum Lebensgefühl, in einem Zeitalter (Epoche) einer umfassenden Erneuerung des menschlichen Geistes zu leben, „wieder geboren" zu werden. Der italienische Künstler Giorgio Vasari hat 1550 erstmals das Wort „rinascita" für die Beschreibung dieser kunstgeschichtlichen Epoche benutzt. Im heutigen allgemeinen Sprachgebrauch meint man mit „Renaissance" einen Zeitraum geistiger Strömungen, dessen Grenzen zwar fließend sind, der sich aber in der Hauptsache auf das 15. und 16. Jahrhundert erstreckt.

GeschichtswissenschaftlerInnen streiten sich erheblich über die Existenz und Dauer dieser Epoche, zumal das auch heute noch weit verbreitete Bild der Renaissance von 1860 stammt (Jakob Burkhardt: Die Kultur der Renaissance in Italien) und sich ausschließlich auf Italien bezieht.

Der Begriff der Renaissance als Bezeichnung für eine Epoche der Kultur- und Geistesgeschichte kann dennoch aufrechterhalten werden, wenn man ihn nicht einseitig als Wiedererweckung der Antike sieht. Die Renaissance hat in der Menschheitsgeschichte der letzten zweitausend Jahre den europäischen Geist nachhaltig und dauerhaft bestimmt. In der Kunst und in der Musik legte man in diesen Jahrhunderten erstmals die theoretischen Grundlagen für das fest, was bis dahin nur mit den Sinnen erfasst worden war. Die Menschen der Renaissance glaubten an Gott, aber auch an sich selbst. Die mittelalterliche Bürde von Schuld und Sühne wurde zu Gunsten einer freudvollen Leichtigkeit des Herzens abgelegt, da die Menschen sich ihres Heils sicher fühlten.

Was passierte in der Politik?
- Reformation (Luther)
- Bauernkriege
- Inquisition – Philip II.
- Fugger – Karl V. – Frühkapitalismus
- spanischer Imperialismus – Kolonien – Sklavenhandel von Afrika nach Mittelamerika
- Osmanisches Reich – die Türken beherrschen fast den gesamten Mittelmeerraum
- Mongolenherrschaft in Russland bis 1480
- Niedergang der Hanse um 1500

Was passierte in Kunst und Wissenschaft?
- Mensch und Natur stehen im Mittelpunkt aller Betrachtungen
- der nackte Mensch wird in der Kunst dargestellt
- die Anatomie des menschlichen Körpers wird studiert (Leonardo da Vinci, Dürer)
- Erfindung des Buchdrucks durch Gutenberg
- Entwicklung von Handfeuerwaffen
- Humanismus (14.–16. Jh.) = wissenschaftliche Bewegung, in der man griech. und lat. Sprache, Kultur und Wissenschaft wieder entdeckt und anwendet; der Mensch steht im Vordergrund (humanus = menschlich)
- heliozentrisches Weltbild (Kopernikus)
- In der Kunst nimmt man Aufträge für weltliche Zwecke an
- die Erde wird entdeckt (Columbus, Magellan, Vasco da Gama)
- Medizinische Fortschritte (Paracelsus)
- Michelangelo (Malerei, Bildhauerei), Perspektive und Natürlichkeit in der Kunst

→

Die Renaissance
Fortsetzung

Was passierte in der Musik?

- Entwicklung von Vollklang und Mehrstimmigkeit
- Akkordentwicklung
- funktionale Dreiklangharmonik
- Dur- und Molldreiklänge verdrängen Kirchentonarten des Mittelalters
- Gesang mit bewusstem Einsatz des Atems
- Lebendigkeit und Natürlichkeit
- Paris, Venedig, München, Rom, Cambrai sind Zentren der Musik
- 3-stimmiger Satz (13.-15. Jh.)
- 4-stimmiger Satz (Ende 15. Jh.)
- auf geistlichen Kompositionen (Messe, Motette) im 15. u. 16. Jh. liegt das Hauptgewicht
- im 16. Jh. entsteht das italienische Madrigal als gleichwertige weltliche Gattung (Madrigal=mehrstimmiges Chorallied, das weltliche Dichtung kunstvoll auslegt; Hauptvertreter u.a. C. Monteverdi)
- Chanson in Frankreich
- eine Tradition der Instrumentalmusik bildet sich heraus
- Entwicklung der Partituren, die nun auch gedruckt werden können

Instrumente:

- Schalmei, Blockflöte, Zink, Krummhorn
- die Laute als Hausinstrument des 16. Jh.
- die klassische Gitarre
- die Familie der Doppelrohrblatt-Instrumente
- Virginal, Spinett, Cembalo
- Entwicklung der großen Kirchenorgel
- Rebec, Viole (Gambe), Geige, Kontrabass, Chittarone (Bassgitarre der Renaissance)

Musiker:

- Orlando di Lasso (Kapellmeister der bayerischen Hofkapelle München)
- Bull, Dowland (England)
- Palestrina, Gabrieli (Italien)

Orlando di Lasso (1532–1594)

Der niederländische Komponist sang als Kind schon im Kirchenchor und war bis zum Alter von 12 Jahren bereits wegen seiner schönen Stimme dreimal entführt worden. Seine Eltern gaben ihn zur Sicherheit in das Gefolge von Fernando Gonzaga, Vizekönig von Sizilien. Mit 18 kam er in den Stimmbruch. Er ging nach Rom, wo er zwei Jahre blieb und einen Kirchenchor leitete. Um 1555 gab er in Antwerpen erste Kompositionen heraus: ital. Madrigale, lat. Motetten, franz. Chansons und zeigte damit seine große Vielfalt.

1556 nahm er die Stelle an, die er für den Rest seines Lebens behielt: Musiker am Hof Herzog Albrechts V. in München. Sieben Jahre später wurde er Leiter der Hofkapelle. Die Lebensumstände sagten ihm mehr zu und er verließ Deutschland selten, selbst als Karl IX. von Frankreich ihm ein großzügiges Angebot machte, lehnte er ab. Er bekam in München zum Ausgleich ein festes Jahreseinkommen. Kaiser Maximilian adelte ihn sogar.

Der Komponist enttäuschte seine Gönner nie. Die Zahl von di Lassos Werken wird auf über zweitausend geschätzt, nahezu die Hälfte davon ist geistliche Musik. Er zeigte nicht nur größte handwerkliche Fertigkeiten, sondern eine visionäre Tiefe, die mit der Michelangelos verglichen worden ist. Auch seinen weltlichen Werken kamen diese Fähigkeiten zugute, samt einer außergewöhnlichen Einfühlsamkeit in den Texten.

Aufgaben

1. Suche in einem Musik-Lexikon oder in der Bibliothek einige typische Renaissance-Instrumente. Beschreibe und zeichne sie!
2. Erkläre, was ein mehrstimmiger Satz ist.
3. Überlege dir, was es in der Renaissance bedeutet hat Musiker und Komponist zu sein?
4. Was unterscheidet deiner Meinung nach heutige Musiker und Komponisten von den damaligen?

Das Barock

 MUSIK THEORIE

Das Zeitalter des **Barock** umfasst ungefähr den Zeitraum von **1600–1750**. Stilistisch bezeichnet man damit eine stark verzierte und theatralisch wirkende Kunst. Für den Bereich der Musik ist der Begriff jedoch eher irreführend und wenig zutreffend, fand doch im Zuge der Gegenreformation zum Beispiel der Kirchengesang wieder eine klare und strenge Form. Im Gegensatz dazu standen die überquellenden Opernaufführungen in den italienischen Opernhäusern. Von einem einheitlichen „Barockstil" kann also keine Rede sein.

In dieser Epoche vollzogen sich in Europa entscheidende Veränderungen. Durch die Erfindung des **Buchdrucks** verbreiteten sich Wissen und Wissenschaft schneller als jemals zuvor. Bildung war nicht mehr länger nur wenigen Eingeweihten wie den Mönchen vorbehalten. Das erwachende Interesse an antiken Gedanken brachte neue Philosophien hervor, die auf die Künste abfärbten.

Dieses Denken fand Eingang in die Gesellschaft des 17. Jahrhunderts. In Italien ging man neue Wege in der Musik. Begriffe wie „opera", „sonata" und „cantata" prägten das musikalische Schaffen. Instrumentale Kompositionen standen ganz im Gegensatz zur bisherigen Kirchenmusik, die vokal orientiert war. Der Verlust der Kirchenautorität durch die Reformation machte künstlerischen Wandel möglich. Die Komponisten schrieben immer komplexere Musikstücke, die von den Solisten immer mehr Können verlangten.

Gerade die **Oper** wurde zur beherrschenden Kunstform. Sie sprengte alle Formen: In der Besetzung, in der Darbietung und in der Bühnenarchitektur war nun alles möglich. Durch den ungemein schwierigen „bel canto" (schöner Gesang) wurde den Sängern und ihren Stimmen alles abverlangt. Die bejubelten Stars jener Zeit waren die „castrati". Ihre Rollen können heute fast nur noch von Frauen gesungen werden.

Die Oper trat ihren Siegeszug durch Europa an. Die ersten großen Orchester entstanden am Hofe Ludwigs XIV. Der Dreißigjährige Krieg stellte im Norden allerdings für die Musik die Weichen anders. Der Protestantismus setzte sich durch. Die Tradition seiner Kirchenmusik gipfelte in den Werken **Bachs** und **Händels**.

Während Händel auf Grund seiner Italienerfahrungen auch entsprechende Opern komponierte, liegt von Bach keine Oper vor. Er setzte vor allem mit seinen Klavierwerken neue Maßstäbe der barocken Musik.

Bach   Händel

Was passierte noch in der Musik?

- Orgel, Violine und Cembalo als typische Instrumente des Barock, Klavichord als Instrument für die Hausmusik
- neu entwickelt sich das Hammerklavier
- Generalbassstimme als Referenzstimme, auf der die begleitenden Instrumente ihre Akkorde aufbauen
- es bildet sich das Concerto als wichtigstes Formprinzip heraus, gekennzeichnet durch Solostimmen einerseits und Orchester andererseits, die in ständigem Wechsel einsetzen
- eine Form des Concerto ist das so genannte „Concerto grosso", bestehend aus vier und mehr Sätzen; ein typisches Violinkonzert besteht demgegenüber aus drei Sätzen
- aus einer anderen Konzertform, der „Sinfonia concertante", dem Zusammenspiel aller Instrumente, entwickelt sich das Solokonzert, bei dem ein Instrument besonders hervorgehoben wird
- ausgehend von Italien, Verbreitung des Oratoriums in Mitteleuropa; in England von Georg Friedrich Händel eingeführt. Das Oratorium gründet sich auf einer gesungenen Erzählung, Chöre beherrschen das Musikgeschehen

Das Barock

Name:

Klasse:

1. Welche Musikformen kennzeichneten die Epoche der Renaissance?

_____

_____

_____

_____

2. Nenne wichtige Barockmusiker!

_____

_____

_____

3. Welche Musikformen bildeten sich in der Barockzeit heraus?

_____

_____

_____

_____

4. Nenne Instrumente der Barockzeit! Welches Instrument wurde neu entwickelt?

_____

_____

_____

_____

5. Wie war eine typische Komposition aufgebaut?

_____

_____

_____

_____

Punktzahl:

Bewertung:

Die Klassik

Es ist immer etwas zweifelhaft, kulturelle Entwicklungen mit einem Etikett zu versehen, etwa zu sagen, das eine sei Barock, das andere aber schon Klassik. In der Musik und Kunst haben wir es immer mit Prozessen zu tun, die ineinander übergehen und ebenso voneinander abhängen. Wenn wir also vom Zeitalter der Klassik in der Musik reden, so meinen wir damit eigentlich nicht die absolute Trennung von vorhergehenden oder nachfolgenden Epochen, sondern das in diesem bestimmten Zeitabschnitt hervortretende, besonders Eigentümliche. Zu bedenken ist auch, dass solche epochalen Bezeichnungen erst sehr viel später entstanden sind.

Was zeichnet nun die **Klassik** aus? Das Wort selbst gibt schon einen Hinweis: Als „Klassiker" bezeichnet man heute Erscheinungen, die so etwas wie einen ewig gültigen Wertmaßstab gesetzt haben. Der VW-Käfer wäre – unter den Automobilen – so ein Klassiker. Oder – in der Popmusik – das richtungsweisende Beatles-Album „Sergeant Pepper´s Lonely Hearts Club Band".

Mit dem Tode Bachs 1750 deutete sich das Ende einer musikalischen Grundhaltung und ein neuer Wertmaßstab an, zumal im selben Jahr durch Rameau eine Harmonielehre veröffentlicht wurde, die der Melodie sehr viel mehr Freiheit als bisher gab. Damit offenbart sich ein weiterer Wesenszug klassischer Musikentfaltung. Der mitunter überladene Barockstil wurde ersetzt durch eine Natürlichkeit im Umgang mit Akkord und Melodie, die Formen wurden klarer und damit auch für das Bürgertum verständlicher. Das von Jean-Jacques Rousseau geprägte „Zurück zur Natur" wurde nun auch zum Leitmotiv der Komponisten. Die Musik begann nicht mehr ausschließlich eine hochherrschaftliche zu sein.

Gut 80 bis 100 Jahre währte das klassische Zeitalter. Den neuen musikalischen Wertmaßstab setzten die so genannten „Wiener Klassiker" **Haydn, Mozart** und **Beethoven**. Ohne sie wäre sicher die Geschichte der Musik anders verlaufen. Gleichzeitig löste Wien die bisherige italienische Vorherrschaft ab und wurde zum Zentrum europäischer Musik. Der Habsburger Hof war schon lange der Kristallisationskern, der die großen Musiker an sich band, die kaiserliche Hofkapelle stellte eine Ansammlung berühmter Namen dar. **Christoph Willibald Gluck** wurde der Musiklehrer von Marie-Antoinette. Aber immer mehr begann auch das Wiener Bürgertum die Kunst zu fördern und immer mehr Musiker kamen aus den mittleren Schichten des Volkes.

Aus musikalischer Sicht ist die Klassik sicher das Zeitalter der Sinfonie. Die sinfonische Entwicklung wäre aber nicht denkbar gewesen ohne eine gewaltige Weiterentwicklung der bisherigen Orchesterform. Die Wurzeln dazu wurden ebenfalls um 1750 durch das europaweit gerühmte Mannheimer Orchester von **Johann Stamitz** gelegt. Dieses Orchester war allerdings nur etwa halb so groß wie ein heutiges Sinfonieorchester. Mit jeder neuen Sinfonie war von nun an fast zwangsläufig eine Vergrößerung des Klangkörpers verbunden. Wieder war es Beethoven, der 1804 mit seiner **Eroica-Sinfonie** einen neuen Maßstab vorgab: Sie war mehr als doppelt so lang und weitaus geräuschvoller als jedes bis dahin bekannte Musikwerk. Parallel zur Orchesterentwicklung machte der Instrumentenbau entscheidende Fortschritte. Holz- und Blechblasinstrumente erreichten eine neue Güte, Klavier und Flügel wurden weiterentwickelt.

Die bereits im 17. Jahrhundert entwickelte Sonate erhielt in der Klassik eine neue strengere Form. Man erprobte nunmehr die formale Struktur einer Sonate, die auf Sinfonien, Streichquartette und Kammermusik gleichermaßen Anwendung fand. Sie bestand aus vier Sätzen, an die folgende formale Anforderungen gestellt wurden:

1. Satz: längster Satz, u. U. mit langsamer Einleitung
2. Satz: langsam, in abgehobener Tonart
3. Satz: Menuett, leicht heiter
4. Satz: schnell, variationsreich

Innerhalb der einzelnen Sätze waren weitere formale Bedingungen zu erfüllen. Beethoven schrieb etwa drei Viertel seiner Werke in der Sonatenform. Das Erstaunliche daran ist jedoch, dass das Ergebnis nie uniform wirkt.

Christoph
Willibald Gluck

Die Romantik

Auch die Abgrenzung der Romantik von der vorausgehenden Epoche der Klassik ist schwierig. Große Komponisten wie Beethoven wirkten noch, als die nachfolgende Musiker-Generation schon antrat: **Chopin, Schubert, Mendelssohn, Liszt, Schumann/ Schumann, Wagner.** Sie wurden fast gleichzeitig geboren, doch ihre Musik war so unterschiedlich, dass man sie kaum in dieselbe Epoche einordnen würde.

Sie alle jedoch waren Erben eines Zeitalters der Revolutionen, der Aufklärung und des politischen Umbruchs. Ihnen blieb nur die Veränderung und die Andersartigkeit im Ausdruck. Die Revolution hatte Beethoven schon vollzogen. Was war da – im 19. Jahrhundert – noch zu tun?

Den Romantikern kam es sehr entgegen, dass das Klavier als Instrument eine neue Dimension erhielt. Durch die Erfindung des gusseisernen Rahmens erfuhr es eine Steigerung im Tonumfang und in der Klangentfaltung. Die **Romantik** war die **Epoche der Klaviermusik**. Die Klavierbegleitung wurde zum Motor der romantischen Komponisten, die nebenbei auch noch hervorragende Instrumentalisten waren.

Frédéric Chopin

Kurze Instrumentalstücke wurden zur Paradedisziplin der romantischen Musiker. In ihnen wurden Stimmungen so wiedergegeben, wie ein Maler seine Eindrücke malen würde. Als Beispiele seien Schumanns „Träumerei" aus den „Kinderszenen" genannt oder Mendelssohns „Bienenhochzeit", in denen die Ansätze der später so benannten „Programm-Musik" erkennbar wurden.

Chopin schrieb fast ausschließlich für das Klavier. Schubert widmete sich besonders der Liedform, indem er Liedtext und Musik auf neue Weise miteinander verband. Im Hinblick auf den personellen Aufwand lohnten

sich solche kleinen Musikstücke für den orchestralen Einsatz natürlich nicht. So benutzten die Romantiker zwar zunächst die bekannte Sinfonieform, füllten sie aber mit neuen Inhalten. „Sinfonische Dichtung" nannte es Liszt, für Richard Strauss waren es „Tondichtungen". Berlioz erprobte neue Orchestermöglichkeiten. Da er kein Pianist war, schrieb er auch gleich ein bahnbrechendes Werk zum Thema „Orchestrierung".

Immer mehr gelang es den Romantikern, ein Orchester interessant erklingen zu lassen, ohne dass man unbedingt einen formalen Rahmen erkennen konnte. Wenn man so will, machten sie den Weg frei für ihre Nachfolger – frei von Tradition und Konvention.

Und noch etwas: Frauen traten nun erstmals deutlich aus dem Schatten der Männer heraus. So wurde Clara Wieck, die Frau Robert Schumanns, eine der größten Pianistinnen des 19. Jahrhunderts. Sie gab Konzerte in ganz Europa.

Clara Wieck, verheiratete Schumann

Themenvorschläge für Referate

Aus dem Bereich der so genannten E- Musik:

Leben und Werk eines berühmten Komponisten
- Bach, Händel
- Haydn, Mozart, Beethoven

Gattungen
- Die Oper
- Die Operette
- Das Musical

Komposition und Klangkörper
- Berühmte Kompositionen
- Das Orchester und seine Instrumente
- Berühmte Orchester, berühmte Dirigenten

Die Grenzen der Musik
- Die Modernen
- Elektronik-Experimente mit den Klängen

Aus dem Bereich der so genannten U-Musik:

Entwicklung der Rock- und Pop-Musik
- Die Musik der 50er-, 60er-, 70er-, 80er- Jahre
- Heutige Musikströmungen
- Instrumente der Rock- und Popmusik und ihre Entwicklung

Gattungen
- Der Blues
- Der Jazz
- Der Rock´n´Roll
- Die Beatmusik
- Reggae
- Punk

MusikerInnen – Gruppen – Ereignisse
- Die Beatles
- Die Rolling Stones
- Jimi Hendrix
- Das Woodstock-Festival und die Folgen
- Die Flower-Power-Zeit und ihre Musik
- Gruppen, MusikerInnen oder Ereignisse der Rock- und Popgeschichte nach Wahl

Hinweise für SchülerInnen

→ Die Referatthemen können frei ausgewählt werden, sollten aber mit der Klasse/Gruppe abgestimmt sein, um Wiederholungen zu vermeiden.

→ Es gilt für alle eine Vorbereitungszeit von zwei Monaten ab Themenwahl.

→ Die Referate werden mündlich vorgetragen unter Verwendung der schriftlichen Aufzeichnungen. Die schriftliche Ausarbeitung muss nach dem Referat als zusätzliche Bewertungsgrundlage abgegeben werden.

→ Es versteht sich von selbst, dass Musikreferate auch Tonbeispiele enthalten sollten. In vielen Fällen ist es sogar möglich, ein entsprechendes Video einzusetzen.

→ Daten und Fakten, die man sich schlecht merken kann, sollten den MitschülerInnen an der Tafel oder auf einer Folie angeboten werden.

→ Die Bewertung findet insgesamt nach folgenden Gesichtspunkten statt: Thematische Aufbereitung, Vortrag/Darbietung, schriftliche Ausarbeitung.

Beispiel für den Aufbau eines Referates

 MUSIK THEORIE

THE WHO (Schülerreferat)

THE WHO sind eine der international bekanntesten und erfolgreichsten Rockbands. Sie gehören zu den englischen Gruppen der ersten Generation.

THE WHO wurden 1964 von dem Gitarristen Pete Townshend gegründet. Erste Namen waren „The Detours" und „The High Numbers", erste Auftritte fanden im weiteren Umkreis des Londoner Stadtteils Shepherd's Bush statt.

THE WHO machten sich bald einen Namen als Lieblingsband der „Mods". Das war eine englische Jugendbewegung der 60er-Jahre, die als äußere Erkennungszeichen kurze Haare, gepflegte Kleidung, aufgemotzte Motorroller und Parkas hatte und die vor allem durch teils gewalttätige Auseinandersetzungen mit „Teds" und „Rockern", die meist an Wochenenden in den englischen Seebädern stattfanden, öffentliche Aufmerksamkeit auf sich zog.

Die Musik der Mods wurde von schwarz-amerikanischen Soul-Bands und Rhythm-And-Blues-Bands oder eben Gruppen wie THE WHO gespielt. Die Popularität von THE WHO entstand auch durch ihre energiegeladenen, aggressiven Live-Auftritte. Besondere Aufmerksamkeit zogen Roger Daltreys Lassobewegungen mit seinem Mikrofon auf sich oder Townshends Art, Gitarrengriffe mit Armbewegungen zu spielen, die an rotierende Windmühlenflügel erinnerten. Bei vielen Auftritten gingen auch etliche Teile der Anlage oder Instrumente zu Bruch. Der unberechenbare Schlagzeuger Keith Moon und auch Townshend waren bei diesen Aktionen immer dabei. Die Zerstörungen entstanden allerdings eher zufällig. Townshend erzählte in einem späteren Interview, dass er bei einem Auftritt in einem Club mit sehr niedriger Decke unbeabsichtigt mal seinen Gitarrenhals bei einem Sprung abgebrochen habe und die Gruppe erst dann daraus ein bleibendes Erkennungszeichen machte, als das so gut ankam.

Die ersten Singles von THE WHO zeigten, dass die Gruppe in Pete Townshend einen Musiker hatte, der überdurchschnittliche Songs schreiben konnte. Kompositionen wie „I Can't Explain", „Substitute", „My Generation" oder später „Baba O'Riley", „Pinball Wizard" oder „Won't Get Fooled Again" sind Klassiker der Rockmusik geworden.

THE WHO wurden allerdings erst mit „Tommy", einer „Rockoper" von Townshend, zu der internationelen Attraktion, die sie heute sind. „Tommy" wurde zu einer Institution, es gab Aufführungen in Opernhäusern und Theatern, eine Kinoversion wurde gemacht und etliche Jahre waren THE WHO als Gruppe nicht von dieser Produktion zu trennen, was ihnen selbst gar nicht gefiel.

Sie erweiterten ihre Aktivitäten. Eigene Filme, z.B. die Dokumentation „The Kids Are Alright" oder „Quadrophenia" wurden realisiert. Die einzelnen Mitglieder verwirklichten Soloprojekte: John Entwistle unternahm mit einer eigenen Band eine Tournee, Roger Daltrey profilierte sich als Schauspieler in verschiedenen Filmen. Aber THE WHO blieben dabei. Sie zählten zu den populärsten Live-Bands der 70er-Jahre, spielten lange Tourneen, vor allem in den USA vor zigtausenden von Zuschauern. Die Konzerte waren immer voller Energie und Überraschungen. Auf Platten (u.a. „Who's Next" und „Quadrophenia") bewies Townshend, dass er noch lange nicht um gute Songs und Konzepte verlegen war. Er war es auch, der in vielen Interviews und anderen Äußerungen zeigte, dass er überhaupt keine Lust hatte, sich zur Ruhe zu setzen oder von alten Erfolgen zu zehren. Selbst als THE WHO mit dem Tode von Keith Moon eines ihrer Gründungsmitglieder verloren, war die Gruppe nicht bereit aufzugeben. Es wurde mit dem Schlagzeuger Kenny Jones und dem Tastenspieler John „Rabbit" Bundrick eine neue Besetzung gefunden.

Townshend kümmerte sich aktiv und intensiv um die neue Entwicklung in der englischen Rockmusik und verstand THE WHO immer noch als eine Gruppe, die aufregende Konzerte geben kann. Das zeigte auch die England-Tournee, die THE WHO 1981 spielten. Ein großer Teil des Repertoires bestand aus neuen Songs, die Präsentation auf der Bühne hatte nichts von Superstargehabe an sich. Das war auch nicht beabsichtigt. Townshend sagte dazu: „Wir sind auf Tournee, weil wir als Rockband für ein Publikum spielen wollen, das Spaß an gutem Rock'n'Roll hat".

Ein solches Konzert fand am 28. März 1981 beim 8. Rockpalast-Festival des WDR in der Grugahalle in Essen statt. Townshend, der immer die Meinung vertreten hatte, dass THE WHO im Konzert nicht ins Fernsehen passen würden, änderte seine Auffassung, als er einige Ausschnitte von Rockpalast-Festivals gesehen hatte.
Die Besetzung von THE WHO bei diesem Konzert:
Pete Townshend (Gitarre, Gesang)
Roger Daltrey (Gesang, Mundharmonika)
John Entwistle (Bass, Gesang)
Kenny Jones (Schlagzeug)
John „Rabbit" Bundrick (Tasteninstrumente, Gesang)

✗ (Im Anschluss sollte noch ein Überblick über die aufgenommenen Platten der Band, eine Diskografie, gegeben werden.)

Zur Geschichte der Notenschrift

MUSIK
THEORIE

Den Anfang aufgeschriebener Musik bildeten die so genannten **Neumen**. Das Wort stammt aus dem Griechischen und bedeutet so viel wie „Wink". Zwischen dem 6. und 12. Jahrhundert wurde diese Notenschrift verwendet, war aber nicht allgemein anerkannt.

Beispiele:

 **Aufgabe**

1. Was könnten diese „Winke" wohl bedeuten?

Aus den Neumen entwickelten sich die Quadratnoten, eine gregorianische Notenschrift. Diese Notation legte das Musikstück genau fest. Man kann Quadratnoten in moderne Noten umschreiben, das machen aber MusikwissenschaftlerInnen.

Beispiel für eine Notenübersetzung:

Do - mi - ne.

Do-mi - ne.

 **Aufgabe**

2. Erfinde eine eigene Notenschrift für die wichtigsten musikalischen Anweisungen. Welche könnten das sein?

Noten, Pausen, Takte

Noten & Pausen:

 1/1 = ganze Note – ganze Pause

 1/2 = halbe Note – halbe Pause

 1/4 = Viertelnote – Viertelpause

 1/8 = Achtelnote – Achtelpause

 1/16 = Sechzehntelnote – Sechzehntelpause

 1/32 = Zweiunddreißigstelnote – Zweiunddreißigstelpause

 **Punktierte Noten** Der ursprüngliche Notenwert wird um die **Hälfte seines Wertes** verlängert; das Beispiel zeigt also eine Note im Wert von drei Halben **(1/1 + 1/2)** und eine Dreiviertelnote **(1/2 + 1/4)**; Punktierungen dürfen den Gesamtwert eines Taktes **nicht** verändern.

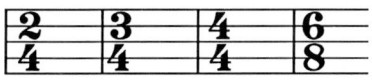 **Notenschlüssel** **G-Schlüssel (Violinschlüssel)**, steht auf der zweiten Linie
F-Schlüssel (Bassschlüssel), steht auf der vierten Linie

Takte:

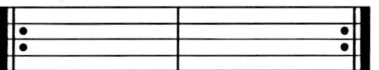
Takt   Takt

Taktstriche unterteilen das Musikstück entsprechend der Taktart

$\frac{2}{4}$ $\frac{3}{4}$ $\frac{4}{4}$ $\frac{6}{8}$ **Taktart** Die am Anfang eines Musikstückes oder Taktes stehende Bruchzahl gibt die Taktart an. Die Zahl der Notenwerte im Takt muss dieser Angabe entsprechen (2/4-Takt = 2 Viertelnoten oder 1 halbe Note oder 4 Achtelnoten).

Wiederholungszeichen Alle Musikteile innerhalb dieser Markierung werden wiederholt.

Violin- und Bassschlüssel

MUSIK THEORIE

Tonleiter

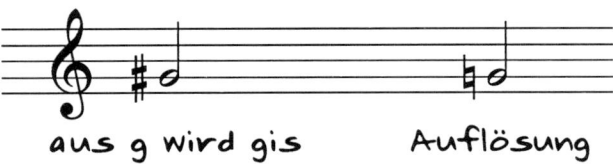

1 Oktave

Stammtonleiter = c-Dur-Tonleiter

e f g a h c d e f g a h c d e f g a h c d e f g

Hilfslinien ergänzen die Notenlinien nach unten und oben.
Die Töne der Stammtonleiter wiederholen sich innerhalb der einzelnen Oktaven
auf den verschiedenen Tonhöhen. Insgesamt stehen sieben Oktaven
mit 52 Stammtönen für das spielbare Musikmaterial zur Verfügung.

Vorzeichen

aus g wird gis   Auflösung

Das **Kreuz** ist ein Vorzeichen oder Versetzungszeichen, das Töne **erhöht**. Als **Vorzeichen** gilt es für das **ganze Musikstück** oder einen Abschnitt. Es steht daher am Anfang des Notensystems. Alle gleichnamigen Töne, unabhängig von der Oktave, werden um einen Halbton erhöht. **Als Versetzungszeichen vor einem Ton** erhöht es diesen um einen Halbton und gilt innerhalb des Taktes. Nur der Ton auf dieser Tonstufe wird erhöht. Das Auflösungszeichen nimmt die Tonerhöhung durch ein Vor- oder Versetzungszeichen zurück.

aus g wird ges   Auflösung

Das **B** ist ein Vorzeichen oder Versetzungszeichen, das Töne **erniedrigt**. Als **Vorzeichen** gilt es für das **ganze Musikstück** oder einen Abschnitt. Es steht daher am Anfang des Notensystems. Alle gleichnamigen Töne, unabhängig von der Oktave, werden um einen Halbton erniedrigt. **Als Versetzungszeichen vor einem Ton** erniedrigt es diesen um einen Halbton und gilt innerhalb des Taktes. Nur der Ton auf dieser Tonstufe wird erniedrigt. Das Auflösungszeichen nimmt die Tonerniedrigung durch ein Vor- oder Versetzungszeichen zurück.

Durch die Vorzeichen können im Notensystem auch die Töne zwischen den Stammtönen, die Halbtöne, dargestellt werden. Beim Klavier erkennt man sie an den schwarzen Tasten. Erhöhte oder erniedrigte Töne bekommen einen anderen Namen.
Bei Erhöhung durch das **Kreuz** wird an die Stammtöne die Endung **-is** angehängt: c - cis; d - dis usw.
Bei Erniedrigung durch das **B** wird an die Stammtöne die Endung **-es** angehängt: c - ces; d - des usw.
Aus a wird **as**. Aber für die Erniedrigung des Tones **h** ist die Bezeichnung **b** üblich.

Violinschlüssel und Bassschlüssel im Verbund

Klaviernoten werden üblicherweise so aufgeschrieben. Dabei spielt die linke Hand das System des Bassschlüssels, während die rechte Hand den Violinschlüssel beachtet. Wie im Bild deutlich sichtbar, gehen beide Systeme nahtlos ineinander über. Das **c** der ersten unteren bzw. oberen Hilfslinie verbindet sie. Es ist derselbe Ton.

Tonintervalle

 **MUSIK THEORIE**

Tonintervalle

Unser Tonsystem besteht nur aus zwölf verschiedenen Tönen. Man glaubt es kaum, wenn man an die gewaltigen Kompositionen etwa eines Beethoven denkt. Man kann das aber leicht selbst feststellen, wenn man einmal auf dem Klavier die weißen und schwarzen Tasten der Reihe nach auszählt. Irgendwann kommt man an einen Punkt, an dem sich das System wiederholt: genau nach 12 Tonschritten. Jeder dieser Tonschritte bezeichnet den Tonabstand eine Halbtons. Man spricht daher auch von **Halbtonschritten**. Ein Halbtonschritt ist der kleinste mögliche Tonabstand. Das Fachwort für Tonabstand ist **Intervall**.

Grundton	Prime
1 Halbtonschritt	kleine Sekunde
2 Halbtonschritte	große Sekunde
3 Halbtonschritte	kleine Terz
4 Halbtonschritte	große Terz
5 Halbtonschritte	Quarte
6 Halbtonschritte	Tritonus
7 Halbtonschritte	Quinte
8 Halbtonschritte	kleine Sexte
9 Halbtonschritte	große Sexte
10 Halbtonschritte	kleine Septime
11 Halbtonschritte	große Septime
12 Halbtonschritte	**Oktave**

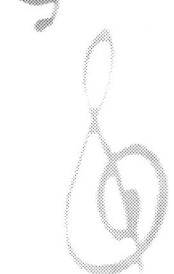

Halbtonschritte:
1 2 3 4 5 6 7 8 9 10 11 12 usw.

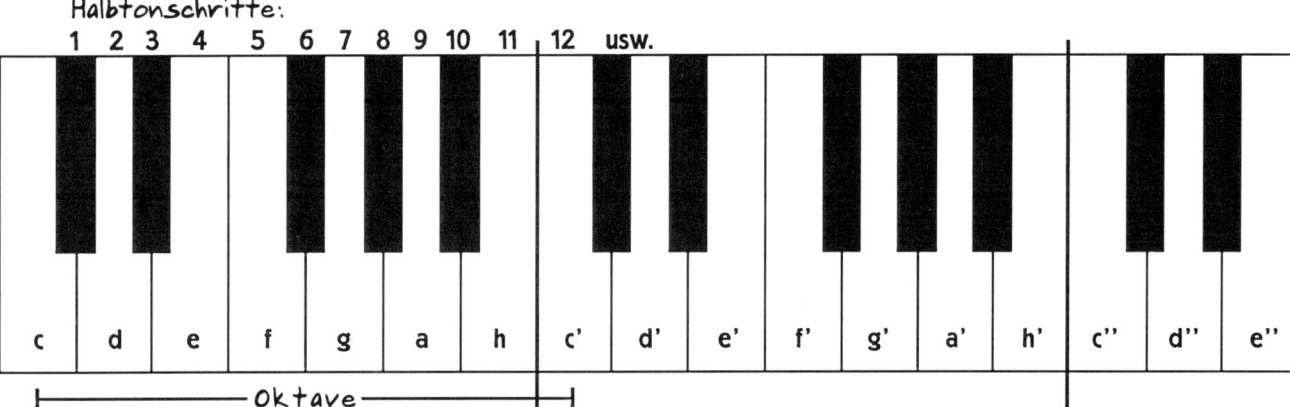

c d e f g a h c' d' e' f' g' a' h' c'' d'' e''

├──────── Oktave ────────┤

Schlägt man auf dem Klavier den Ton c und den Ton c' an, so hört man deutlich, dass diese Töne gleich klingen und sich nur in der Tonhöhe unterscheiden. Ein solches Intervall heißt **Oktave**. Es ist der größtmögliche Tonabstand nach jeweils 12 Halbtonschritten. Zu jedem beliebigen Ton lässt sich so die Oktave finden.

Natürlich gibt es noch andere Tonintervalle. Man kann es ausprobieren, indem man zum Beispiel zum Ton c der Reihe nach gleichzeitig einen Ton nach dem anderen innerhalb der Oktave erklingen lässt. Es werden also immer zwei Töne gleichzeitig gespielt. Beim genauen Hören stellt man fest: Bei manchen Intervallen passen die Töne gar nicht gut zueinander. Bei anderen klingt der Zusammenklang brauchbar, bei noch anderen sehr gut.

Alle Intervalle, die man auf diese Weise bilden kann, haben einen Namen. Dabei ist es egal, von welchem Grundton man ausgeht, entscheidend ist der Tonabstand anhand der ausgezählten Halbtonschritte.

Werden alle Halbtonschritte einer Oktave hintereinander gespielt, so entsteht eine klanglich ganz eigentümliche Tonreihe, die als **Chromatische Tonleiter** bezeichnet wird. Spielt man hingegen nur die weißen Tasten von c bis c', so ergibt sich die **Stammtonleiter.** Die schwarzen Tasten allein gespielt wiederum klingen eher asiatisch. Es kommt eben immer auf die Intervalle an.

Obertöne

Jeder einzelne Ton, der erklingt, besteht aber – physikalisch gesehen – schon aus Intervallen. Zu einem lauten Grundton gesellen sich bestimmte Intervalle, die abhängig von der Entfernung zum Grundton immer leiser werden. Jeder Ton ist also der Zusammenklang eines Grundtons zu seinen harmonischen Intervallen in den höheren Oktaven, den Obertönen. Der Anteil der verschiedenen Obertöne bestimmt die Klangfarbe eines Tons. Physikalisch kann man das als Schwingung messen.

Tonleitern

Jede Tonleiter besteht aus acht Stufen. Die Stufen haben zueinander ein ganz bestimmtes Verhältnis, das sich aus dem Abzählen der Halbtonschritte ergibt. Nimmt man die C-Dur-Tonleiter als Grundlage und setzt für *c* einen beliebigen *Grundton* ein, so ergeben sich die anderen Töne auf den Stufen durch entsprechendes Abzählen. Das gilt auch für die Moll-Tonleiter. Die C-Dur-Tonleiter entspricht den weißen Tasten des Klaviers.

	1	2	3	4	5	6	7	8	9	10	11	12	Halbtonschritte
c		d		e	f		g		a		h	c'	d'
I.		II.		III.	IV.		V.		VI.		VII.	VIII.	

Stufen der C-Dur-Tonleiter

	1	2	3	4	5	6	7	8	9	10	11	12	Halbtonschritte
c		d	es		f		g	as		b		c'	d'
I.		II.	III.		IV.		V.	VI.		VII.		VIII.	

Stufen der c-Moll-Tonleiter

Aufgabe   Bilde die folgenden Dur- und Molltonleitern:

A-Dur

	1	2	3	4	5	6	7	8	9	10	11	12

g-Moll

	1	2	3	4	5	6	7	8	9	10	11	12

F-Dur

	1	2	3	4	5	6	7	8	9	10	11	12

d-Moll

	1	2	3	4	5	6	7	8	9	10	11	12

Akkorde

MUSIK THEORIE

Unter einem **Tonintervall**
versteht man den Abstand zweier Töne.
Den Zusammenklang von drei Tönen
bezeichnet man als **Akkord** (Übereinstimmung).
Auch Akkorde entstehen durch die
Zusammenstellung bestimmter Tonintervalle.
Die wichtigsten Intervalle zur Akkordbildung sind:

Prime =	0 Halbtonschritte =	Grundton
Kleine Terz =	3 Halbtonschritte	
Große Terz =	4 Halbtonschritte	
Quarte =	5 Halbtonschritte	
Quinte =	7 Halbtonschritte	
Oktave =	12 Halbtonschritte	

Akkorde können aus Dreiklängen,
Vierklängen und Fünfklängen bestehen.
Man unterscheidet im Klangeindruck zwei **Tongeschlechter,**
die sich aus der Veränderung bestimmter Tonintervalle ergeben:
DUR und **MOLL**.

Dreiklangbildung

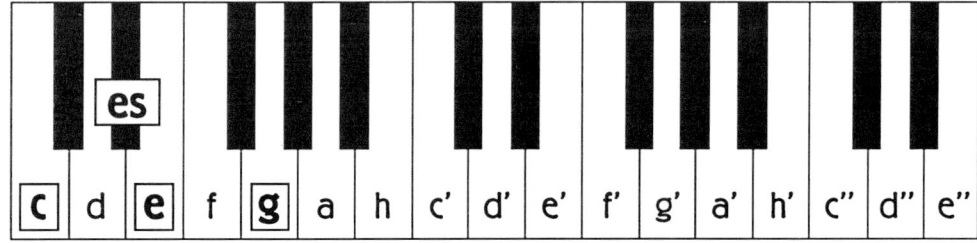

c – es – g
Grundton + Kleine Terz + Große Terz = **Moll-Dreiklang (c-Moll)**

c – e – g
Grundton + Große Terz + Kleine Terz = **Dur-Dreiklang (C-Dur)**

Beim Dreiklang wird also auf den Grundton
eine Terz geschichtet, auf diese wiederum eine Terz.
Man kann auch den dritten Ton vom Grundton ausgehend bestimmen.
Dann ist es die Quinte (= 7 Halbtonschritte).

Noten und Töne

MUSIK THEORIE

Name:

Klasse:

1. Schreibe die Töne der Stammtonleiter auf!

2. Du hörst jetzt einige Tonbeispiele.
   a) Welche Tonleiter wird gespielt?
      ⬡ Chromatische Tonleiter
      ⬡ Stammtonleiter
   b) Du hörst jetzt einen Grundton.
      Entscheide, wie der jeweils danach
      gespielte Ton ist!
      ⬡ tiefer ⬡ höher
      ⬡ tiefer ⬡ höher
      ⬡ tiefer ⬡ höher

3. Wann wird zu einem Ton
   jeweils die Oktave gespielt?
      ⬡ Beispiel 1
      ⬡ Beispiel 2
      ⬡ Beispiel 3
      ⬡ Beispiel 4
      ⬡ Beispiel 5

4. Wie heißen die Töne
   der Notenlinien?

   _____

5. Wie heißen die Töne
   der Zwischenräume?

   _____

6. Wie nennt man den Zusammenklang
   von mindestens 3 Tönen?

   _____

7. Was ist ein Tonintervall?
   Nenne zwei Beispiele!

   _____

   _____

8. Setze die Taktstriche!

Punktzahl:

Bewertung:

Tonleitern, Intervalle, Mehrklänge

Name:	Klasse:

1. Schreibe in den richtigen Intervallen die Töne der Stammtonleiter auf (1 Oktave). Der Abstand von einem Kästchen zum nächsten macht dabei einen Halbtonschritt aus.

1	2	3	4	5	6	7	8	9	10	11	12

2. Leite daraus die F-Dur-Tonleiter ab.

1	2	3	4	5	6	7	8	9	10	11	12

3. Fülle die richtigen Felder farbig aus:

	1	2	3	4	5	6	7
C-Dur-Dreiklang (rot)	C						

	1	2	3	4	5	6	7
c-Moll-Dreiklang (blau)	C						

4. Nenne die Intervalle des Dur-Dreiklangs. _____

5. Nenne die Intervalle des Moll-Dreiklangs. _____

6. Welcher Unterschied besteht zwischen dem Dur- und dem Moll-Dreiklang? _____

7. Wie heißt das Intervall auf der 8. Stufe der Tonleiter? _____

8. Was ist ein Akkord? _____

Punktzahl:	Bewertung:

Intervalle, Akkorde und Tonleitern bestimmen

MUSIK THEORIE

c	
cis des	
d	
dis es	
e	
f	
fis ges	
g	
gis as	
a	
ais b	
h	
c'	
cis' des'	
d	
dis' es'	
e	
f	
fis' ges'	
g	
gis' as'	
a	
ais' b'	
h	
c"	

← hier anlegen!	GRUNDTON	
1		Kleine Sekunde
■ 2 ●		Große Sekunde
3 ●		**Kleine Terz** Moll
■ 4		**Große Terz** Dur
■ 5 ●	Halbtonschritte	Quarte
6		Tritonus
■ 7 ●		**Quinte**
8 ●		Kleine Sexte
■ 9		Große Sexte
10 ●		Kleine Septime
■ 11		Große Septime
12		OKTAVE

So geht's:

Schneide die beiden Streifen aus und klebe sie auf feste Pappe.
Nun kannst du den Grundton des rechten Streifens an jeden
beliebigen Ton des linken Streifens setzen und automatisch
die Intervalltöne ablesen, die zu dem gewählten Grundton passen.
Die drei schwarz unterlegten Intervalle (Kleine Terz, Große Terz, Quinte)
zeigen dir auch sofort die Dur- und Moll-Dreiklänge (Akkorde) an.
Natürlich kannst du so auch Vier- und Fünfklänge ablesen,
ja, einfach alle möglichen Akkorde.

Aber es geht noch weiter!

Tonleitern kannst du ebenfalls auf diese Weise bestimmen.

■ Die schwarzen Quadrate links neben den Zahlen
zeigen die passende Durtonleiter.

● Die schwarzen Kreise rechts neben den Zahlen
geben die Molltonleiter an.

Grundton und Oktave gehören natürlich immer
zu einer achtstufigen Tonleiter.
Alles klar?

Klaviatur-Übungsbogen

 MUSIK THEORIE

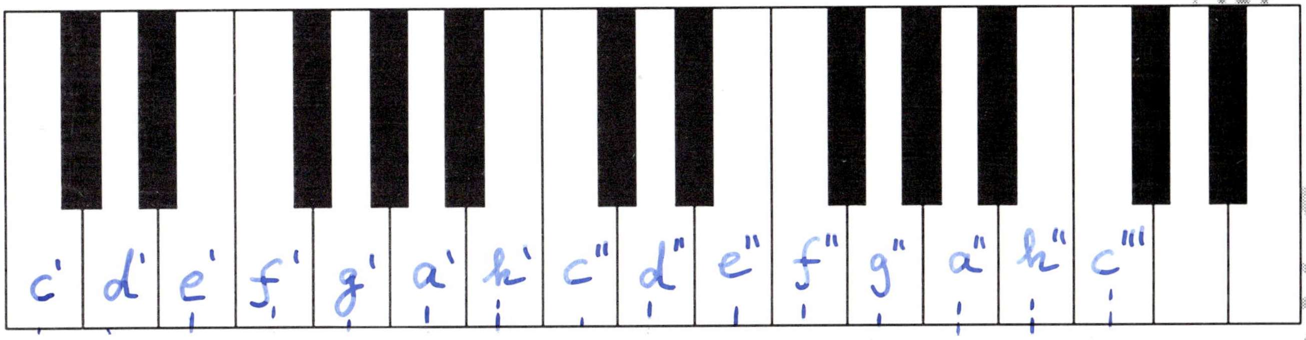

c' d' e' f' g' a' h' c'' d'' e'' f'' g'' a'' h'' c'''

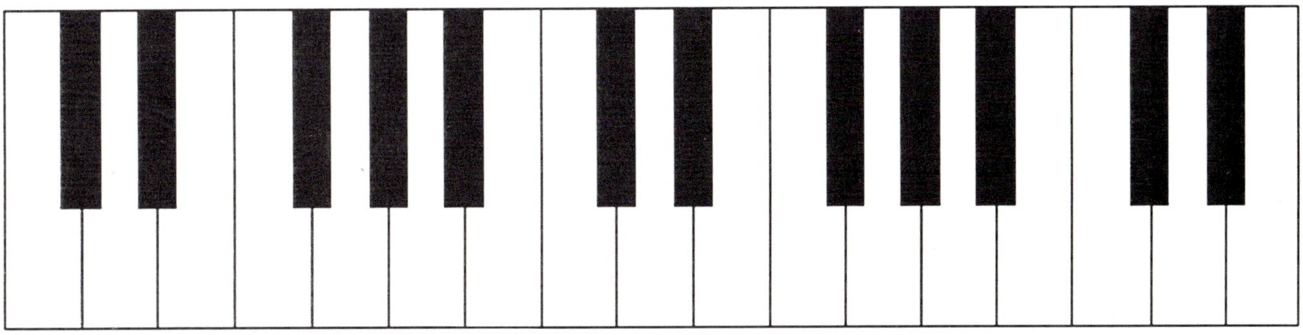

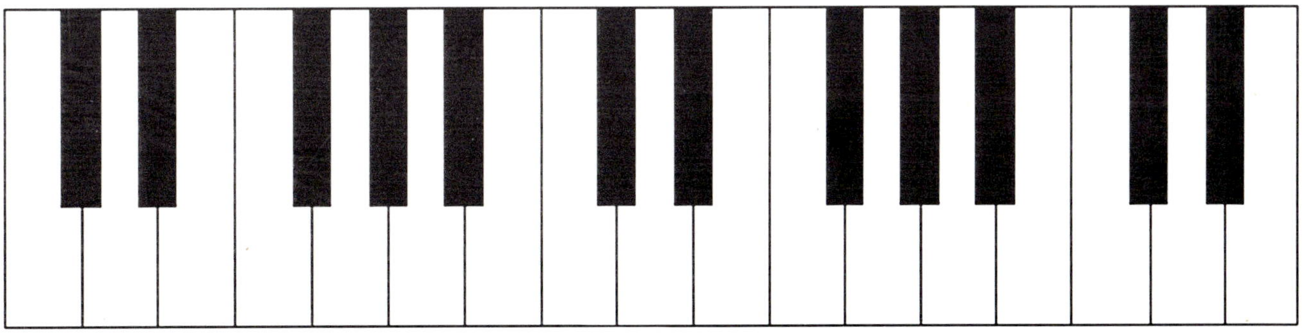

Die Violine

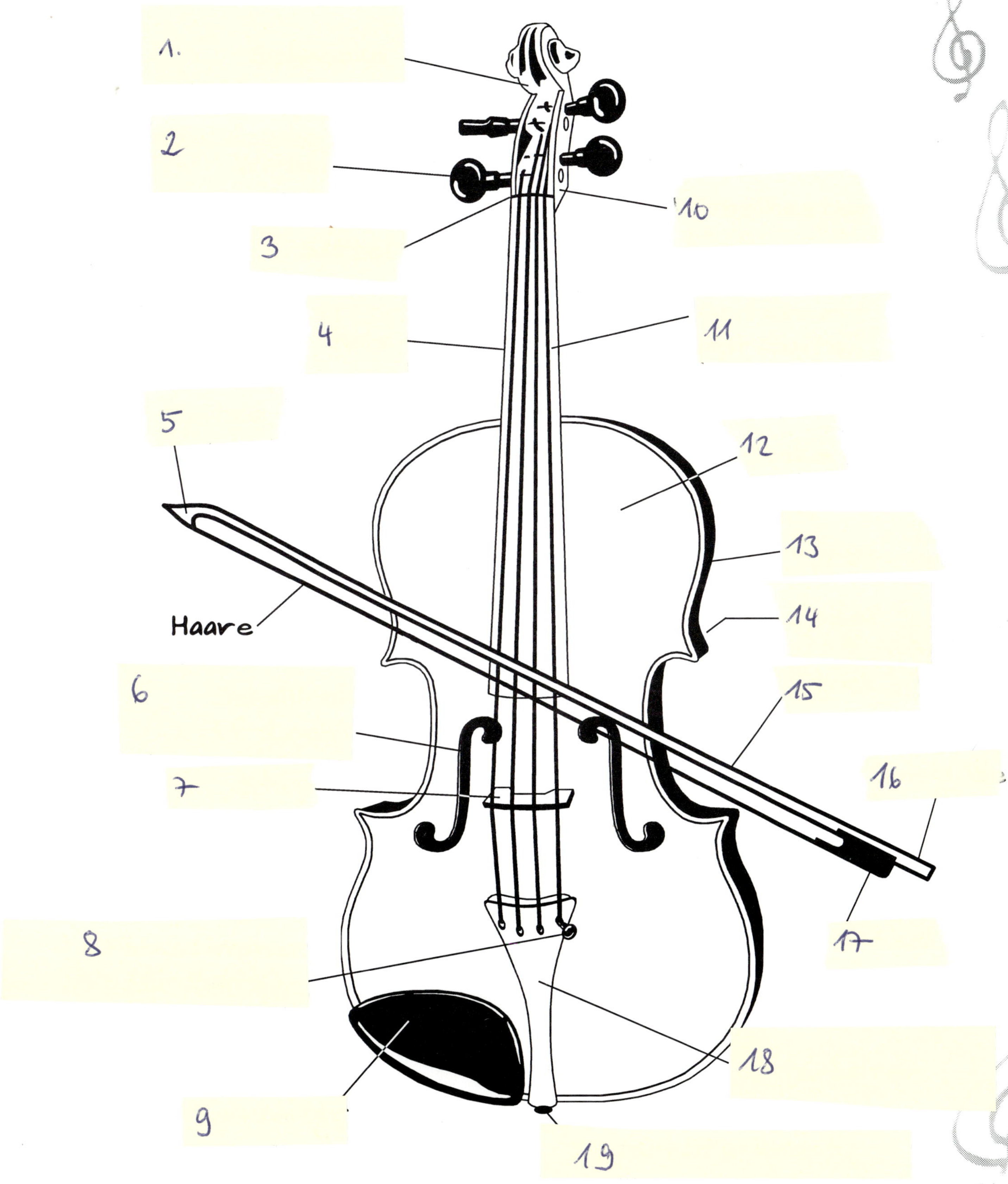

1.

2

3

4

5

Haare

6

7

8

9

10

11

12

13

14

15

16

17

18

19

Die Streicherfamilie

Die Violine

Zur großen Gruppe der Saiteninstrumente gehören die Streicher. Das bekannteste Streichinstrument ist die Violine, auch **Geige** genannt.

Die Violine entstand um 1550 aus der mittelalterlichen Fidel. Schon die ersten Violinen hatten vier Saiten, Wirbel, eingebuchtete Zargen und F-förmige Schalllöcher. Sie sahen fast genauso aus wie heutige Instrumente. Im 16. Jahrhundert setzte in Italien der Geigenbau ein. Die berühmtesten Geigenbauer waren später die Familien **Stradivari** und **Guarneri**. Von ihnen gebaute Geigen kosten heute Millionen.

Die Viola

Die Viola, auch Bratsche genannt, ist etwas größer als die Violine und hat einen tieferen Ton.

Das Violoncello

Das Violoncello – kurz Cello – hat einen noch tieferen Ton als die Viola und ist entsprechend größer. Es wurde im 16. Jahrhundert entwickelt. Das Instrument hat am unteren Ende einen einziehbaren Stachel, mit dem es auf den Boden gestellt werden kann.

Der Kontrabass

Der Kontrabass ist das größte Mitglied der Streicherfamilie. Er wurde auch im 16. Jahrhundert entwickelt. Ein moderner Kontrabass ist über 1,80 Meter hoch und hat einen sehr tiefen Ton mit großem Volumen.

Der Bau eines Streichinstrumentes von hoher Qualität ist immer noch eine Meisterleistung. Wichtig sind vor allem: Holzauswahl, Leim und Lackierung. Jeder Geigenbauer hat dafür sein „Geheimrezept".

Äußerlich fallen bei den Streichinstrumenten die gewölbte Decke und der gewölbte Boden sowie die Einbuchtung der Zargen auf. Innen enthalten sie aber auch noch bestimmte Bauelemente, die den Klang unterstützen. So wird zwischen Decke und Boden in Höhe des Steges ein kurzes Holzstück gesetzt, der **Stimmstock**. Er überträgt die Saitenschwingungen vom Steg zum Boden. Unter die Decke wird der **Bassbalken** geleimt, ein längliches Holzstück, das ebenfalls die Schwingungen verstärkt.

Aufgaben

1. Wie werden die Töne auf einem Streichinstrument erzeugt?
2. Warum ist es nicht ganz einfach, das Spielen eines Streichinstruments zu erlernen?
3. Was bedeutet der Begriff „Streichquartett"?
4. Beschreibe nach dem Anhören verschiedener Musikstücke den Streicherklang. Was ist anders als etwa bei Bläsern?

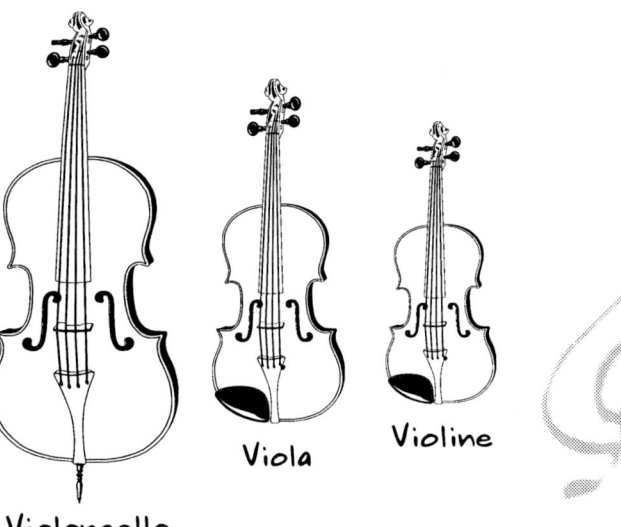

Größenvergleich innerhalb der Streicher- familie

Kontrabass

Violoncello

Viola

Violine

 **Rund um die Violine**

Name:

Klasse:

1. Beschrifte die Teile der Violine.

2. Nenne die anderen Mitglieder der Streicherfamilie!

_____

_____

_____

3. Wie heißen die berühmtesten Geigenbauer Italiens?

_____

4. Worauf muss ein Geigenbauer besonders achten?

_____

_____

5. Welche Aufgabe haben Stimmstock und Bassbalken? Wo befinden sich diese Teile?

_____

_____

_____

_____

_____

Punktzahl:

Bewertung:

Mechanische Tasteninstrumente

Das Klavichord

Das Klavichord wurde besonders zur Barockzeit in der Hausmusik eingesetzt. Es hatte durch die Art seiner Tonerzeugung einen sehr ruhigen, zurückhaltenden Klang. Der Ton entsteht – wie bei allen Tasteninstrumenten – durch das Herunterdrücken einer Taste. Beim Klavichord verlaufen die Saiten (Doppelsaiten) jedoch quer zur Tastur. Über einen Metallstift (**Tangente**), der auf dem Tastenende sitzt, wird eine Doppelsaite angeschlagen. Solange der / die MusikerIn die Taste gedrückt hält,

bleibt die Tangente mit der Doppelsaite in Verbindung. Dabei wird eine Doppelsaite jedoch nur auf dem Stück zwischen Steg und Tangente in Schwingung gebracht. Den anderen Teil der Saite hindert ein Tuch- oder Filzstreifen daran zu schwingen. Abhängig von der Stelle, an der die Saite angeschlagen wird, erreicht man so verschiedene Tonhöhen.

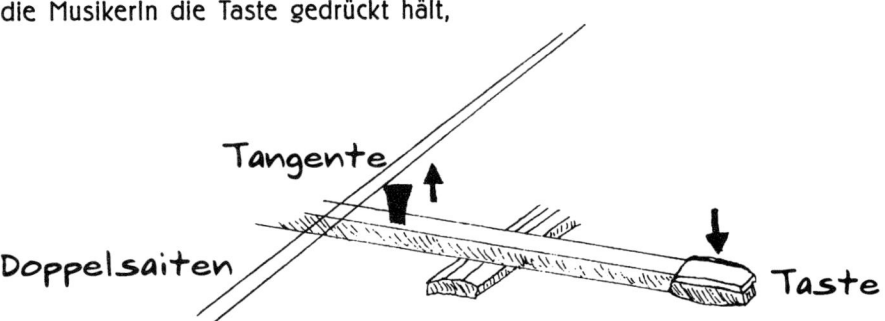

Das Cembalo

Die Tonerzeugung beim Cembalo erfolgt nach einem ganz anderen Prinzip: Die Saiten werden gezupft. Im 16. Jahrhundert wurden die ersten Instrumente in Italien gebaut. Aber bereits vorher hatte man 200 Jahre lang herumexperimentiert. Das Cembalo wurde zum Lieblingsinstrument vieler Komponisten. Durch seinen überaus klaren Klang eignete es sich hervorragend als Solo-

instrument. In Orchestern und in der Kammermusik des Barock wurde das Cembalo eingesetzt. Drückt man die Taste, reißt ein **Dorn** in der so genannten Docke die Saite an (A). Wird die Taste gelöst, so gleitet der Dorn durch eine Drehbewegung der Docke an der Saite vorbei, ohne sie zu berühren (B).

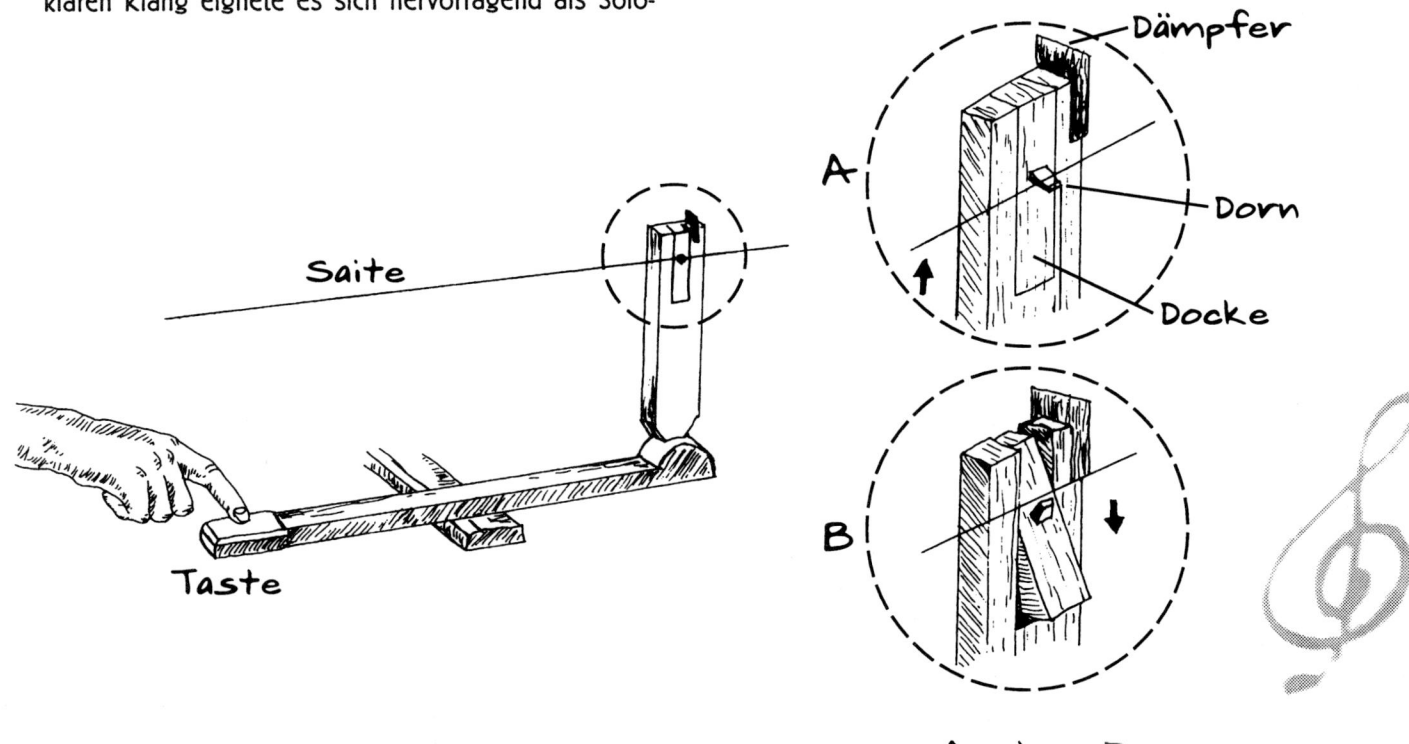

Mechanische Tasteninstrumente
Fortsetzung

Das Klavier – der Flügel

Klavier und Flügel sind sicher die wichtigsten und vielseitigsten Instrumente und eignen sich für Soli und zur Begleitung gleichermaßen. Sie haben außerdem neben der Orgel den größten Tonumfang. Die Tonerzeugung erfolgt durch eine komplizierte Hammermechanik. Es gibt sie mit und ohne Auslöser. Ohne Auslöser bleibt der Hammer auf der Saite, bis die Taste gelöst wird. Mit Auslöser fällt der Hammer automatisch von der Saite zurück. Außerdem wird ein Dämpfungssystem eingesetzt sowie eine Verschiebung der Klaviatur. Beides kann mit Fußpedalen bedient werden. Es ist am besten, wenn man sich diesen Mechanismus einmal an einem Klavier oder Flügel selbst anschaut.

Beim Flügel ist auch der Rahmen interessant sowie die Art der Saitenbespannung, die von der Größe des Instruments abhängt.

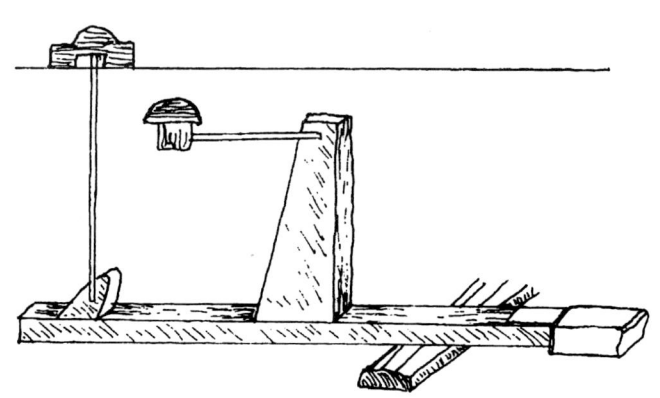

 **Aufgabe** Beschreibe die Tonerzeugung beim Klavier anhand der beiden Skizzen!

Elektrische Tasteninstrumente

 MUSIK THEORIE

Orgeln

Lange Zeit gab es nur die klassischen Tasteninstrumente. Die Elektrizität und die damit verbundenen Erfindungen machten es aber möglich, dass andere Arten der Tonerzeugung ins Spiel kamen. Den Anfang machte die elektrische Orgel, allen voran die legendäre Hammond-Orgel, für die der amerikanische Erfinder Laurens Hammond 1934 das Patent bekam. Er hatte sich das Ziel gesteckt, eine transportable Kirchenorgel zu bauen, die man gut bei Filmvorführungen in den Kinosälen einsetzen konnte. Er kam eher zufällig bei Experimenten mit Gleichlaufmotoren auf die Idee.

Das Prinzip der Hammond-Orgel basiert auf dem so genannten Tonwellengenerator. Die Töne werden dadurch erzeugt, dass auf einer Welle für jeden Tastenton ein gezacktes Rädchen befestigt ist, welches durch seine gleichmäßige Drehung in einem Dauermagnetfeld einen Strom erzeugt, der in eine Sinusschwingung verwandelt wird. Durch Röhrenverstärker gejagt wurde der Hammond-Sound zum unverwechselbaren Markenzeichen. Hinzu kam das Lesley-Kabinett, ein System aus rotierenden Lautsprechern, die dem Klang eine große Raumfülle gaben.

Ende der 60er-Jahre ging die Firma Hammond von der Tonwelle ab und baute rein elektronische Orgeln, basierend auf Transistorschaltungen. Damit war im Grunde der Mythos Hammond am Ende. Auch andere Firmen bauten nun elektronische Orgeln, aber das ursprüngliche Klangerlebnis war eigentlich nicht mehr da.

Synthesizer

Die fortschreitende Elektronikindustrie bescherte der Musik aber andere Klangmöglichkeiten. Durch die immer kleiner werdenden Schaltungen der Transistortechnologie wurde es möglich, Frequenzen und vielfältige Frequenzteilungen künstlich zu erzeugen. Das war die Geburtsstunde der analogen Synthesizer. Die ersten Modelle waren noch raumfüllend.

Erst der kleine transportable Minimoog von Bob Moog brachte 1970 den Durchbruch. Nun waren „Synthis" auch auf der Bühne einsetzbar. Der Minimoog war zwar monophon, d.h. man konnte immer nur einen einzelnen Ton spielen, aber er hatte einen besonders vollen Klang durch seine drei Oszillatoren. Er war der Solosynthesizer und machte mit seinem Klang Musikgeschichte.

Bald kamen polyphone (mehrstimmige) Synthesizer auf den Markt. Auch dabei war Moog einer der Ersten. Aber auch hier war das Ende abzusehen. Erste digitale Synthesizer entstanden schon zur Zeit des Polymoogs um 1977. Der entscheidende Unterschied zwischen den analogen und digitalen Instrumenten: Bei den analogen Synthesizern konnten die Klänge durch Filter und Schaltkreise eingestellt werden. Beim Digitalklang waren die Grundwellenformen schon binär gespeichert. Durch Überlagerung und Zusammenfügen (additive Synthese) der Basiswellenformen konnten immer neue Klänge erzeugt werden. Diese polyphonen digitalen Synthesizer boten den Musikern natürlich Sounds bis zum Abwinken, waren aber recht teuer.

Elektrische Tasteninstrumente
Fortsetzung

Keyboards

Eine Marktlücke tat sich auf. Weil nach der Erfindung des Synthesizers Orgeln nicht mehr „in" waren, mussten nun unbedingt preislich erschwingliche, multifunktionale Klangmaschinen die Lücke füllen. Die Musikindustrie in Fernost – vor allem in Japan – erkannte das Marktpotenzial, angefangen bei Yamaha mit dem DX 7. Die Keyboards („Tastenbretter") waren handliche Tasteninstrumente, welche alle Eigenschaften in sich vereinten, die der/die MusikerIn benötigte (oder zu benötigen glaubte). Nicht nur die Vielfalt der vorhandenen und sofort abrufbaren Sounds war beeindruckend. Die Keyboards boten gleich noch die passenden Schlagzeug-, Rhythmus- oder Bassbegleitungen, Arrangier- und Speichermöglichkeiten für eigene Songs und das MIDI-System, mit dem ähnliche Geräte untereinander gekoppelt werden konnten. So wurde es möglich, dass ein/eine einzelne(r) BedienerIn am „Tastenbrett" eine ganze Reihe von Nebengeräten (Soundexpander) mit einem einzigen Keyboard ansteuern konnte.

Durch MIDI wurde es ermöglicht das Keyboard mit dem Computer zu verbinden. Auf einfache Weise und mit der entsprechenden Software konnte jeder/jede MusikerIn nun zu Hause sein/ihr eigenes Studio eröffnen; homerecording war möglich. Damit wurde der klassische Synthesizer überflüssig. Natürlich gibt es immer noch Nostalgiefans, die darauf schwören.

Sampler

Der nächste Entwicklungsschub führte Mitte der 80er-Jahre zu den Samplern. Mit dem SG12 von Akai wurde die Technik bezahlbar. Sampler können beliebige Klänge oder Schallereignisse aufnehmen und digitalisieren. Der/die KeyboarderIn steuert mit seinen/ihren Tasten über MIDI den Sampler an, aus den Lautsprechern erklingen Originalchöre, Orchestertutti oder das Blöken einer Kuh. Sinnigerweise werden auch die Sounds der alten „Synthis" gesampelt.

Das Samplen mit seinen irren Datenmassen geschieht heute in einer Qualität, die es für Laien fast unmöglich macht zu unterscheiden, ob da tatsächlich ein Orchester spielt oder ob es nur die Ein-Mann-Bedienung ist (wobei natürlich Frauen auch gemeint sind). Hochwertiges Sampling ist nur möglich durch die Weiterentwicklung der Speicherchips, die immer aufnahmefähiger und preiswerter geworden sind.

Die Aerophone

Aerophone sind Instrumente, in denen
der Ton durch Luftschwingung entsteht.
Je nachdem, wie die Luftschwingung erzeugt wird,
fällt der Ton anders aus.
Die bekannteste Art ist sicher
das Hineinblasen in das Instrument.
Man unterscheidet bei den Aerophonen
folgende **Instrumentengruppen:**

Flöten	**Rohrblatt-instrumente**	**Kesselmundstück-instrumente**	**freie Aerophone**
Loch + Kante **Querflöte**	Rohrblatt **Klarinette, Saxophon**	Mundstück **Trompete**	dünnes Stahlblech, freischwingend **Flexaton**
Loch + Kante **Blockflöte**	doppeltes Rohrblatt **Oboe, Fagott**	**Trichtermundstück-instrumente** Mundstück **Horn**	

Aufgabe	Erkläre die Tonentstehung! Beachte, dass es bei einigen dieser Instrumente auch auf die Lippenspannung ankommt!

Die Tonerzeugung bei Aerophonen

Quer- und Blockflöten

Bläst man in eine Quer- oder Blockflöte hinein, trifft der Luftstrom zunächst auf eine scharfe, harte Kante und wird daran geteilt sowie in rhythmische Schwingungen versetzt. Während der Luftstrom bei der Querflöte direkt aus dem Mund des Musikers/der Musikerin kommt, passiert er bei der Blockflöte vorher noch das Mundstück. Bei beiden Instrumenten entsteht durch das Hindernis der Kante eine Schallwelle, die sich im Flötenrohr ausbreitet. Entsprechend der Frequenz des Luftstroms fällt der „Schneideton" etwas höher oder tiefer aus.

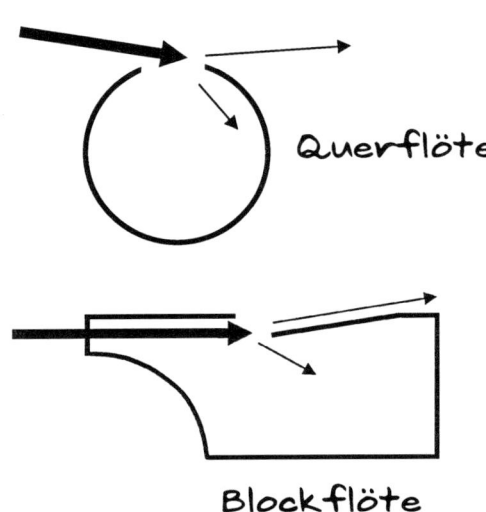

Querflöte

Blockflöte

Das Flötenrohr dient als Resonanzkörper, der die Schwingungen verstärkt. Damit wird die Tonhöhe deutlicher hörbar und die Lautstärke nimmt zu. Über die Löcher im Flötenrohr kann der/die MusikerIn die Luftsäule variabel verkürzen und wieder verlängern. Bei einer langen Luftsäule erklingt ein tiefer Ton, bei einer verkürzten ein höherer Ton. Je größer der Resonanzkörper, desto tiefer der Ton. Testen kann man das auch, indem man von der Seite über die Öffnung verschieden großer Flaschen bläst!

Rohrblattinstrumente

Bei den Rohrblattinstrumenten wird der Ton dadurch erzeugt, dass der/die SpielerIn die Lippen zwischen die Zähne in den Mund einzieht, mit den Lippen Druck auf das Blatt bzw. die Blätter ausübt und gleichzeitig mit aller Kraft Luft hindurchbläst. Durch den Atem des Bläsers/der Bläserin werden die elastischen Rohrblätter

in Schwingung versetzt, wodurch ein obertonreicher, durchdringender Klang entsteht. Durch die Veränderung von Anblas- und Anpressdruck wird die Tonänderung erreicht. Das Instrument selber dient als Resonanzkörper und die Klappen verändern die Luftsäule im Innern. Das Blasen eines Doppelrohrblatt-Instrumentes ist besonders anstrengend, weil der starke Anblasdruck gegen die gepressten Rohrblätter sich bei dem/der SpielerIn als Kopfdruck bemerkbar macht.

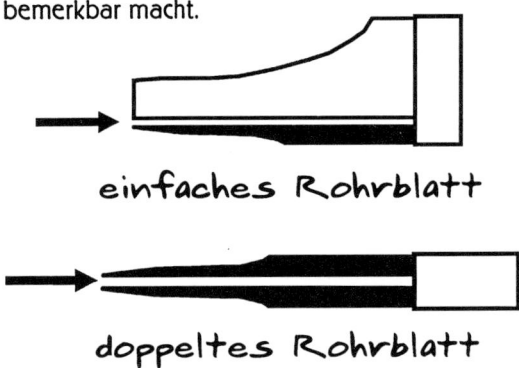

einfaches Rohrblatt

doppeltes Rohrblatt

Blechblasinstrumente

Bei Blechblasinstrumenten wie der Trompete presst der/die MusikerIn seine/ihre Lippen gegen das Kesselmundstück. Der Klang wird durch die Schwingungen der Lippen des Musikers/der Musikerin am Mundstück erzeugt. Variationen werden durch den Lippendruck erreicht. Man kann das leicht ausprobieren, indem man nur in das Mundstück bläst. Man merkt die Vibrationen der Lippen und hört die Tonveränderung, wenn man die Lippenspannung ändert. Zusätzlich kann auch bei den Blechblasinstrumenten durch Veränderung der Luftsäule die Tonhöhe beeinflusst werden, nämlich durch Ventile. Außerdem sorgt die trichterförmige Stürze, die bei der Tuba besonders groß ausfällt, für eine verstärkte Ausbreitung des Tones im Raum (Megaphoneffekt). Auch das Trompetenspiel ist sehr anstrengend, besonders bei sehr hohen Tönen.

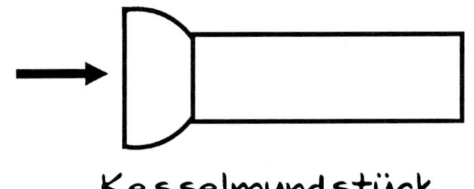

Kesselmundstück

Die Holzblasinstrumente

INSTRUMENTE

Die Holzblasinstrumente gehören zu einer Gruppe von Instrumenten, die eigentlich alle ganz unterschiedlich sind. Sie heißen so, weil sie ursprünglich aus Holz hergestellt wurden. Einige werden aber heute aus Metall gebaut. Besser ist es, sie nach ihrer Art der Tonerzeugung zu unterscheiden.

1. Die Flöten

Blockflöten (aus Holz) sind sicher die bekanntesten Flöten. Es gibt sie von der sehr kleinen **Sopranino-Flöte** bis zur **Kontrabass-Flöte**.

Die **Orchester- oder Querflöten** **(meist aus Metall)** kamen erstmals im 12. Jahrhundert nach Europa. Im 17. Jahrhundert wurden sie zu einem wichtigen Instrument des Orchesters. Die ersten Querflöten hatten keine Klappen. Nach und nach wurde das Klappensystem weiterentwickelt. Der Ton wurde dadurch stärker und genauer. **Theobald Boehm** tat sich Anfang des 19. Jahrhunderts besonders bei der Entwicklung hervor. In allen Sinfonie-Orchestern der Welt findet man heute die „Boehm-Flöte" aus Holz oder Metall.

Die **Pikkolo-Flöte (meist aus Metall)** wird für das Solo- und Melodiespiel eingesetzt. Die tiefen **Alt- und Bassflöten** hört man eher in ruhigen Musikstücken. Ihr Ton dringt nicht so durch.

→

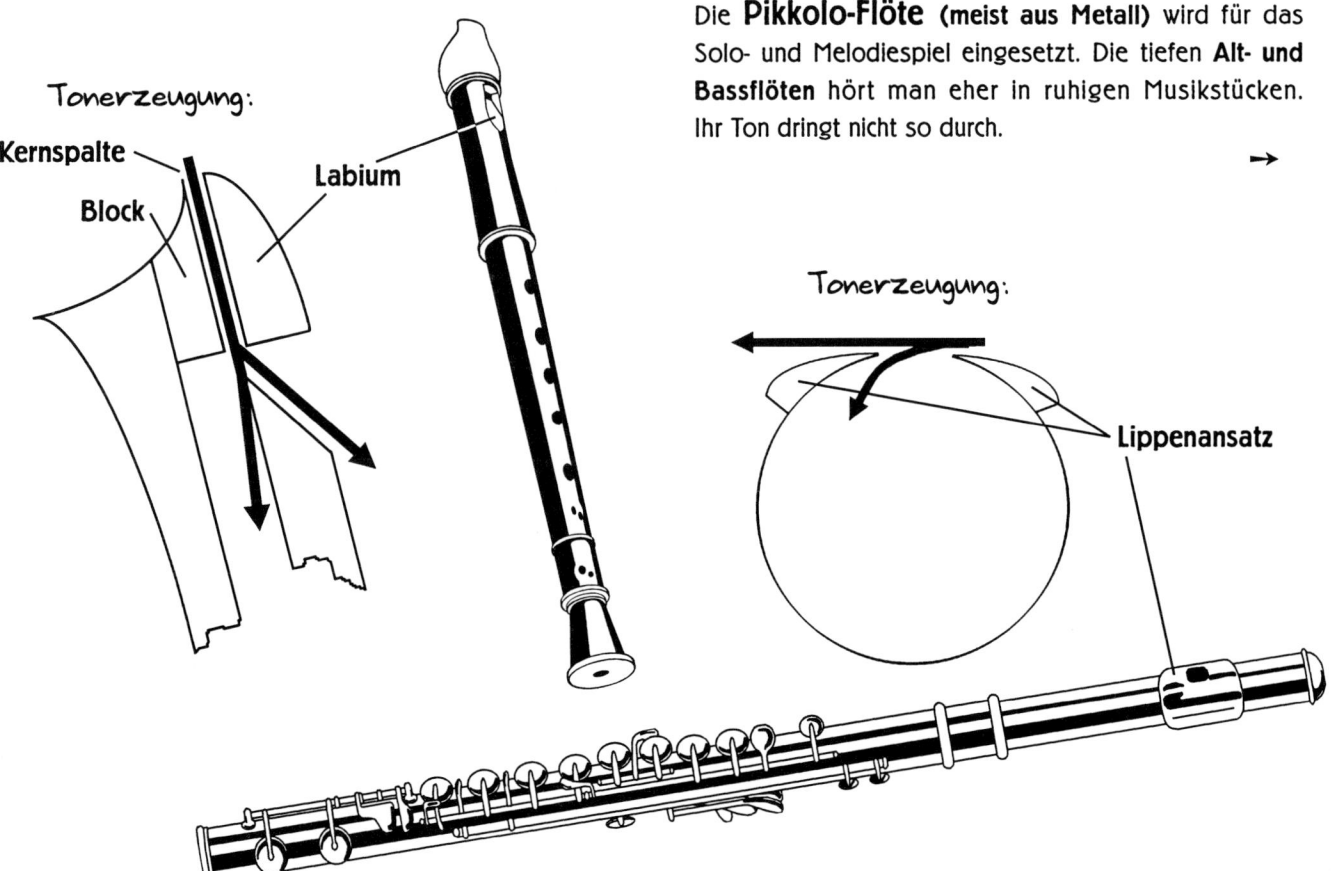

Tonerzeugung:

Kernspalte
Block
Labium

Tonerzeugung:

Lippenansatz

Aufgabe Übertrage beide Schemazeichnungen in dein Heft und beschreibe sie!

Die Holzblasinstrumente

Fortsetzung

2. Instrumente mit einfachem Rohrblatt

Die Klarinette

Die Klarinette ist ein sehr vielseitiges Instrument. Sie wird heute in Sinfonieorchestern, in Big Bands und in Jazz-Combos eingesetzt. Die Klarinette wurde im 17. Jahrhundert von dem deutschen Instrumentenbauer Johann Christoph Denner entwickelt. 20 Jahre dauerte es, bis sie ihre typische Form hatte. Zwischen 1840 und 1850 wurde das von Theobald Boehm für die Flöte entwickelte Klappensystem auf die Klarinette übertragen.

Das Saxophon

Die Saxophone sind zwar auch Instrumente mit einfachem Rohrblatt, nehmen aber eher eine Zwischenstellung zwischen Klarinette und Oboe ein. Ihr Mundstück gleicht dem der Klarinette, ihr Körper (Sopransaxophon) dem der Oboe. Das Saxophon wurde 1841 in Paris von dem belgischen Instrumentenbauer Adolphe Sax erfunden. Ursprünglich gehörten zur Familie der Saxophone 14 unterschiedliche Instrumente. Davon werden heute noch acht hergestellt. Die verbreiteten Saxophone sind Sopran-, Alt-, Tenor- und Baritonsaxophon. Saxophone werden in Militärkapellen und gerne in Jazzbands eingesetzt. Mit speziellen Arrangements versehen hört man sie aber auch in Orchesterwerken.

3. Instrumente mit doppeltem Rohrblatt

Die Vorläufer der Doppelrohrblattinstrumente waren die Schalmeien des 13. Jahrhunderts. Schalmeien waren besonders geeignet für das Musizieren im Freien, weil sie einen sehr lauten Klang hatten. Für das Spiel in geschlossenen Räumen wurden die Instrumente im 16. Jahrhundert weiterentwickelt. Aber erst im 18. Jahrhundert setzten sich Doppelrohrblattinstrumente in den Orchestern durch.

Die Oboe

Die Oboe wurde im 17. Jahrhundert aus der Schalmei entwickelt. Die ersten Oboen erklangen am Hofe Ludwigs XIV. und wurden vermutlich von der Familie Hotteterre erbaut. Die Instrumente bestanden aus drei Teilen und hatten genau berechnete Lochabstände. Im 18. Jahrhundert erbaute man verschieden große Orchesteroboen, darunter das so genannte Englischhorn, eine Alt-Oboe. Im 19. Jahrhundert geschah eine wichtige Verbesserung durch die Klappensysteme, die in Frankreich besonders kompliziert ausfielen.

Das Fagott

Das Fagott ist ein ebenfalls im 17. Jahrhundert entwickeltes Doppelrohrblattinstrument. Zwei parallel laufende Röhren sind am Ende durch eine U-förmige Röhre verbunden. In Deutschland experimentierten die Instrumentenbauer mit verschiedenen Klappensystemen. Das System von Heckel erwies sich als das erfolgreichste.

Holzbläser bestimmen

1.

Tonerzeugung erfolgt durch das Auftreffen des Luftstroms auf die scharfe Kante des Anblasloches; Tonveränderung durch Klappen; gehört zur Gruppe der Holzblasinstrumente, weil das Instrument ursprünglich aus Holz gefertigt wurde.

2.

Um 1690 von Johann Christoph Denner, Nürnberg, aus der französischen Schalmei entwickelt; Rohrblatt im Mundstück; Tonveränderung durch Klappen; Tonerzeugung durch Rohrblatt und Lippendruck.

3.

Entwicklung im 17. Jahrhundert; Doppelrohrblatt im Mundstück; Tonerzeugung und Tonänderung wie bei Beispiel 2; eigentümlich näselnder Klang, der an Hirtenblasinstrumente erinnert; großer Tonumfang.

4.

Entwicklung im 17. Jahrhundert; zwei parallel laufende Röhren; Doppelrohrblatt; Tonänderung und Tonerzeugung wie bei Beispiel 3; tiefklingendes Orchesterinstrument.

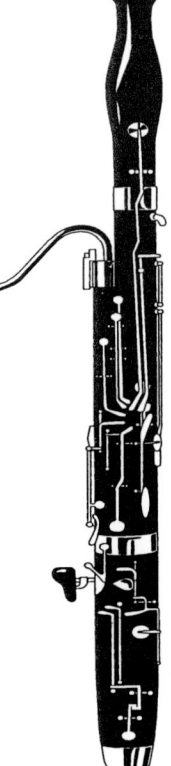

6.

Wurde um 1840 von dem belgischen Instrumentenbauer Adolphe _____ erfunden; einfaches Rohrblatt; Klappensystem; etwa acht Instrumente gehören zu dieser Familie; früher häufig in Militärkapellen eingesetzt; heute in allen Musikstilen zu Hause, vor allem aber im Jazz.

5. (ohne Abb.)

Gehört zur gleichen Familie wie das Instrument rechts; kleiner und höher im Ton; wegen seiner Art der Tonerzeugung wird dieses Instrument zu den Holzbläsern gezählt, obwohl es aus Metall gebaut wird.

Aufgabe   Wie heißen die abgebildeten Instrumente?

Die Holzbläser

Name:

Klasse:

1. Welche Instrumente gehören zur Gruppe der Holzblasinstrumente?

_____

_____

_____

2. Wie wird bei jedem dieser Instrumente der Ton erzeugt?

a) Flexaton:_____

_____

_____

b) Blockflöte:_____

_____

_____

c) Klarinette:_____

_____

_____

d) Saxophon:_____

_____

_____

3. Was unterscheidet das Saxophon von allen anderen Instrumenten?

_____

_____

_____

4. Welche Regel gilt bei *allen Instrumenten* in Bezug auf Größe und Klang?

_____

_____

_____

Zusatzaufgabe

Ordne die verschiedenen Saxophone ihrem Klang entsprechend in der richtigen Reihenfolge von hoch nach tief, indem du Zahlen von 1 bis 5 in die Klammern einfügst!

(   ) Basssaxophon

(   ) Tenorsaxophon

(   ) Sopransaxophon

(   ) Altsaxophon

(   ) Baritonsaxophon

Punktzahl:

Bewertung:

Die Blechblasinstrumente

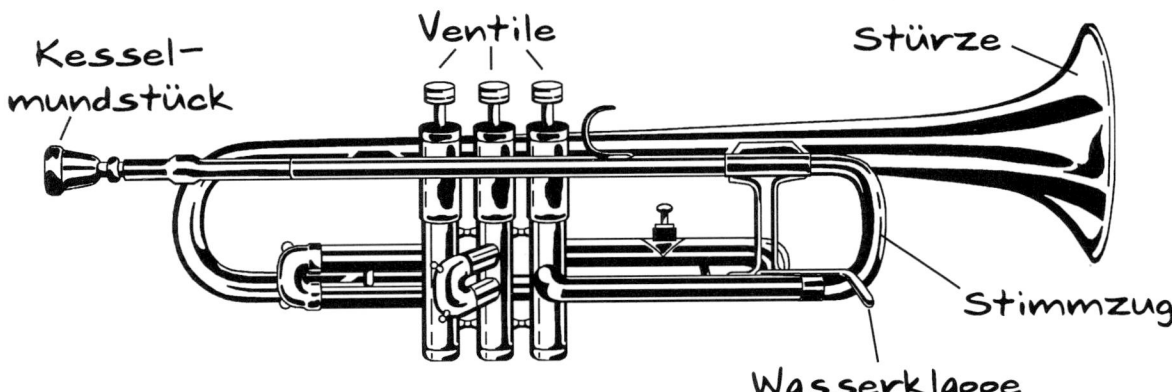

Kessel-mundstück — Ventile — Stürze — Stimmzug — Wasserklappe

Die Trompete

Trompeten sind uralte Instrumente. Es gab sie bereits im alten Ägypten, im antiken Griechenland und Rom sowie im Mittelalter. Diese ursprünglichen Formen waren lang und unhandlich, ihr Tonumfang nicht sehr groß. Im 19. Jahrhundert wurde die Ventiltrompete entwickelt. Durch die Ventile konnte das Instrument kleiner werden und hatte trotzdem einen großen Tonumfang. Der Trompetenspieler erzeugt den Ton dabei durch die Vibrationen seiner Lippen, die er an das Mundstück presst. Über die Ventile wird die Länge der Luftsäule variiert und damit die Tonhöhe verändert.

Die Posaune

Posaunen kennt man in Europa seit dem 15. Jahrhundert. Bei diesem Instrument wird durch eine Zugvorrichtung die Luftsäule verändert. Mit dem Zug kann man sieben verschiedenen Stellungen erreichen. Die Tonerzeugung erfolgt wie bei der Trompete. Es gibt auch moderne Posaunen, die zwei Ventile und den Zug haben oder drei Ventile und keinen Zug. Das letztgenannte Modell hat den größten Tonumfang.

Das Horn

Hörner sind ebenfalls sehr alte Instrumente. Sie stammen von Blasinstrumenten ab, die ursprünglich aus Tierhörnern gemacht wurden, daher der Name. Früher wurden Hörner vornehmlich bei der Jagd und beim Militär eingesetzt. Heute sind sie im Orchester Melodieinstrumente. Hörner mit Ventilen entstanden im 19. Jahrhundert. Dadurch wurden sie leichter spielbar.

Die Tuba

Die Tuba ist das größte Blechblasinstrument. Durch ihre Größe erreicht sie den tiefsten Klang. Meist ist der Trichter der Tuba nach oben gerichtet, bei der so genannten „Schallplattentuba" aber richtet er sich nach vorn. Der Schall kann sich so besonders gut ausbreiten. Etwa zwischen 1830 und 1840 wurden die ersten Tuben in Berlin hergestellt. Es gibt sie heute in verschiedenen Größen.

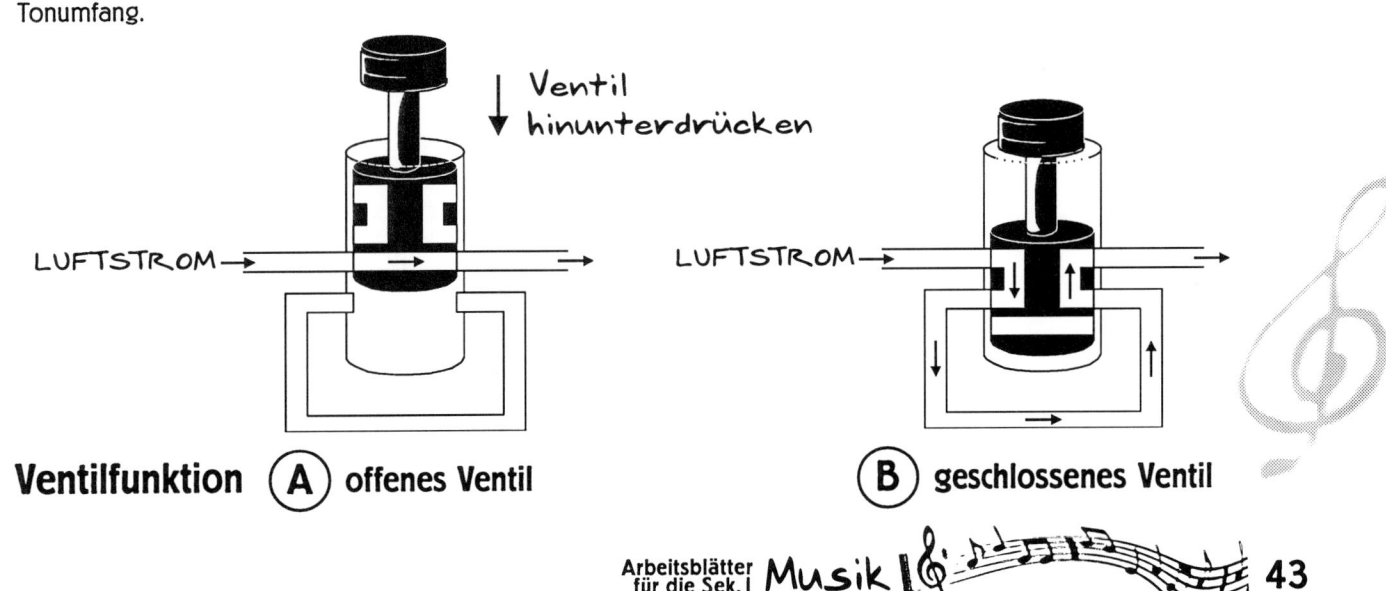

Ventil hinunterdrücken

LUFTSTROM →

LUFTSTROM →

Ventilfunktion (A) offenes Ventil   (B) geschlossenes Ventil

Blechbläser bestimmen

1

Metallblasinstrument; lange, mehrfach gebogene Röhre; Ton wird durch Ventile verändert; Tonerzeugung über Metallmundstück, durch das die Luft unter Lippenverformung mit hohem Druck gepresst wird.

2

Tonveränderung durch Zugvorrichtung; Tonerzeugung wie oben.

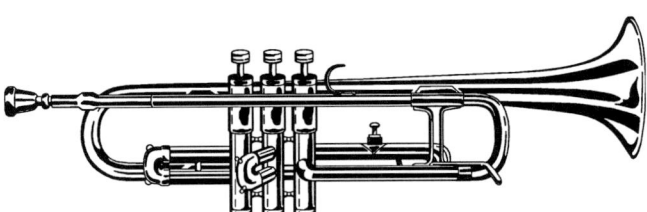

3

In seiner jetzigen Form Ergebnis einer langen Entwicklung, die ihren Anfang bei einem einfachen Instrument nahm, das bei der Jagd zum Einsatz kam; Tonerzeugung wie oben; Tonveränderung durch Ventile.

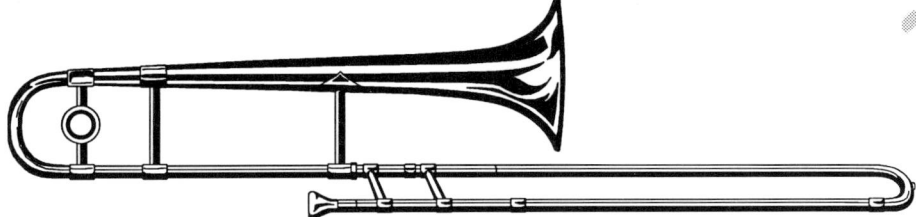

4

Tonerzeugung wie oben; Tonveränderung durch Ventile; besonders brillanter Ton.

Aufgabe Wie heißen die abgebildeten Instrumente?

Die Konzertgitarre

INSTRUMENTE

Die Konzertgitarre wird auch klassische Gitarre genannt. Das sagt schon einiges über ihren Bestimmungszweck. Sie ist ein rein akustisches Instrument. Klang und Schallausbreitung ergeben sich allein aus ihrer Bauart. Das schließt nicht aus, dass man in großen Konzertsälen auch mal ein Mikrofon vor die Gitarre stellt.

Die Konzertgitarre ist die ursprünglichste und älteste aller heutigen Gitarrenarten. Von ihr sind alle anderen Gitarrentypen mehr oder weniger abgeleitet worden. Bereits im 16. Jahrhundert entwickelte sich die klassische Gitarre in Spanien vermutlich aus Lauteninstrumenten. Bis heute wurde sie wenig verändert.

Vielleicht ist die Konzertgitarre deswegen so beliebt, weil man sie ohne großen Aufwand überall hin transportieren kann. In der Form der „Wanderklampfe" hat sie sicher dazu beigetragen, dass unzählige Gemeinschaftserlebnisse nachhaltig zum Erfolg wurden. In ihrer Weiterentwicklung wurde aus der klassischen Gitarre die Westerngitarre, die sich durch einen besonders großen Körper (Korpus) und Stahlsaiten auszeichnet.

Die Konzertgitarre, als vollwertiges Musikinstrument benutzt, setzt natürlich einen intensiven Musikunterricht mit Notenstudium voraus. Aber es gibt auch GitarristInnen, die allein durch Üben und ohne Notenkenntnisse zu wahrer Meisterschaft gelangen, etwa beim spanischen Flamenco oder in der Zigeunermusik.

Während früher der Gitarrenbau ähnlich dem Geigenbau eine Wissenschaft für sich war, wird heute die Mehrzahl der akustischen Gitarren maschinell hergestellt. Dabei ist die Klangqualität relativ gut. Für den/die AnfängerIn oder den/die GitarrenschülerIn reicht das allemal. Allerdings - wer eine richtige Meistergitarre haben will, der muss diese schon bei einem der wenigen Gitarrenbauer in Auftrag geben. Das ist natürlich wegen der Handarbeit ein teurer Spaß. Besonders die Holzauswahl und der Trocknungsprozess des Holzes tragen entscheidend zum ausdrucksvollen Klang bei. Jeder Baumeister hat da seine eigenen Rezepte.

Verschiedene Holzarten kommen in einer akustischen Gitarre zum Einsatz. Allein für die Decke nimmt man in der Regel weiches und helles Holz, wie z.B. Fichte.

Alle anderen Bauteile bestehen aus hartem, oft dunklem Holz, etwa Ahorn, Palisander oder Ebenholz.

Die Konzertgitarre wird mit einem besonderen Saitensatz bestückt: Die drei tiefen Seiten (E-A-D) bestehen aus Kupferdraht, der mit Kunstseide umwickelt wird. Die drei hohen Saiten (g-h-e) sind aus Nylon gefertigt.

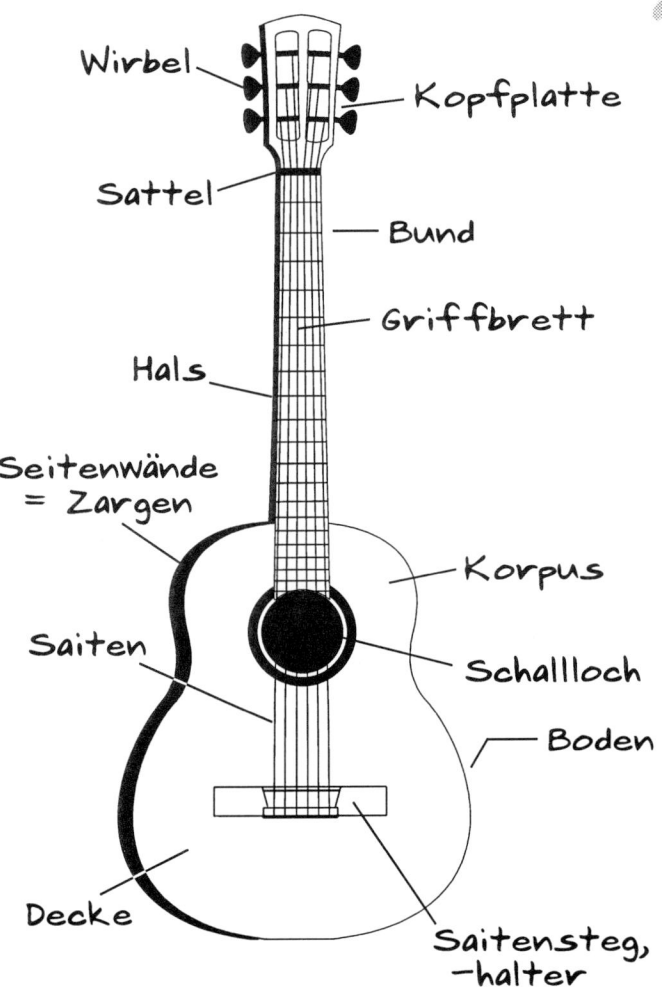

Wirbel — Kopfplatte
Sattel
— Bund
— Griffbrett
Hals
Seitenwände = Zargen
— Korpus
Saiten
— Schallloch
— Boden
Decke
Saitensteg, –halter

Aufgabe

Trage weitere Informationen aus anderen Quellen über die verschiedenen akustischen Gitarrenarten, ihre Entstehung und ihren Verwendungszweck zusammen.

AB

Die Westerngitarre

INSTRUMENTE

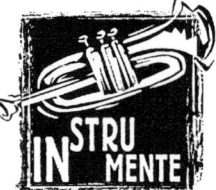

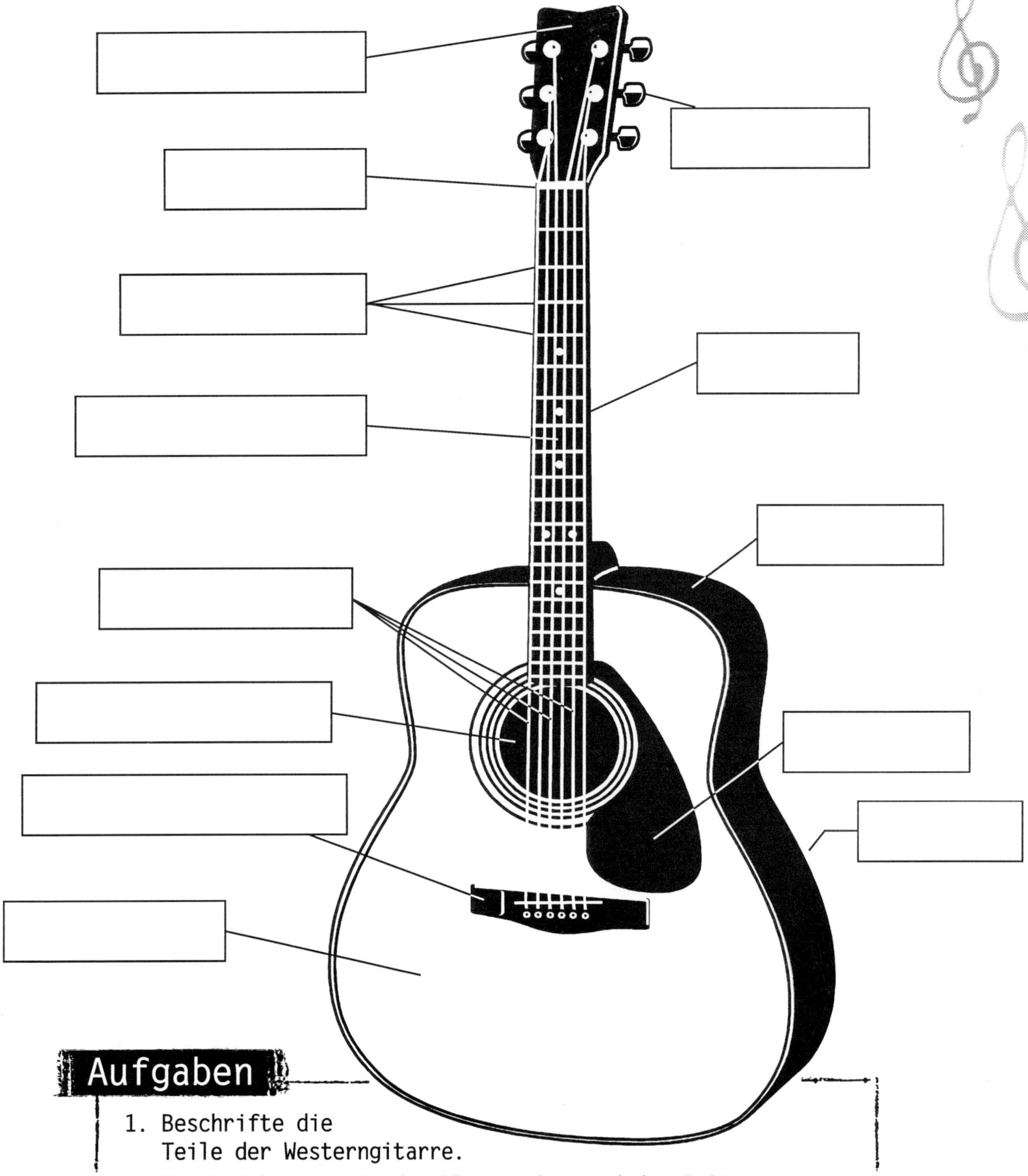

Aufgaben

1. Beschrifte die Teile der Westerngitarre.
2. Vergleiche sie mit der klassischen und der E-Gitarre und arbeite die Unterschiede heraus.
3. Was sind die Merkmale einer akustischen Gitarre?
4. Für welche Musikstile wird die Westerngitarre eingesetzt?
5. Bei welcher Art von Songs setzt man Westerngitarren auch in der Rockmusik gerne ein?

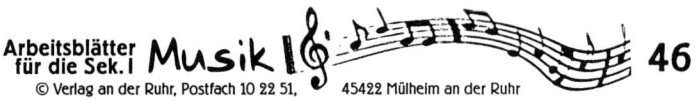

Die E-Gitarre

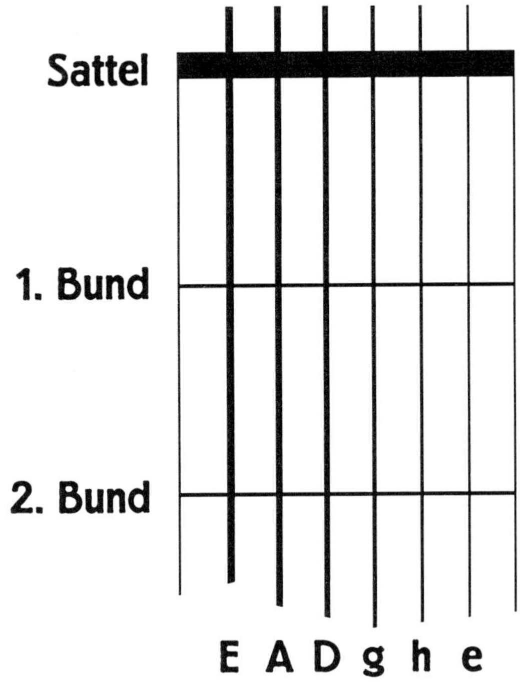

INSTRUMENTE

Sattel

1. Bund

2. Bund

E A D g h e

Wirbel

Kopfplatte

Sattel

Bundstäbchen

Hals

Griffbrett

6 Saiten

Schlagbrett (Pickguard)

Tonabnehmer (Pickup)

Korpus

Saitensteg, Saitenhalter
(verschiebbar für Vibrato/Tremolo)

Vibratohebel, auch Jammerhaken genannt
(damit kann der Saitensteg verschoben werden)

Stufenschalter
(wählt Kombination der Tonabnehmer)

Regler für Klang und Lautstärke
(Tone, Volume)

Kabelanschluss

Akustische und E-Gitarre im Vergleich

1. Gemeinsamkeiten

Akustische Gitarre	E-Gitarre

2. Unterschiede

Akustische Gitarre	E-Gitarre

INFO

Das Banjo

Betrachtet man das Äußere eines Banjos, so liegt der Gedanke nahe, dass es ein Mittelding zwischen einer Gitarre und einer Trommel ist. In der Tat ist ein Banjo ein Saiten- bzw. Zupfinstrument mit einem langen Hals und einem Resonanzkörper, der mit einem Trommelfell bezogen ist.

Das Banjo hat fünf bis neun Saiten. Die so genannte Melodiesaite ist nicht bei jedem Banjo vorhanden. Sie wird über einen flachen Steg zu einem seitlich am Hals angebrachten Wirbel geführt und mit dem Daumen angerissen.

Das Banjo gibt es in vielen Ausführungen, was verschiedene Verwendungszwecke erlaubt. Das Normalinstrument ist das „Fingerstyle-Banjo" mit fünf Darm- oder Nylonsaiten (d, h, g, c, g'). Das „Plektrum-Banjo" verzichtet auf die Melodiesaite. Das „Tenor-Banjo" schließlich ist in Quinten gestimmt. Darüber hinaus gibt es noch das „Zither-Banjo". Das „Gitarren-Banjo" hat wie eine Gitarre sechs Saiten und ist genauso gestimmt (vgl. Abb.).

Das Banjo wird schon Anfang des 18. Jahrhunderts erwähnt. Es war damals ein typisches Instrument der Schwarzen. Die Weißen jedoch entwickelten es weiter und sorgten für seine große Beliebtheit. In den Anfängen war das Banjo ein regelrechtes Volksinstrument. Es wurde zur Begleitung der Fiedel eingesetzt. In wandernden Kapellen war es oft zu finden. Später spielten das Banjo auch BerufsmusikerInnen in den Revuetheatern. Die Stärke des Banjos lag aber wohl eher in dem Reiz, den es auf Hausmusiker ausübte.

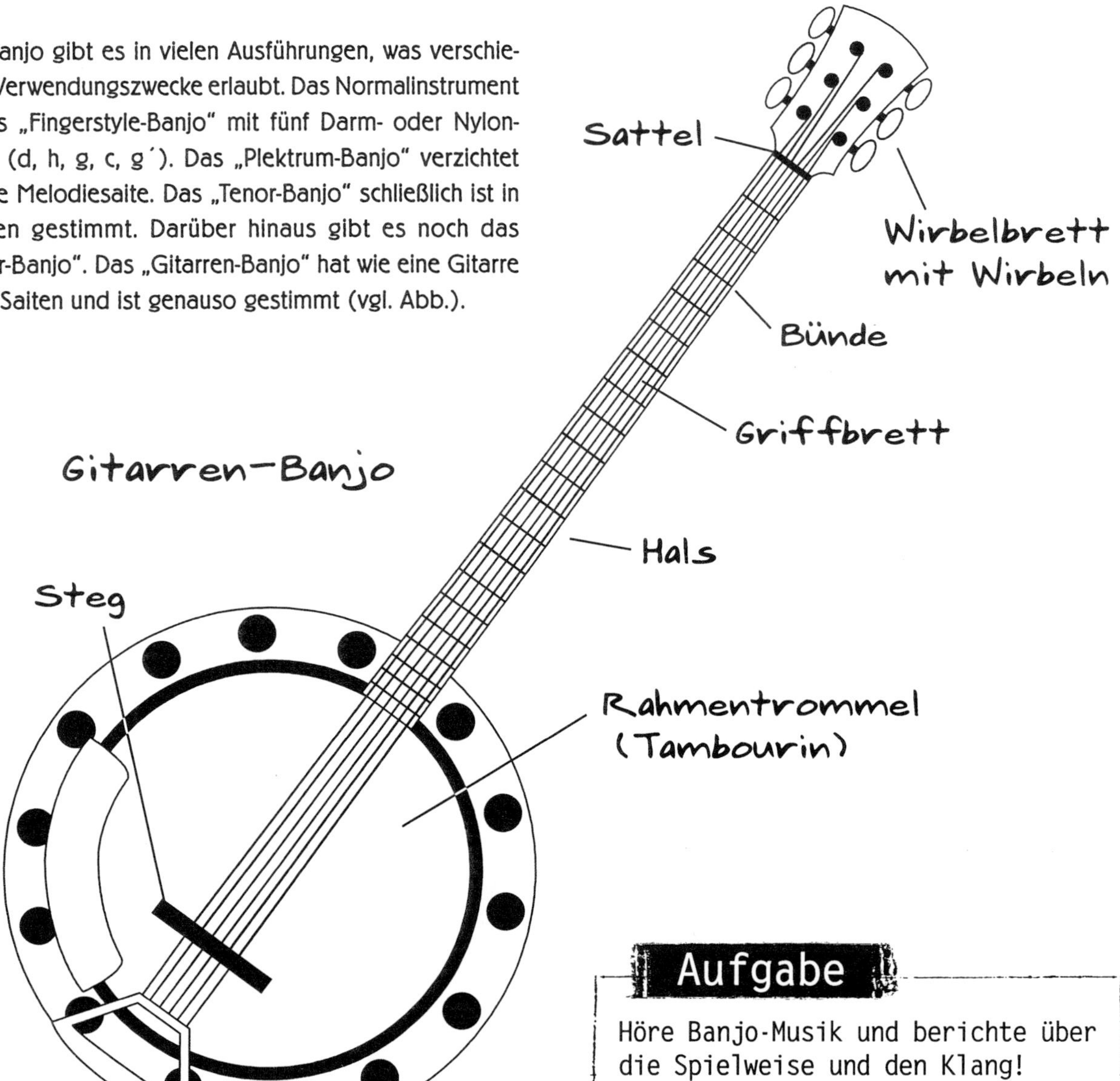

Sattel

Wirbelbrett mit Wirbeln

Bünde

Griffbrett

Hals

Gitarren-Banjo

Steg

Rahmentrommel (Tambourin)

Aufgabe

Höre Banjo-Musik und berichte über die Spielweise und den Klang!

Percussion – Ursprünge und Spielweise

Ursprünge

Neben dem/der SchlagzeugerIn sieht man heute oft in Bands MusikerInnen, die sich darauf spezialisiert haben, bestimmte Rhythmusinstrumente zu bedienen. Diese Instrumente fasst man unter dem Begriff **Percussion** zusammen. Während solche Percussioninstrumente in der orchestralen Musik schon lange eingesetzt werden, fanden sie in der Popmusik erst ihr Zuhause, als afrikanische und südamerikanische Rhythmen dort ihren Einzug hielten. Hervorragendes Beispiel für einen solchen percussionorientierten Musikstil ist die Gruppe **Santana**, die diesen der Rockwelt beim Woodstock-Festival eindrucksvoll demonstrierte.

Percussioninstrumente haben ihren Ursprung in der jahrhundertealten folkloristischen Tradition ihrer Herkunftsländer. Entsprechend vielfältig sind ihre Formen. Eingesetzt wurden sie in diesen Ländern bei Tänzen, aber auch bei meditativen Handlungen wie Beschwörungen oder Heilungen. Asiatische Gongs, javanische Tempelblocks und südamerikanische Congas werden heute in allen möglichen Stilarten der Musik eingesetzt und bereichern das Klangbild. Es gibt sogar Gruppierungen, die ausschließlich Percussioninstrumente einsetzen, etwa komplette Marimbaorchester mit 50 MitspielerInnen.

Spielweise

Percussioninstrumente können auch nach Noten gespielt werden. Allerdings verwendet man besondere grafische Symbole, um die unterschiedlichen Instrumente auf Anhieb erkennen zu können. Es gelten aber die fünf Notenlinien und die Zeitwerte der normalen Notation. Handgespielte Percussioninstrumente erhalten Notenhälse nach oben, bei fußgespielten zeigen die Hälse nach unten. Auch für die unterschiedlichen Schlägel werden eindeutige Symbole angezeigt, sodass man beim Spielen sofort den Wechsel auf anderes Schlägelmaterial erkennen kann.

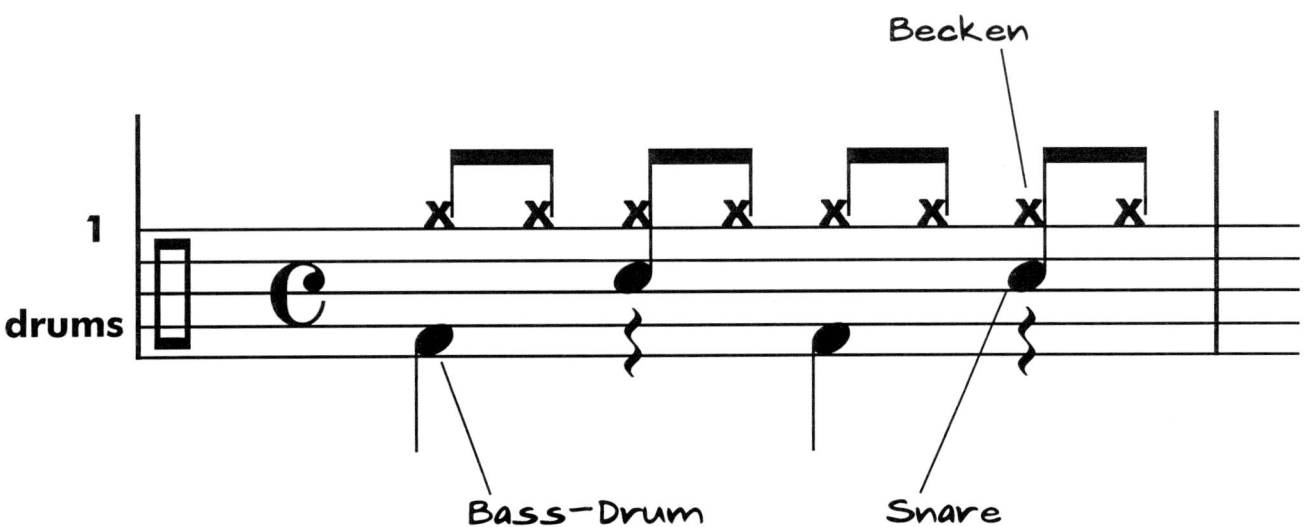

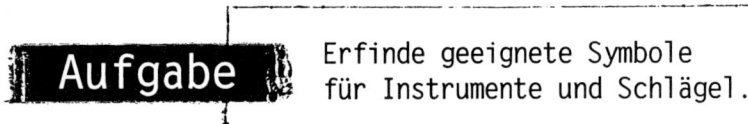

Aufgabe — Erfinde geeignete Symbole für Instrumente und Schlägel.

Die Vielfalt der Percussion-Instrumente

Um überhaupt einen Überblick über das weite Feld der Percussioninstrumente zu bekommen, teilt man sie in Gruppen ein, die die Art der Tonerzeugung beschreiben:

Bongos

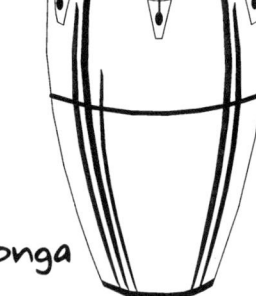

Conga

Membranophone

Als Membranophone werden alle Schlaginstrumente bezeichnet, bei denen über einen Resonanzkörper ein oder zwei Felle gespannt sind, die wiederum durch das Schlagen mit einem Schlägel, Klöppel oder mit der Hand in Schwingungen versetzt werden. Der Resonanzkörper kann ein Kessel sein, ein Rahmen, ein Gefäß o.ä. Bei zwei gespannten Fellen bildet das eine immer das Schlagfell, das andere das Resonanzfell, auch wenn man die Felle eventuell wechselseitig schlägt.

Idiophone

Das sind die so genannten Selbstklinger. Sie bringen durch ihre Eigenschwingung den Klang hervor. Sie benötigen keine Felle oder Resonanzkörper. Klänge entlockt man den Idiophonen durch Schütteln, Aneinanderreiben oder Gegeneinanderschlagen. Auf Grund des Materials werden sie auch unterschieden nach Metall-Idiophonen oder Holz-Idiophonen.

Ballaphon (afrik. Xylophon)

Malletinstrumente

Malletinstrumente sind Percussioninstrumente, mit denen auch Melodien gespielt werden können. Sie bestehen in der Regel aus einer Reihe von Klangplatten, die in klavierähnlicher Abstufung angeordnet sind. Die Klangplatten sind verschieden groß und dick und können so bei der Herstellung aufeinander abgestimmt werden. Beispiele dafür sind die bekannten Xylophone oder Metallophone, aber es gibt auch Exemplare, die aus Steinplatten oder anderen beliebigen Materialien bestehen. „Malletinstrumente" heißen sie nach der Art des Schlägelmaterials, mit dem sie angeschlagen und zum Klingen gebracht werden.

Effektinstrumente

Alle anderen Percussioninstrumente, die nicht genau in die vorgenannten Gruppen eingeordnet werden können, fallen unter die Bezeichnung „Effekte". Es sind im Grunde die Gerätschaften, die auch die Geräuschemacher beim Film einsetzen. Jeder Gegenstand, der seinen Zweck erfüllt, nämlich einen bestimmten Effektklang zu erzeugen, ist geeignet. Es gibt nichts, was nicht schon irgendwie eingesetzt worden ist. Gerade für Schallplattenaufnahmen haben sich die MusikerInnen unglaublich viel einfallen lassen. Vom Nebelhorn eines Schiffes bis zum pulsierenden Herzschlag – alles wurde schon mal ausprobiert. Der Fantasie und der Experimentierfreude sind hier keine Grenzen gesetzt.

Becken

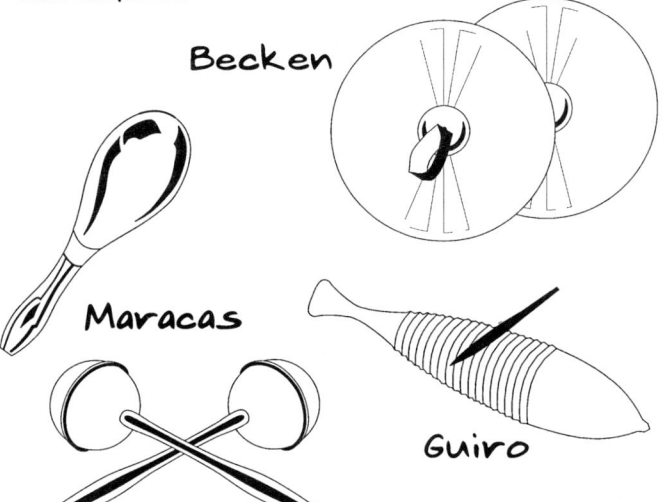

Maracas

Guiro

Aufgabe

Informiere dich über das Aussehen der verschiedenen Percussioninstrumente und zeichne typische Beispiele.

Das Schlagzeug – Einzelinstrumente und Zubehör

In der Popmusik werden viele Ausdrücke und Begriffe aus der englischen Sprache ausgeliehen. Natürlich ist das auch für den Bereich Schlagzeug so. Da heißt es, sich die Begriffe gut zu merken.
Aber ganz so schwer ist es nicht, wenn man es erst einmal durchschaut hat.

Drum-Set

Der Begriff „Drum" dürfte klar sein: Trommel. „Set" heißt so viel wie Satz. Damit ist der komplette Aufbau aller Bestandteile eines Schlagzeugs gemeint, so, wie es der/die SchlagzeugerIn auf der Bühne stehen hat.

Die Bass-Drum

Bass-Trommel. Sie ist das größte Teil im Set. Sie steht auf der Seite auf zwei Füßen. Oben hat die Bass-Drum meist eine Schraub-Halterung, in die der Tom-Halter geschoben wird. Der/die ZuschauerIn sieht vorne das aufgespannte Resonanzfell. Hinten ist das Schlagfell, das der/die DrummerIn mit der

Fußmaschine

schlägt – besser gesagt tritt. Denn die Fußmaschine ist ein Pedal, auf das der/die Schlagzeugerln im Rhythmus tritt. Eine Feder oder ein anderer Mechanismus wirkt dann auf eine Stange ein, an der eine Filzkugel befestigt ist. Diese Kugel schlägt gegen das Schlagfell.

Die Snare

– auch kleine Trommel genannt – hat ihren Namen von dem Spiralteppich, der über das Resonanzfell auf der Unterseite gespannt ist. Schlägt man oben auf das Schlagfell, so raschelt der Teppich unten mit, was der Snare ihren typischen Klang gibt. Man kann durch einen Hebel den Spiralteppich auch „ausschalten". Die Snare steht auf einem Ständer zwischen den Beinen des Schlagzeugers. Sie ist stimmbar, indem man die Spannreifen der Felle mit einem speziellen Schlüssel anzieht oder lockert.

Das Hänge-Tom

hängt über der Bass-Drum auf der Tom-Halterung. Es hat auch ein Schlag- und ein Resonanzfell, aber keinen Spiralteppich. Toms gibt es in vielen Größen. Sie sind auch stimmbar. Viele Drum-Sets haben mehrere Hänge-Toms.

Das Stand-Tom

steht neben der Bass-Drum auf drei Beinen auf dem Boden. Die Höhe der Beine ist verstellbar. Das Stand-Tom ist aufgebaut wie ein Hänge-Tom. Auch Stand-Toms gibt es in verschiedenen Größen. →

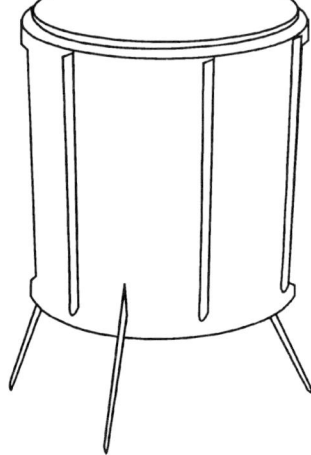

Bass-Drum mit Hänge-Toms

Stand-Tom

Fußmaschine

Spiralteppich

Snare

Das Becken

ist ein gewölbter Teller aus einer besonderen Metall-mischung. Es hat ein Loch in der Mitte. So kann es am **Beckenständer** aufgehängt werden. Becken gibt es in unterschiedlichen Größen. Durch ihren Herstellungs-prozess bekommen Becken eigentümliche Klangfarben. Man unterscheidet

Ride-Becken

Das sind Spielbecken, auf denen der fortlaufende Rhythmus gespielt wird.

Crash-Becken

Sie dienen der Erzeugung einzelner, besonders betonter Schläge.

Splash-Becken

Sie sind sehr klein und haben einen hohen Ton. Mit ihnen werden Akzente gesetzt.

Hi-Hat-Becken

Das sind Becken, die immer in doppelter Form auftreten und als unteres und oberes Becken auf der

Hi-Hat

angebracht sind. Die Hi-Hat (= hoher Hut) ist die zweite Fußmaschine, die der/die DrummerIn bedient. Früher hieß sie Charleston-Maschine. Es ist ein Ständerrohr, durch das eine Stange ge-führt wird. Das Pedal unten ist mit der Stange verbunden. Auf dem Rohr liegt das untere Becken auf, an der Stange ist das obere befestigt. Eine Feder hält das Pedal immer in der Hoch-stellung, die Becken sind also voneinander getrennt. Beim Durchtreten werden beide Becken aufeinander gedeckt. Ein guter Schlagzeuger/eine gute Schlagzeugerin tritt mit der Hi-Hat den Rhythmus immer mit. Er kann aber auch mit seinen Stöcken auf die Hi-Hat schlagen. Das ergibt durch die Doppelbecken einen anderen Klang als bei Einzelbecken.

Drum-Sticks

sind die Trommelstöcke, die es in vielen Stärken und Materialien gibt. Am gängigsten sind Holzstöcke. Besonders bei Jazz-SchlagzeugerInnen sind auch die **Besen** beliebt, mit denen man gewissermaßen auf den Schlagfellen „herumrührt".

Trommelstöcke

Schlägel

Becken

Bongos

Besen

Hi-Hat

Bongos

oder Abarten davon hängt sich der/die DrummerIn auch oft an sein Set. Angesagt sind heutzutage so genannte

Drum-Pads

Das sind Schlagflächen aus Kunst-stoff, die das Spielgefühl einer Trommel bieten. Mit ihnen kann der/die DrummerIn elektroni-sche Klänge oder Instrumente ansteuern.

Ständer

aller Art sind nötig, um das Set aufzu-bauen. Normalerweise sind sie dreibeinig und verstellbar. Oft sieht man auch statt der vielen Ständer ein

Drum-Rack

Das ist ein Rahmen aus Leichtmetall, an den alle Set-Teile angeschraubt werden.

Drum-Pads

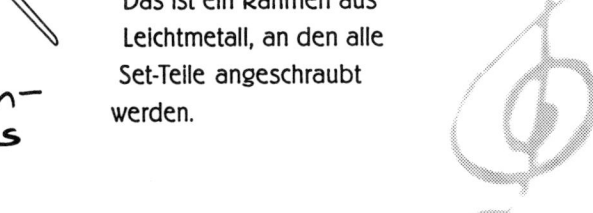

Das komplette Drum-Set

So sieht ein normales Schlagzeug von oben aus, wie es in vielen Bands benutzt wird. Natürlich stellt sich jeder/jede SchlagzeugerIn sein persönliches Set zusammen, aber oft sieht es gerade so aus, wie es hier abgebildet ist.

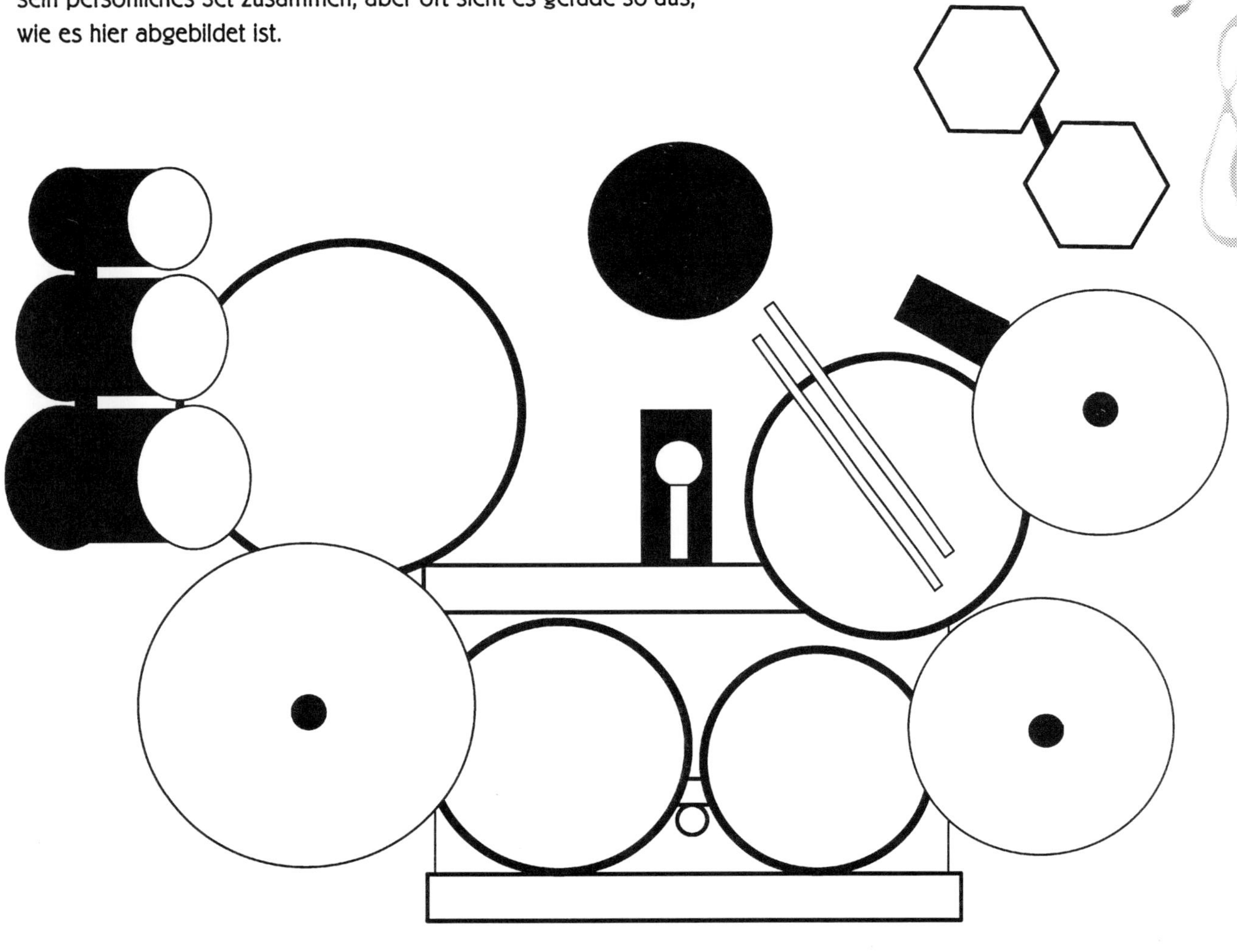

1. Bass-Drum
2. Fußmaschine
3. Snare-Drum
4. Tom-Halterung
5. Kleines Hänge-Tom

6. Großes Hänge-Tom
7. Stand-Tom
8. Bongos
9. Ridebecken
10. Crashbecken

11. Hi-Hat
12. Drum-Pads
13. Drummer-Sitz
14. Drum-Sticks

Aufgaben

1. Beschrifte anhand der oben aufgeführten Begriffe die Einzelteile des Schlagzeugs!
2. Stell dir vor, wie das Set von vorne aussieht und zeichne es!

Das komplette Drum-Set
Fortsetzung

INSTRUMENTE

komplettes
Drumset

Snare
von unten
mit
Spiral-
teppich

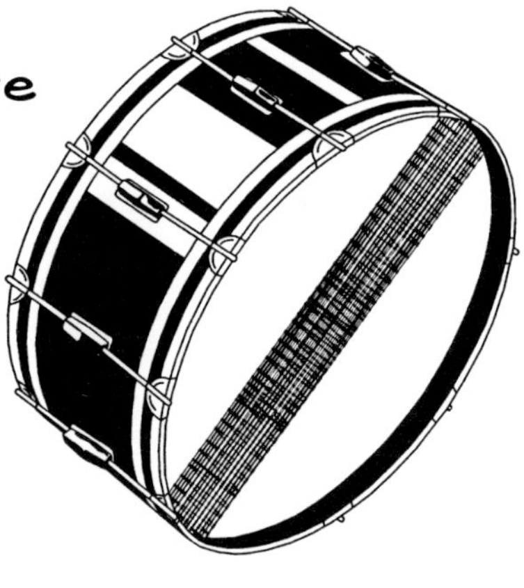

Fuß-
maschine

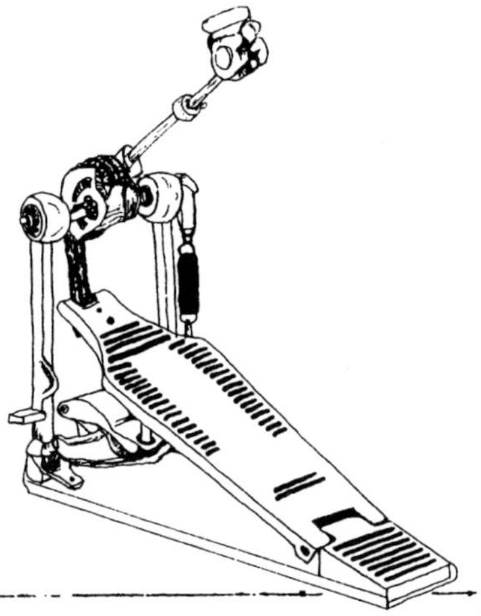

Aufgaben

1. Vergleiche das Drumset mit deiner Zeichnung. Beschrifte die Teile.

2. Beschreibe, warum sich der Klang der Snare durch den Spiralteppich verändert.

3. Beschreibe die Funktionsweise der Fußmaschine.

Üben und Spielen einfacher Rhythmen

Das kennst du aus dem Fernsehen:
Kaum erklingt irgendwo eine eingängige Musik, schon klatschen die ZuschauerInnen
begeistert mit. Manche achten dabei gar nicht auf den Rhythmus
und liegen dann mit ihrem Klatschen ziemlich daneben. Wir wollen mal sehen,
ob du es etwas genauer kannst. Wichtig ist immer, dass man zunächst mitzählt,
am besten laut. Und bis 4 zählen sollte man in deinem Alter schon können. Also los!

1   2   3   4   1   2   3   4   1   2   3   4   usw.

Das klappt doch prima! Nun klatschen wir einfach mal bei jedem Zähler mit.
Nicht zu schnell zählen, dafür aber sehr gleichmäßig.

1   2   3   4   1   2   3   4   1   2   3   4   usw.

War gut! Aber so klatschen alle, nicht wahr? Also machen wir es komplizierter!
Wir klatschen jetzt nur noch jedes zweite Mal, also immer dann, wenn wir 1 und 3 zählen.

1   2   3   4   1   2   3   4   1   2   3   4   usw.

Auch das war sicher kein Problem für dich.
Als Nächstes versuchen wir den Zähler 1 besonders zu betonen. Zusätzlich
erleichtern wir uns den Überblick, indem wir die Teile durch Striche abtrennen.

1   2   3   4 | 1   2   3   4 | 1   2   3   4   usw.

1   2   3   4 | 1   2   3   4 | 1   2   3   4   usw.

Nachdem du das alles ganz locker gemacht hast, wird es jetzt echt schwer.
Jetzt klatschen wir nämlich mal so richtig gegen den Strich, nämlich auf 2 und 4.
Denk´ dran: Ganz langsam anfangen!

1   2   3   4 | 1   2   3   4 | 1   2   3   4   usw.

Im Grunde kannst du nun klatschen, wie du lustig bist. Versuch es einfach!
Besonders wirkungsvoll ist es, wenn man bei einem Live-Konzert in einem anderen Rhythmus
klatscht als die Umstehenden. Das sorgt für viel Verwirrung, wirkt aber auch als Anregung.

✗ Kannst du selbst ein paar „Klatschnoten" aufschreiben?

Arbeitsblätter für die Sek. I Musik
© Verlag an der Ruhr, Postfach 10 22 51,   45422 Mülheim an der Ruhr

Fortsetzung Üben und Spielen einfacher Rhythmen

 MUSIK THEORIE

2/4-Takt: Gleichmäßig laut mitzählen: 1 – 2 – 1 – 2 – 1 – 2 usw.

Zuerst mit der **Hi-Hat** anfangen. Auf **jeden Zähler** einmal schlagen.

RechtshänderInnen schlagen mit der rechten Hand, während die Hi-Hat links steht (siehe Abbildung auf AB „Das Schlagzeug (4)", Seite 53).

Bei LinkshänderInnen ist es umgekehrt. Dann die **Snare** hinzunehmen und jeweils bei **Zähler Zwei** schlagen. RechtshänderInnen bedienen die Snare mit der linken Hand, LinkshänderInnen ...? Zum Schluss kommt die **Bass-Drum** an die Reihe.

Die Fußmaschine wird immer bei **Eins** getreten.

Der fett gedruckte Zähler Eins wird betont.

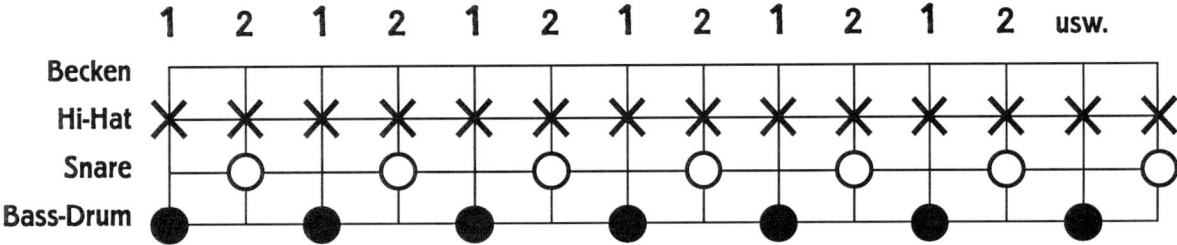

4/4-Takt: Die Reihenfolge des Einsatzes erfolgt genauso wie oben.

Gezählt wird **1 – 2 – 3 – 4**, durchgehend. Betonung wieder auf der **Eins**, auf der auch die **Bass-Drum** gespielt wird. Die **Snare** wird auf **Drei** geschlagen.

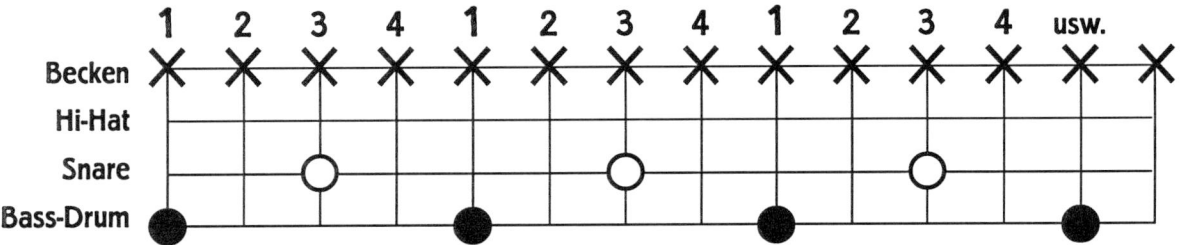

4/4-Takt: Noch einmal der 4/4-Takt in einer Abwandlung, die rhythmisch deutlich anders wirkt. Erklären muss man die Spielweise sicher nicht mehr. Wenn du die anderen Übungen gut geschafft hast, wird dir diese auch gelingen.

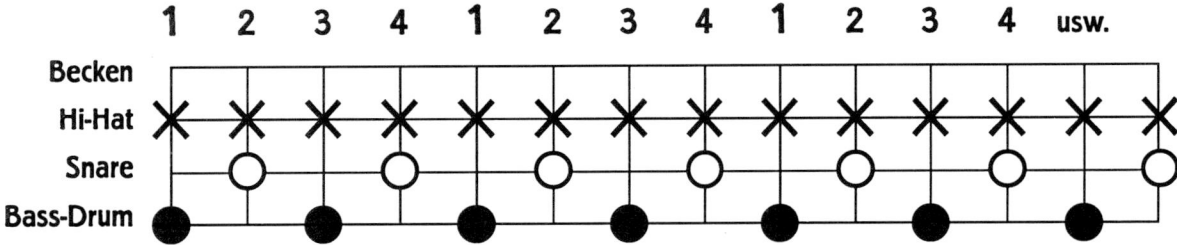

3/4-Takt: Zählen: 1 – 2 – 3, die **Eins** wieder **betont**.

Bass-Drum auf Eins, **Snare** auf **Zwei** und **Drei**.

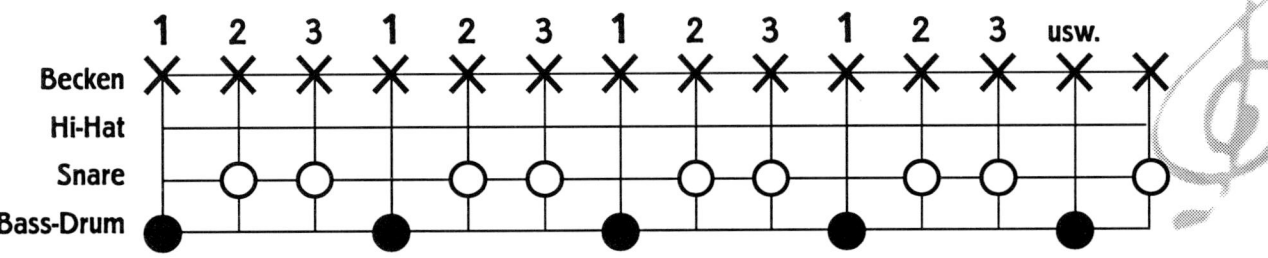

Üben und Spielen
einfacher Wirbel

 MUSIK THEORIE

Wirbel über Snare und Toms

Wenn man ProfidrummerInnen wirbeln sieht, staunt man oft nicht schlecht. Im Grunde steckt dahinter aber nur jede Menge Übung. Einfache Wirbel über die Snare und die Toms kann man lernen. Die Anordnung des Sets kennst du schon. So wie unten abgebildet sieht es aus, wenn man dahinter sitzt. Beginne ganz langsam mit den Übungen, gewissermaßen in Zeitlupe und wiederhole sie sehr oft.

R bedeutet „**rechte Hand**" (mit Stock natürlich),
L bedeutet „**linke Hand**".

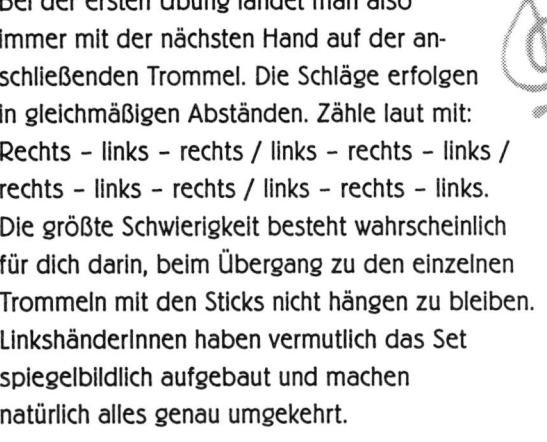

Bei der ersten Übung landet man also immer mit der nächsten Hand auf der anschließenden Trommel. Die Schläge erfolgen in gleichmäßigen Abständen. Zähle laut mit:
Rechts – links – rechts / links – rechts – links / rechts – links – rechts / links – rechts – links.
Die größte Schwierigkeit besteht wahrscheinlich für dich darin, beim Übergang zu den einzelnen Trommeln mit den Sticks nicht hängen zu bleiben. LinkshänderInnen haben vermutlich das Set spiegelbildlich aufgebaut und machen natürlich alles genau umgekehrt.

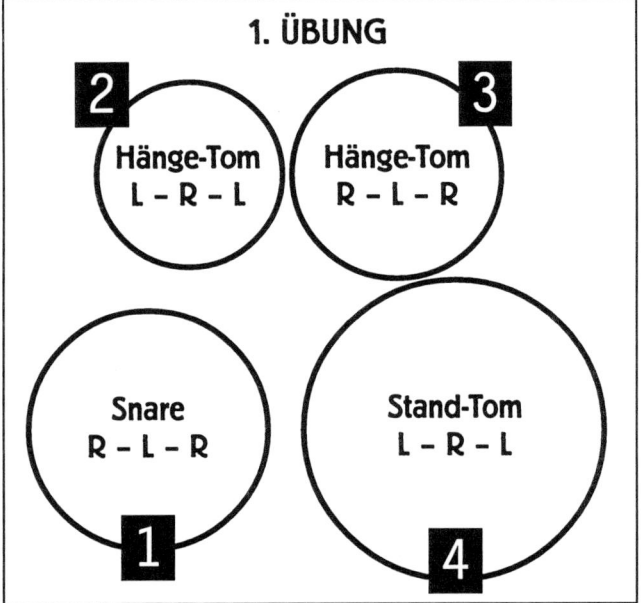

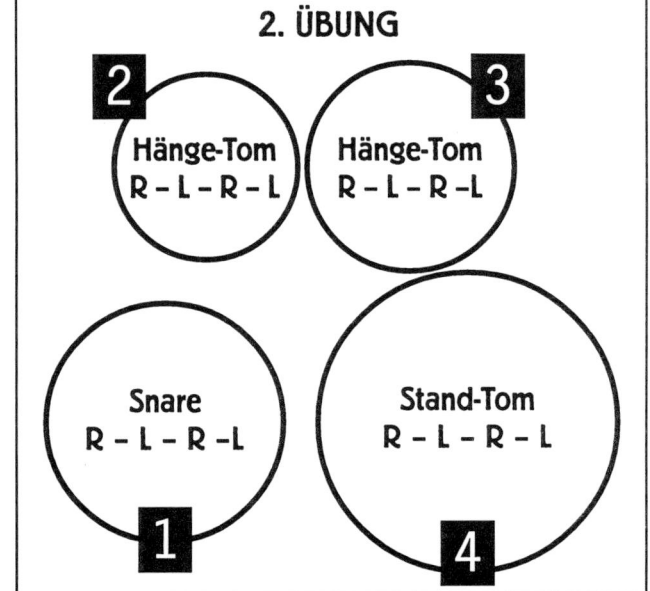

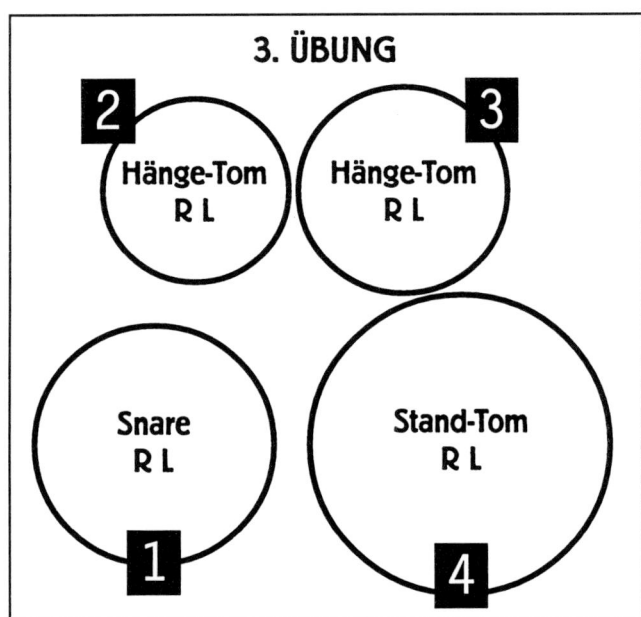

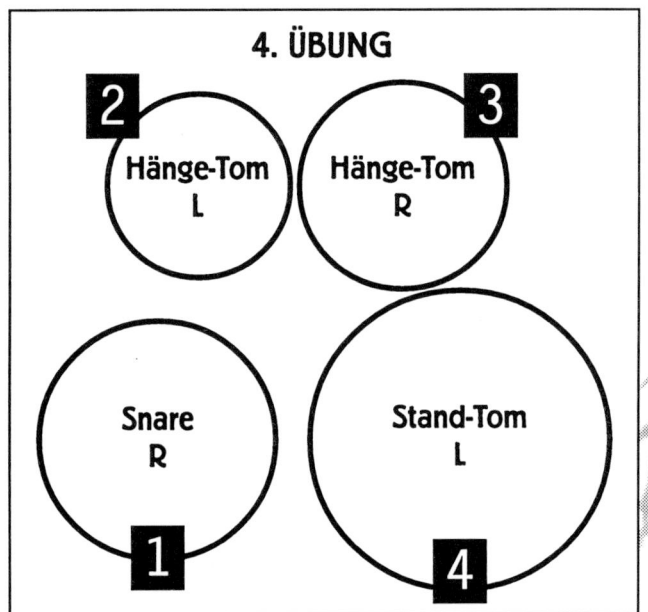

AB

Das Sinfonieorchester

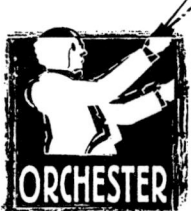

Der Aufbau des Sinfonieorchesters

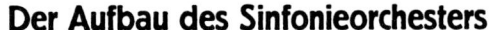

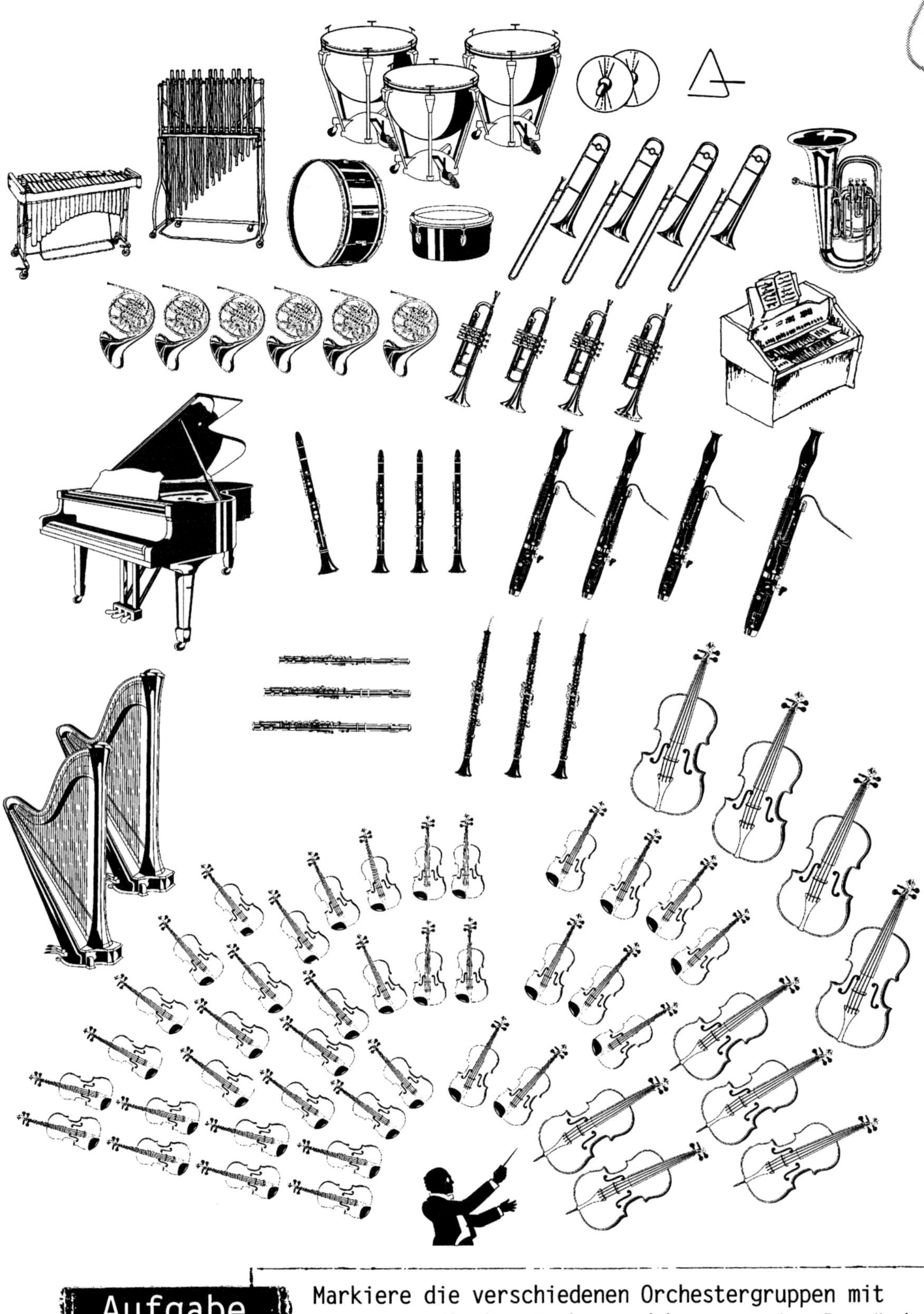

Aufgabe

Markiere die verschiedenen Orchestergruppen mit unterschiedlichen Farben und benenne sie. Begründe, warum die Gruppen gerade so angeordnet sind.

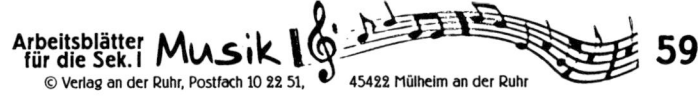

Kompositionen

 **ORCHESTER**

Das Konzert

von lat. „concertare" = zusammenwirken, gemeinsam musizieren, aber auch: wettstreiten, gegeneinander wirken, sich hervortun

In der 2. Hälfte des 16. Jahrhunderts verwandte man den Begriff Konzert für ein Gesangsstück mit instrumentaler Begleitung. Es war die Steigerung der Motettenkomposition.

Zwischen 1670 und 1750 erlebte das Barockkonzert seinen Höhepunkt in verschiedenen Formen. Einerseits gab es das **„Concerto grosso"**, das große Konzert, in dem sich Solistengruppen (Concertino) und Orchester (Tutti) gegenüberstehen. Andererseits entwickelte sich das **„Concertino"** als kleines Solokonzert. Johann Sebastian Bach führte die Form des Concerto grosso in seinen Brandenburgischen Konzerten zu ihrem Höhepunkt.

Eine andere Form des Konzerts war die **„Sinfonia concertante"**, der Zusammenklang aller Instrumente. Sie gab es in drei oder in vier Sätzen („Sinfonia a tre - Sinfonia a quattro"). Aus diesen sinfonischen Kompositionen entwickelte sich das **Solokonzert**. Damit ist gemeint, dass ein Instrument besonders herausgestellt wird (solo = einzeln, allein).

Im Zusammenhang mit den Solokonzerten ist die Herausbildung der **Sonatensatzform** und die Erfindung des Klaviers zu sehen. Unter Konzerten verstand man danach nur noch Solokonzerte, während die Sinfonie die Rolle des früheren Concerto grosso übernahm.

Violin-, Flöten- oder Klavierkonzerte sind leichter und heiterer im Aufbau und in der Aussage als Sinfonien, wobei es sicher auch Ausnahmen gibt.

Ouvertüren - Suiten

Ouvertüre (franz. - Eröffnung); eine instrumentale Einleitung zu einem Bühnenwerk (Oper, Operette, Ballett) oder einem großen Vokalwerk (Oratorium).

Suite (franz. - Reihe, Folge, Abfolge); eine Zusammenstellung verschiedener Musikstücke - etwa Tänze aus Opern - zu einer Satzfolge, der eine Ouvertüre vorangestellt wurde; das Gesamtwerk nannte man im 18. Jh. Ouvertürensuite.

Die Sonate

von lat. „sonare" = klingen

Die Sonate ist ein Musikstück, das ausschließlich von Instrumenten gespielt wird. Zunächst waren die Formen solcher Musikstücke sehr unterschiedlich. Die Anfänge sind in Italien zu finden. Im Laufe der Zeit formten sich strenge Kompositionsregeln für die Sonate heraus.

Mit der so genannten Sonatenhauptsatzform entstand um 1740-1760 ein Schema, das überall Anwendung fand. Sowohl in die Kammermusik (Trio, Quartett) als auch in die Orchestermusik ging die Sonate ein. Später wurde daraus eine Komposition für ein Soloinstrument (z.B. Klaviersonaten von Schubert). Erst Beethoven entfernte sich von der strengen Form der klassischen Sonate und wandte andere Kompositionsprinzipien an. Allgemein kann man sagen:

Die Sonate ist ein mehrsätziges Instrumentalstück. Die Sätze - in der Regel 3 oder 4 - unterscheiden sich zum Beispiel durch das Tempo (schnell - langsam - schnell) oder durch die Art der Verarbeitung von Tonart, Thema und Instrumenten.

Beispiel:
1. Satz - schnell und dramatisch, Haupttonart
2. Satz - langsam und lyrisch, in verwandter Tonart
3. Satz - eine eingeschobene Tanzform, Haupttonart
4. Satz - schneller Schlusssatz, Haupttonart

Es gibt:
• die **Solosonate** für ein Einzelinstrument
• die **Duosonate** für Violine oder Cello und Klavier
• die **Sinfonie** als Sonate für Orchester
• das **Konzert** als Sonate für SolistInnen und Orchester

Tempobezeichnungen

ORCHESTER

In vielen Fällen verwenden KomponistInnen zur Tempo-angabe eines Musikstücks Ausdrücke ihrer Landessprache. Italienische, französische und deutsche Tempobezeichnungen sind weit verbreitet. In der Unterhaltungsmusik und im Jazz sind die Bezeichnungen in englischer Sprache. In der klassischen Musik überwiegt eher das Italienische.

Die Ausdrücke können auch miteinander gekoppelt werden, z.B. **Allegro moderato.**

Oft werden auch bestimmte Adjektive zur genaueren Bezeichnung hinzugefügt.

Adagietto	– etwa wie Adagio, aber mit heiterem Charakter
Adagio	– langsam
Adagio molto	– sehr langsam
Allegramente	– munter, lebhaft
Allegretto	– etwa wie Allegro mit heiterem Charakter
Allegro	– lebhaft, heiter
Andante	– gehend, mäßig langsam
Andantino	– etwa wie Andante mit heiterem Charakter
Larghetto	– etwa wie Largo, mit heiterem Charakter
Largo	– breit, langsam
Lento	– langsam, gedehnt
Moderato	– mäßig, aber nicht langsam
Prestissimo	– äußerst schnell
Presto	– schnell, schneller als Allegro
Vivace	– lebhaft

appassionato	– leidenschaftlich
assai	– sehr
comodo	– gemächlich
con fuoco	– mit Feuer
con moto	– mit Bewegung
con passione	– mit Leidenschaft
molto	– viel, sehr
non troppo	– nicht zu viel, nicht zu sehr
piu	– mehr
poco	– wenig
sostenuto	– gehalten, getragen

Die Tempobezeichnungen stehen am Anfang eines Stücks, Satzes oder Formteils und gelten bis zur Ablösung durch neue Bezeichnungen. Natürlich sind diese Bezeichnungen keine absoluten Werte, sondern noch interpretationsbedürftig. Das ist auch der Grund dafür, dass Aufführungen ein und desselben Musikstücks sehr unterschiedlich ausfallen können. Nicht zuletzt hängt die Interpretation vom jeweiligen Dirigenten/von der jeweiligen Dirigentin ab.

Es gibt sogar MusikwissenschaftlerInnen, die behaupten, dass wir heute diese Begriffe völlig falsch deuten und daher fast alle Orchesterwerke viel schneller gespielt werden als in damaliger Zeit üblich. Als Beispiel wird Mozarts „Kleine Nachtmusik" genannt, die der Meister selbst ganz anders aufgeführt habe.

Das Orchester

Name:

Klasse:

1. Nenne die Instrumentengruppen des Orchesters!

   _____

   _____

2. Welche Regel besteht für den äußeren Orchesteraufbau?

   _____

   _____

   _____

   _____

3. Welcher Unterschied besteht zwischen einer Klarinette und einer Oboe?

   _____

   _____

   _____

4. Welche Streichinstrumente gibt es?

   _____

   _____

   _____

5. Komponisten versehen ihre Werke mit besonderen Angaben. Welche sind das? Was haben sie für einen Sinn? Nenne zwei Beispiele und erkläre daran kurz!

   _____

   _____

   _____

   _____

   _____

6. Überlege, warum es für einen/eine OrchestermusikerIn wichtig ist, in einem möglichst großen Orchester zu spielen?

   _____

   _____

   _____

   _____

   _____

   _____

Punktzahl:

Bewertung:

Wie entsteht eine Partitur?

 ORCHESTER

Der/die **KomponistIn**
hat eine Idee zu einem
musikalischen Werk.
Er/sie komponiert am Klavier.

Dann nimmt er/sie die
Instrumentierung
bzw. **Orchestrierung**
(bei einem Orchesterwerk) vor:

• Instrument
• Tonumfang
• Klangfarbe
• Spieltechnik

Daraus entsteht die **Partitur**:

• Tonart
• Taktart/Rhythmus
• Melodie
• Stimmführung
• Zusammenspiel
• Dynamik

Aufgaben

1. Was machen DirigentIn und MusikerInnen?
2. Beschreibe ausführlich in einem zusammenhängenden
   Text die Darstellung. Schreibe ins Heft!

Komponisten-Vokabular

Name:	Klasse:

Erkläre die folgenden Begriffe!

KomponistIn: _____

_____

DirigentIn: _____

_____

Instrumentierung: _____

_____

Orchestrierung: _____

_____

Partitur: _____

_____

Tonart: _____

_____

Instrumentengruppe: _____

_____

SolistIn: _____

_____

Tutti: _____

_____

Dynamik: _____

_____

Punktzahl:	Bewertung:

Programm-Musik: „Peter und der Wolf"

ORCHESTER

Was ist Programm-Musik?

Unter Programm-Musik versteht man eine Instrumentalmusik, in der bestimmte äußere Eindrücke musikalisch verarbeitet werden. Grundlage solcher Eindrücke können Geschichten, Dichtungen, Bilder oder auch Naturereignisse sein. Durch den Titel des Stücks oder inhaltliche Hinweise macht der Komponist deutlich, worauf sich seine Komposition bezieht. Programm-Musik ist nicht an Kompositionsregeln oder bestimmte Formen gebunden. Die bekanntesten Beispiele für eine derartige Musikform sind Mussorgskys „Bilder einer Ausstellung", Smetanas „Die Moldau" und Prokofieffs „Peter und der Wolf".

Peter und der Wolf

Ein musikalisches Märchen für Kinder von Serge Sergejewitsch Prokofieff (1891–1953)

Vom Schaffenswerk des russischen Komponisten Serge Prokofieff kennt man bei uns nur wenig. Er hat viele Opern, Ballette und Sinfonien geschrieben. Sehr beliebt aber wurde sein musikalisches Märchen für Kinder, das durch viele Rundfunksendungen und Plattenaufnahmen Verbreitung fand.

Die Geschichte ist schnell erzählt. Der böse, böse Wolf dringt in die heile Welt von Peter und seinem Großvater ein und bedroht Tiere und Menschen. Peter ist natürlich ein aufgeweckter Junge und natürlich fängt er den Wolf am Ende.

Dazwischen aber passiert eine Menge. Da verwandelt sich das Orchester in einen Zoo. Jedem Tier sind bestimmte Instrumente zugeordnet. Unverwechselbar erkennt man sie sofort an ihrem Klang, aber auch an der ihnen eigentümlichen Melodie, die der Komponist ihnen auf den Leib geschneidert hat. Das trifft genauso auf die Menschen zu.

Die Vögel zwitschern, was die Flöten hergeben. Drei Hörner lassen den Wolf düster fauchen. Die Jäger kommen mit Pauken und Trommeln daher. Die Oboe macht die watschelnde Ente. Auf Samtpfoten schleicht die Katzenklarinette. Und der Großvater sitzt pfeiferauchend am Fagott. Ja, und Peter? Zwei Geigen, die Bratsche und das Cello, das komplette Streichquartett also, machen den Peter quicklebendig und zum richtigen Wolfsfänger.

Aufgaben

Themenheft „Peter und der Wolf"

Wir wollen uns in der nächsten Zeit mit dem musikalischen Märchen von Prokofieff beschäftigen. Mehrmals wirst du das Werk hören und es sehr genau kennen lernen.

Zu dem Werk sollst du eine Mappe oder ein Heft anlegen. Die Geschichte von Peter und alle musikalischen Vorgänge sollen in der Mappe anschaulich beschrieben werden. Neben den beschreibenden Texten gehören schöne Bilder zu deiner Arbeit. Die Bilder können die Handlung, die Tiere, Personen und Instrumente illustrieren.

Die ganze Mappe sollst du möglichst farbenfroh gestalten. Entwirf auch ein tolles Titelbild. Am Ende sollst du ein Werk abgeben, das sowohl ein bebildertes Geschichtenbuch als auch ein gestaltetes Musikbuch zum Thema „Peter und der Wolf ist".

Die Geschichte
Text & Bilder

Erzähle die Geschichte abschnittweise. Male zu jedem Abschnitt (Kapitel) ein passendes Bild!

Die Musik
Text & Bilder

Zu jedem Abschnitt (Kapitel) gehört eine entsprechende Passage, die beschreibt, was musikalisch passiert, welche Instrumente eingesetzt und welche Wirkungen erzielt werden.

Mögliche Abschnitte
(entscheide selbst, wie viele):
1. Die Vorstellung
2. Eines Morgens
3. Auf einmal bemerkte Peter …
usw.

Programm-Musik: „Die Moldau"

ORCHESTER

Die Moldau

Sinfonische Dichtung von Bedrich (Friedrich) Smetana (1824–1884)

Smetana war ein tschechischer Komponist, der in seiner Heimat vor allem durch den sinfonischen Zyklus „Mein Vaterland" bekannt wurde. Der zweite Satz dieses Werks hat den Titel „Die Moldau" und beschreibt den Weg des Flusses von der Quelle über verschiedene Stationen bis zur Mündung. „Die Moldau" ist heute in Tschechien gewissermaßen die heimliche Nationalhymne, wurde darüber hinaus aber ein weltweit bekanntes Beispiel für eine sinfonischen Dichtung.

→ **Leporellobuch**

Darunter versteht man ein Buch, dessen Seiten nicht gebunden sind, sondern ziehharmonikaartig gefaltet. Es wurde so benannt nach dem Diener Leporello in der Oper „Don Juan" von Mozart, der in einem solchen Buch Geheimnisse seines Herrn aufgezeichnet hatte.

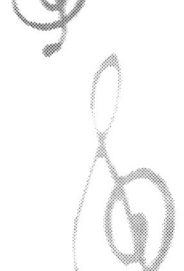

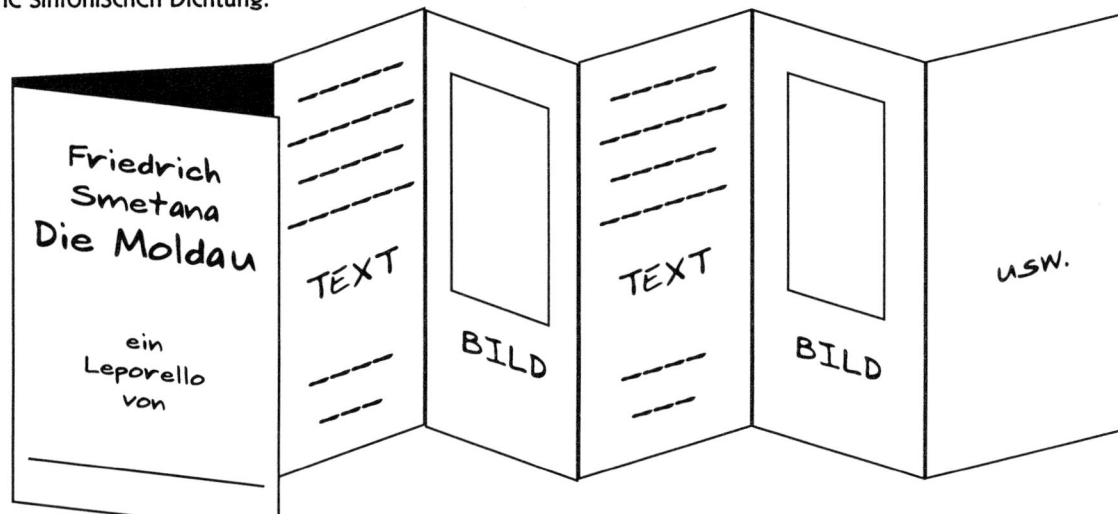

Aufgaben

1. Verfolge aufmerksam die Komposition. Beobachte, wie der Komponist die verschiedenen Stationen und Ereignisse, die die Moldau auf ihrem Weg zur Elbe „erlebt", musikalisch umsetzt. Mache dir dabei Notizen zu u.a. folgenden Fragen:
   - Welche Instrumente kannst du heraushören?
   - Wie gestaltet sich die Dynamik im Verlauf des Stücks?
   - Welche Stimmung wird erzeugt?

2. Gib jedem Abschnitt eine Überschrift!

3. Fertige auf Grund des Hörerlebnisses und der Notizen ein Leporellobuch an. Es soll anschaulich in Text und Bild den Lauf der Moldau verdeutlichen. Wie entwickelt sich die Moldau? Welche Landschaften durchfließt sie? Welche Ereignisse geschehen unterwegs? Was passiert im jeweiligen Abschnitt musikalisch? Zur besseren Übersicht solltest du dir im Atlas einmal den Weg anschauen, den die Moldau tatsächlich nimmt.

Beobachtungsbogen

Name:

	Inhalt	Musik
Quelle – Fluss – Bach		
Die Jagd- gesellschaft		
Hochzeit im Dorf		
Der Mond geht auf		
Die Elfen		
Die Sonne geht auf		
Das Wasser staut sich		
Stromschnellen und Wasserfall		
Die Ebene		
Die Burg		
Das goldene Prag		
Die Moldau fließt in die Ferne		

Programm-Musik: „Bilder einer Ausstellung"

ORCHESTER

Modest P. Mussorgski (1839–1881)

Der russische Komponist Modest Petrowitsch Mussorgski wurde hauptsächlich durch seine Oper „Boris Godunow" bekannt. Er war Offizier und Beamter. Das Komponieren betrieb er, ohne auf die musikalischen Regeln der damaligen Zeit zu achten. Er machte daher sozusagen schon Zukunftsmusik, während die Kollegen ihn eher als „Dilettanten" (Laien, Nichtfachmann) betrachteten.

Bilder einer Ausstellung

Nachhaltigen Eindruck hinterließ Mussorgski aber mit einem genialen Klavierwerk. Als im Jahre 1873 sein bester Freund Victor Hartmann verstarb, ein Architekt und Maler, widmete Mussorgski ihm eine Komposition, die er „Bilder einer Ausstellung" nannte. Die Anregung dafür gab ihm eine Ausstellung mit Bildern des verstorbenen Freundes. Die Eindrücke, die er beim Betrachten der Bilder hatte, setzte er um in eine Reihe von kleinen Musikstücken mit sehr unterschiedlichem Charakter. Es entstanden für zehn Bilder zehn Sätze, die den Bildinhalt lautmalerisch umsetzen. Die zehn Teile werden verbunden durch den musikalischen Gang von Bild zu Bild, der „Promenade".

Das ursprüngliche Klavierwerk Mussorgskis wurde später von dem französischen Komponisten **Maurice Ravel** (1875–1937) für das Orchester bearbeitet. Diese als eine der einfühlsamsten Bearbeitungen der Musikgeschichte gelobte Ausgestaltung trug wesentlich auch zur weiteren Verbreitung und Berühmtheit der „Bilder einer Ausstellung" bei.

Immer wieder wurde dieses Werk von Musikern aufgegriffen. So legte die Rockgruppe **Emerson, Lake and Palmer** in den 70er-Jahren eine gelungene Rockfassung mit Gesang vor (Pictures at an Exhibition). Der Japaner **Isao Tomita** bearbeitete die Komposition ausschließlich für den Synthesizer.

Die Sätze

Der Gnom: Ein verkrüppelter Zwerg treibt sein merkwürdiges Unwesen, dargestellt durch unvermutete Instrumentalbewegungen, ausgefallene Harmonik und Tempoänderungen.

Das alte Schloss: Vor dem Zuhörer erhebt sich ein mittelalterliches Schloss mit all seinen dunklen Winkeln. Aus der Ferne erklingt eine schmeichelnde Melodie, vielleicht von einem Minnesänger?

Tuillerien: Kinder spielen, springen und streiten im berühmten Pariser Park.

Bydlo: Der Bydlo ist der schwere Ochsenkarren der polnischen Bauern. Man hört ihn förmlich, wie er schwerfällig über die steinigen Wege rumpelt.

Ballett der Küchlein in ihren Eierschalen: Die jungen Küken versuchen mit dem Tanz ihre ersten eigenen Schritte, fröhlich, unbekümmert, aber auch tastend unbeholfen.

Samuel Goldberg und Schmuyle: Zwei polnische Juden streiten sich. Der eine ist ein armer Mensch, der jammert und fleht. Der andere ist reich und selbstgerecht.

Der Marktplatz von Limoge: Die ZuhörerInnen tauchen ein in das geschäftige Treiben des Marktes.

Die Katakomben: Durch das unterirdische Gewölbe im alten Rom – Flucht- und Begräbnisstätte der ersten Christen – dringt eindringliche Trauermusik.

Die Hütte der Baba Yaga: Die Baba Yaga ist die böse Hexe des russischen Märchens. Zaubernd und Unheil stiftend geistert sie durch die Welt.

Das große Tor von Kiew: Durch das gewaltige Tor strömt eine riesige Menschenmenge. Glockengeläut und feierlich getragene, gewaltige Klänge bilden ein großartiges Finale.

Promenade: Die Verbindung der einzelnen Sätze.

Aufgabe

Lege in gewohnter Weise eine Mappe „Bilder einer Ausstellung" an.
Sie soll enthalten: - die Geschichten zu den einzelnen Bildern
- die Beschreibung der Musik
- die Umsetzung deiner Empfindungen beim Anhören der Musik in von dir gemalte Bilder

Bewertung der Arbeitsmappe von

Name:

	Geschichte	Musik	Bild	Bewertung
Einleitung				
Bild 1				
Bild 2				
Bild 3				
Bild 4				
Bild 5				
Bild 6				
Bild 7				
Bild 8				
Bild 9				
Bild 10				

Gesamtbewertung:

© Verlag an der Ruhr, Postfach 10 22 51,   45422 Mülheim an der Ruhr

Name:

Klasse:

1. Wie heißt der Komponist?

_____

2. Wie kam es zu dem Werk?

_____

_____

_____

_____

3. Für welches Instrument wurde es
   ursprünglich komponiert?

_____

4. In welcher Weise und vom wem wurde
   die Komposition später verarbeitet?

a) Fassung: _____

   von: _____

b) Fassung: _____

   von: _____

c) Fassung: _____

   von: _____

5. Wie ist das Werk aufgebaut?

_____

_____

_____

_____

_____

6. Nenne mindestens fünf Bilder!

_____

_____

_____

_____

_____

_____

_____

Punktzahl:

Bewertung:

Franz Joseph Haydn

 PERSÖNLICH KEITEN

Franz Joseph Haydn wurde am 31. März 1732 in Rohrau (Österreich) geboren. Als Sohn eines Wagnermeisters und Kleinbauern bekam er viel Erfahrung in handwerklichen Dingen, aber er interessierte sich doch mehr für die Musik.

Als Franz Joseph acht Jahre alt war, wurde der Domkapellmeister G. Reuter auf ihn aufmerksam. Reuter holte ihn als Chorknaben an den Stephansdom nach Wien. Später wurde er wegen des eintretenden Stimmbruchs aus dem Chor entlassen. Er musste sich in den folgenden zehn Jahren seinen Lebensunterhalt mit Gelegenheitsarbeiten als Musiker verdienen. Haydn war auch einige Zeit Hilfsdirigent und Kammerdiener bei Nicola Porpora, bei dem er auch Unterricht bekam.

In dieser Zeit begann Haydn als Komponist zu arbeiten. Er wurde 1759 Musikdirektor bei Graf Morzin, der im böhmischen Lukawitz bei Pilsen lebte. Als die gräfliche Kapelle aufgelöst wurde, trat Haydn 1761 als Vizekapellmeister neben G. J. Werner in den Dienst des Fürsten Paul Anton Esterházy von Galánta in Eisenstadt.

Als 1766 sein Partner G. J. Werner starb, wurde er alleiniger Dirigent einer 15-köpfigen Kapelle, die dann auf 30 Mitglieder erweitert wurde. Mit dieser Kapelle zog er von Eisenstadt nach Schloss Eszterhaza. Ab 1776 war er dort als Kapellmeister der fürstlichen Oper tätig. 1790 wurde die Kapelle aufgelöst und Franz Joseph Haydn zog als unabhängiger und international berühmter Komponist nach Wien.

Franz Joseph
Haydn

Noch im Jahr 1790 unternahm er seine erste Reise nach London. Der eineinhalbjährige Aufenthalt in England wurde zu einem großen Erfolg. 1791 erhielt Haydn den Ehrendoktor der Universität Oxford, zu dessen Verleihung seine Oxford-Sinfonie aufgeführt wurde. Haydn dirigierte und komponierte unter anderem für die Salomon-Konzerte sechs Sinfonien.

1792–1793 war er wieder in Wien und hatte dort Beethoven als Schüler. Im Januar komponierte er und trat anschließend seine zweite Englandreise an. Er wurde erneut groß gefeiert. 1795 berief ihn Fürst Nikolaus II. Eszterházy von Galánta wieder als Kapellmeister. Die Kapelle war inzwischen neu zusammengestellt worden. Es entstanden die großen oratorischen Werke, aber auch die letzten Streichquartette, darunter das Streichquartett mit dem Variationssatz über die 1797 komponierte Kaiserhymne.

Geschwächt von Krankheit und Alter starb Franz Joseph Haydn am 31. Mai 1809. Er hinterließ ein erstaunliches Werk: 107 Sinfonien, 68 Streichquartette, 20 Streichtrios, 39 Klaviertrios, 60 Klaviersonaten und andere Klavierstücke, drei Klavierkonzerte, fünf Orgelkonzerte, 20 Stücke für Flöten, 13 italienische Opern, 14 Messen und mehrere andere kirchenmusikalische Kompositionen. Der Name Haydn steht heute für das Zeitalter der klassischen Komponisten.

Wolfgang Amadeus Mozart

„Ich sage Ihnen vor Gott, als ein ehrlicher Mann, Ihr Sohn ist der größte Komponist, den ich von Person und dem Namen nach kenne; er hat Geschmack und überdies die größte Kompositionswissenschaft." Kein Geringerer als der berühmte Joseph Haydn sprach dies zum Vater des neunundzwanzigjährigen Mozart und er meinte es so. Auch später noch bezeugte er seine Hochachtung vor dem Genie Mozarts, z.B. als er es ablehnte nach Prag eine Oper zu liefern, *„weil der große Mozart schwerlich jemanden andern zur Seite haben kann."*

Wolfgang Amadeus
Mozart

In der Tat bleibt für uns heute das Gesamtwerk Mozarts unbegreiflich, allein vom Umfang her. Er wurde nicht ganz sechsunddreißig Jahre alt und schuf nicht weniger als 626 registrierte Werke, darunter 20 Opern und Oratorien, 53 Sinfonien, 32 Streichquartette und Quartette mit Blasinstrumenten, 50 Instrumentalkonzerte, noch mehr Sonaten für verschiedene Instrumente, dutzende Divertimenti, 15 Messen, Lieder und Kammermusik für alle erdenklichen Kombinationen. In jeder Hinsicht vollbrachte er musikalische Höchstleistungen und kreierte Werke, die man heute noch zu den größten aller Zeiten zählt.

Trotzdem scheiterte Mozart in den Augen seiner damaligen Umwelt. Sein gigantischer Fleiß und auch seine Bescheidenheit, die ihn selbst für Orgelwalzen und Tanzkapellen komponieren ließ, brachten ihm nicht einmal das Brot zum Leben ein. Mozart wollte frei und unabhängig bleiben. Im Gegensatz etwa zu Haydn wählte er das freie Künstlertum, das in seiner Zeit aber nur überleben konnte, wenn reiche WohltäterInnen es unterstützten. Im Falle Mozarts aber versagten solche Förderer.

Wolfgang Amadeus Mozart wurde am 27. Januar 1756 in Salzburg geboren. Er wuchs ganz mit der Musik auf, denn sein Vater Leopold Mozart (1719–1787) war Geiger, Komponist und fürsterzbischöflicher Vize-Kapellmeister. Leopold Mozart war als Student von Augsburg nach Salzburg gekommen und hatte sich hier selbst zum Musiker ausgebildet. Später verfasste er eine berühmte

Geigenschule und war damit sicher erfolgreicher denn als Komponist.

Leopold Mozart unternahm mit seinen Kindern Wolfgang und Nannerl viele Reisen. Er war ein selbstloser, gütiger, überdurchschnittlich gebildeter, aber auch energischer, bestimmender Mann. Von der Mutter, Anna Maria Pertl, hatte Wolfgang sicher den Humor, die Umgänglichkeit und den Frohsinn geerbt. Wolfgang Amadeus war vielleicht das unglaublichste Wunderkind jener Zeit. Mit drei Jahren suchte er sich am Klavichord wohlklingende Terzen zusammen, mit vier erhielt er vom Vater Klavierunterricht, mit fünf komponierte er schon „Konzerte", die den Vater wegen der unbeholfenen Notenkritzeleien zu Tränen rührten.

Aber mit acht Jahren hatte er schon eine allen Regeln entsprechende Sinfonie zu Papier gebracht. Mozart war noch nicht sechs Jahre alt, da präsentierte der Vater das pianistische Wunderkind am Hofe des Kurfürsten Maximilian Josef III. in München. Im selben Jahr erfreute es auch die Kaiserin Maria Theresia in der Reichshauptstadt Wien.

Dadurch ermutigt, veranstaltete Leopold eine ausgedehnte, dreieinhalb Jahre dauernde Kunstreise nach Paris und London. Wolfgang spielte mit seiner um fünf Jahre älteren Schwester Nannerl (Maria Anna) vierhändig, während der Vater geigte. Schon komponierte Wolfgang Violinsonaten und Sinfonien. Er wurde in London Johann Christian Bachs kleiner Freund und lernte in Paris von dem angesehenen Pianisten Johann Schobert. Man feierte das Wunderkind in Versailles, am englischen Königshof und in öffentlichen Londoner Konzerten. Auch die zweite Kunstreise ab 1767 war ein voller Erfolg. Sie brachte Mozart die ersten Opernaufträge.

→

Wolfgang Amadeus Mozart

Fortsetzung

Wer ein guter Opernkomponist werden wollte, musste nach Italien. So führten drei Italienreisen Mozart 1769 bis 1773 über Mailand bis nach Neapel. Die Fähigkeiten des Knaben beeindruckten die Philharmonische Gesellschaft Bologna, die ihn als Mitglied aufnahm, nachdem er an Ort und Stelle mal eben eine Komposition angefertigt hatte.

1777 reiste Amadeus noch einmal in Begleitung der Mutter nach Paris. Während man das Wunderkind noch gehätschelt hatte, interessierte der gereifte junge Mann nicht mehr. Paris wurde ein Reinfall. Zur künstlerischen Krise kam der menschliche Verlust. Die geliebte Mutter starb in der fremden Stadt. Von nun an häuften sich die Krisen. In der Liebe gab es Misserfolge, nach der Rückkehr musste er den Fürsten demütig um Wiederaufnahme in den Hofdienst bitten. 1781 folgte er seinem Brotgeber nach Wien, wo es zum endgültigen Bruch kam.

Mozart war sehr undiplomatisch. Als er an der Lakaientafel speisen musste, protestierte er heftig. Einen Streit um Urlaub beendete er mit den Worten: *„Wie man mit mir, so kann ich auch wieder ... ich kann stolz sein wie ein Pavian."* Und das seinem Fürsten gegenüber! Mit einem Tritt „in den Hintern" warf ihn der Haushofmeister Graf Arco hinaus.

Nun war Mozart zwar frei, aber er zahlte einen hohen Preis dafür. Zunächst jedoch heiratete er Konstanze Weber, die Schwester der Sängerin Aloysia Weber, die ihn in Paris hatte abblitzen lassen. Der Vater war mit der Heirat nicht einverstanden. Vater und Sohn entfremdeten sich. Konstanze war sicher keine ebenbürtige Gattin, aber die beiden liebten sich. Später hat man ihr übel genommen, dass sie zu Mozarts Begräbnis nicht erschienen war und erst siebzehn Jahre später sein

---

Mozarts bekannteste Werke

Singspiel
Bastien und Bastienne (1768)

Oper
Idomeneo (1781)
Die Entführung aus dem Serail (1782)
Figaros Hochzeit (1786)
Don Giovanni (1787)
Cosi fan tutte (1790)
Die Zauberflöte (1791)

Orchestermusik
Krönungskonzert D-Dur (1790)
Sinfonie C-Dur „Jupiter-Sinfonie" (1788)

Kirchenmusik
c-Moll-Messe „Krönungsmesse" (1769)
Requiem – unvollendet (1791)

Serenade
Serenade in G-Dur „Eine kleine Nachtmusik"

(bereits unauffindbares) Grab besuchen wollte. Wolfgang lernte die Musik Händels und Bachs kennen. Neue musikalische Welten taten sich für ihn auf. Wenngleich nicht ohne Anerkennung, erfüllte sich seine Hoffnung auf eine feste Anstellung bei Hofe nicht. Seine finanzielle Lage war schlimm. Weder als Musiker noch als Komponist konnte er so seine Existenz sichern. Je meisterlicher er wurde, desto weniger verstand ihn das Wiener Publikum. *„Zu schön für unsere Ohren und gewaltig viel Noten, lieber Mozart",* seufzte Kaiser Josef II. Mit Privatschülern, darunter der siebzehnjährige Beethoven, musste sich Mozart über Wasser halten.

1787 starb Gluck und Mozart erhielt seine Stelle als „kaiserlich königlicher Hofcompositeur". Während Gluck jedoch 2000 Gulden bekommen hatte, beschied man Mozart mit 800 im Jahr. Schon bald hatte er Todesahnungen. Er wurde sehr kränklich. Gerade in dieser Situation schuf er die „Zauberflöte", eine ganz und gar nicht düstere Oper. Diese wurde ein Erfolg. Dennoch waren Bettelbriefe für ihn an der Tagesordnung. Bei der Arbeit an einem Requiem warfen ihn körperliche Erschöpfung, Fieber und Herzschwäche nieder.

Am 5. Dezember 1791 starb Wolfgang Amadeus Mozart an rheumatischem Entzündungsfieber. Er war so arm und verschuldet, dass nur ein Armengrab für ihn blieb. Allein der Totengräber war Zeuge, als Wiens genialster Bürger in die Erde gesenkt wurde, in ein namenloses Schachtgrab. Niemand weiß heute, wo Mozart ruht.

Wie wird eine Komposition dokumentiert?

Wolfgang Amadeus Mozart

Eine kleine Nachtmusik

Serenade in G-dur, KV 525

Sätze:

1. Allegro ✳ 2. Andante ✳ 3. Menuetto ✳ 4. Rondo

Erklärung wichtiger Begriffe:

Serenade: von ital. sereno = heiter, al sereno = im Freien;
zu Mozarts Zeiten ein mehrsätziges Instrumentalstück,
das zur Unterhaltung gespielt wurde

Satz: ein in sich abgeschlossener Teil eines
aus mehreren Teilen bestehenden Musikwerks

G-Dur: die Tonart, in der das Werk geschrieben ist

KV: Köchel-Verzeichnis = Verzeichnis sämtlicher Werke Mozarts,
das Ludwig Ritter von Köchel (1800–1877),
ein österreichischer Musikwissenschaftler,
im Jahre 1862 erstmals veröffentlichte

Allegro: Satzbezeichnung = heiter, lustig

Andante: Satzbezeichnung = ruhig gehend, mäßig bewegt

Menuetto: Satzbezeichnung = von franz. „menu pas" – kleiner Schritt;
ursprünglich ein Volkstanz

Rondo: Satzbezeichnung = von ital. Rundplatz;
oft tänzerischer Schlusssatz eines
mehrsätzigen Werks

Ludwig van Beethoven

PERSÖNLICH KEITEN

Ludwig
van Beethoven

Ludwig van Beethoven stammte aus flämischem Geschlecht. Sein Nachname deutet auf eine bäuerliche Herkunft hin. Beethoven war wie sein Vater und sein Großvater der Musik völlig ergeben.

Er wurde wahrscheinlich am 16. Dezember 1770 im Hause 515 in der Bonngasse zu Bonn geboren, weil er am 17. Dezember getauft wurde. Als Knabe und Jüngling genoss Ludwig eine sorgfältige Erziehung, abgesehen von einigen Spekulationen, die seine „Erziehung zum Wunderkind" betreffen.

Zum ersten Mal trat er mit 8 Jahren auf. Seine erste Auslandsreise führte ihn 1781 nach Rotterdam. Sein erster Lehrmeister war Christian Gottlob Nefee. Er führte den kleinen Ludwig an Bachs „Wohltemperiertes Klavier" heran.

Ludwig van Beethoven wurde Bratschist im Hoforchester, Cembalist im Theater und Gehilfe Nefees als Hoforganist. Mit 16 Jahren besuchte Ludwig van Beethoven die Universität. 1787 erwirkte Nefee für seinen Schüler eine Studienreise zu Mozart nach Wien. Aber eine schwere Erkrankung seiner Mutter rief ihn vorzeitig wieder zurück. Nach dem Tode seiner Mutter übernahm er die Erziehung und Versorgung seiner Geschwister.

Fünf Jahre nach seiner Rückkehr aus Wien starb sein Lehrer Mozart. 1792 wurde er Schüler von Haydn. 1800 begann die äußerst tragische Zeit von Beethoven. Aus dem Weltmann und Liebling der Salons der Wiener Aristokraten wurde der innerlich vereinsamte Mann mit den rauen Manieren eines schroffen Eigenbrödlers. Aus ihm wurde ein Künstler, den immer weniger Menschen verstanden, der auch selbst nichts dazu tat, um verstanden zu werden.

1808 ging es wieder bergauf mit ihm. Er blieb Junggeselle, obwohl er gerne geheiratet hätte. Beethoven litt an zunehmender Schwerhörigkeit und jahrelanger Leberschrumpfung. Seine späten Werke konnte er auf Grund seiner völligen Taubheit selbst nicht hören. Er starb am 26.3.1827.

Dieser Text wurde einmal von einer Schülerin als Referat verfasst. Er ist ohne Zweifel gut, lässt aber doch noch einige Fragen offen ...

Aufgabe

Stelle weiter Ermittlungen über den Menschen und Künstler Ludwig van Beethoven an und ergänze das Referat so, dass sich ein genaueres Bild ergibt.

Berühmte Komponisten

PERSÖNLICH
KEITEN

Name:

Klasse:

1. Nenne berühmte deutschsprachige Komponisten und je eines ihrer Werke!

   _____

   _____

   _____

   _____

2. Nenne berühmte deutschsprachige Komponisten, die miteinander bekannt waren? In welchem Verhältnis standen sie zueinander?

   _____

   _____

   _____

   _____

   _____

   _____

   _____

   _____

3. Welcher der Komponisten hatte eine starke Behinderung? Was war das für eine Behinderung? Warum muss man ihn gerade deswegen als genial bezeichnen?

   _____

   _____

   _____

   _____

   _____

   _____

4. Beschreibe kurz die Arbeitsbedingungen der Komponisten vergangener Jahrhunderte und beziehe dazu Stellung!

   _____

   _____

   _____

   _____

   _____

   _____

   _____

Punktzahl:

Bewertung:

Aktiv Hören !

Name:

1. Du hörst nacheinander verschiedene Musikbeispiele.
   Ordne sie ein, indem du in der richtigen Reihenfolge
   Zahlen einfügst! Musik-Stile:

   [ ] Klassik   [ ] Rock   [ ] Jazz   [ ] Rock´n´Roll
   [ ] Disko   [ ] Reggae   [ ] Pop   [ ] New Wave
   [ ] Folklore [ ] Schlager (deutsch) [ ] Schlager (international)

2. Du hörst jetzt ein bestimmtes Musikbeispiel.
   Beobachte die Musikparameter! Fülle aus, kreuze an!

   TITEL: _____

   INTERPRET: _____

   TEMPO: ⊠ langsam   ⊠ mittel   ⊠ schnell   ⊠ sehr schnell

   TAKT: ⊠ 2/4   ⊠ 3/4   ⊠ 4/4

   RHYTHMUSÄNDERUNG: ⊠ oft   ⊠ manchmal   ⊠ kaum

   DYNAMIK: ⊠ laut/heavy   ⊠ gleichmäßig/mainstreamig   ⊠ leise/soft

   MUSIKALISCHE STRUKTUR: [ ] Strophe   [ ] Refrain
   (Anzahl angeben)   [ ] Bridge   [ ] Solo

   INSTRUMENTIERUNG:
   Schlaginstrumente: _____

   Saiteninstrumente: _____

   Blasinstrumente: _____

   elektrische/elektronische Instrumente: _____

   sonstige: _____

   SPRACHLICHER LIEDAUFBAU:
   Strophentext: ⊠ nachdenklich ⊠ kitschig ⊠ romantisch ⊠ nichtssagend
                ⊠ sentimental ⊠ lustig ⊠ unverständlich

   Refraintext: ⊠ zum Mitklatschen ⊠ zum Mittanzen ⊠ zum „Schwofen"
                ⊠ zum Schunkeln ⊠ nicht bestimmbar

   Textwiederholungen: ⊠ oft ⊠ manchmal ⊠ kaum

   [ERGEBNIS:]
   Welche Stilrichtung? _____

   Deine Meinung? _____

Musikstile unterscheiden

Name:

1. Stelle fest, welche Musikstile du unterscheiden kannst!
   Wie würdest du sie jeweils beschreiben?

STIL	DAS WEIß ICH DARÜBER. DAS FINDE ICH TYPISCH FÜR DIESEN STIL.
Klassische Musik	
Rockmusik	
Popmusik	
Jazzmusik	
Volksmusik	
Folklore	
Oper	
Operette/Musical	
Kirchenmusik	
Blasmusik	
Liedermacher	
?	

2. Welche Musikrichtung hörst du am liebsten?
   Begründe, warum das so ist und woher du diese Vorliebe hast!

_____

_____

_____

_____

 MUSIK STILE

Die Gregorianik

Gregorianik: Bezeichnung für die Gesamtheit
der Gesänge der römisch-katholischen Liturgie

Gregorianische Choräle: etwa 3000 einstimmige **Melodien**
verschiedenen Ursprungs **ohne Instrumentalbegleitung**

mit Ende des 4. Jahrhunderts setzte sich
Latein als Kirchensprache durch

Melodien bekamen selbstständigen Charakter, ihre Wurzeln liegen
im Hebräischen, Griechischen, Byzantinischen und Orientalischen

Papst Gregor I. (540-604) ordnete die verschiedenen Gesänge
im Rahmen einer Neugestaltung der Texte und der Liturgie
zu einer Sammlung (daher der Name)

Verbreitung vom 5.-8. Jahrhundert

unter **Karl dem Großen** (742-814)
Vorherrschaft des gregorianischen Chorals

gegen Ende des 11. Jahrhunderts konnten
mit dem Aufkommen der ersten **Neumen-Notationen**
die Melodien schriftlich festgehalten werden,
wobei die Ungenauigkeiten verschwanden,
die durch die mündlichen Überlieferungen entstanden waren

die Musik der **Troubadours** und die aufkommende **Polyphonie**
leiteten den Verfallsprozess der gregorianischen Choräle ein

erst durch Forschungen von Benediktiner-Mönchen
im 19. Jahrhundert wurde die Gregorianik erneuert

um 1993 fanden gregorianische Gesänge
sogar Eingang in die **Popmusik**

Name:

Klasse:

1. Was versteht man unter
   dem Begriff „Gregorianik"?
   Woher stammt die Bezeichnung?

   _____

   _____

   _____

   _____

   _____

   _____

   _____

2. Beschreibe die mit diesem Begriff
   verbundene Musikform.

   _____

   _____

   _____

   _____

   _____

   _____

3. Was führte zum Verfall
   der Gregorianik?
   Wann war das etwa?

   _____

   _____

   _____

   _____

   _____

   _____

4. Was ist unter dem Begriff
   „Polyphonie" zu verstehen?

   _____

   _____

   _____

   Zusatzfrage
   Welche Musikströmungen gab es
   im Mittelalter?

   _____

   _____

   _____

   _____

Punktzahl:

Bewertung:

Geschichte der Oper

Die Oper ist ein musikalisches Bühnenwerk, das vielschichtig ist.
Neben der Musik geht es um die Umsetzung
von dramatischer Dichtung in szenische Darstellung.
Erst zusammen mit der Ausstattung wie Bühnenbild,
Kostümen und Requisiten wird die Oper
zu einer in sich geschlossenen Einheit.

Die Anfänge der Oper liegen im Florenz des 16. Jahrhunderts.
Aus dem antiken Drama entwickelte sich das „dramma per musica".
Von Rom über Venedig führte die Entwicklung nach Neapel
zur „opera seria", der wichtigsten Art der ernsten italienischen Oper.

Aber auch Heiteres entstand.
Zunächst wurden zwischen die Opernakte die lustigen
„Intermezzi" eingefügt. Daneben gab es die „commedia in musica",
die komische Oper. Daraus entwickelte sich die „opera buffa",
eine heitere Art der Oper, sozusagen der Gegentyp
zur ernsten Oper, zur „opera seria".

Die musikalischen Merkmale der „opera buffa"
sind das Rezitativ, die liedartigen Arien,
der Einsatz von Chören und die Instrumental- und Ensemblesätze.
Ein Beispiel für diesen Operntyp ist Mozarts
„Die Hochzeit des Figaro" (auch „Figaros Hochzeit").

Eng verbunden mit der Gattung Oper ist natürlich das Opernhaus,
ein Theater, das sich auf die Aufführung von Opern spezialisiert hat.
Dazu gehört ein Opernensemble mit Sängerinnen und Sängern
aller Stimmlagen und einem Chor. Schließlich ist auch ein Orchester
für eine Opernaufführung unverzichtbar. Nicht zuletzt gibt es an
großen Operhäusern ein Opernballett für eventuelle Tanzeinlagen.

„Die Hochzeit des Figaro"
Arbeitsvorschlag 1

Wolfgang Amadeus Mozart: „Die Hochzeit des Figaro"

„Die Hochzeit des Figaro" (auch „Figaros Hochzeit") ist eine komische Oper in vier Akten. Vorlage dafür war das Lustspiel von Beaumarchais „Le mariage de Figaro ou une folle journée". Auch der „Barbier von Sevilla" von Rossini diente Mozart mit seinem Motiv. Mozarts Werk wurde am 1. Mai 1786 in Wien uraufgeführt. Seither ist „Figaros Hochzeit" mehrfach ins Deutsche übertragen worden, was sich auch auf die Aufführungen auswirkte.

Beaumarchais Komödie hatte einen durchaus politischen und sozialkritischen Ansatz. Mozart und sein Textdichter Lorenzo da Ponte entschärften das Werk. Auch die Personenbesetzung wurde abgespeckt. Übrig blieb ein Rahmen, den Mozart mit all seiner Musikalität zu füllen wusste.

Inhaltsangabe

Der ehemalige Barbier Figaro ist nun der Kammerdiener des Grafen Almaviva. Figaro und Susanna, die Kammerzofe der Gräfin Rosine, wollen heiraten. Allerdings ist auch der Graf den Reizen der Zofe sehr zugetan. Andererseits ist Marzelline, eine ältere Dame und ihres Zeichens Gouvernante Rosines, hinter Figaro her. Außerdem mischt Cherubino, Page des Grafen, ordentlich mit, denn er stellt allen einigermaßen attraktiven Damen des Spiels nach.

Im Verlauf der Handlung stellt sich heraus, dass Figaro der Sohn von Marzelline und Dr. Bartolo ist. Dr. Bartolo wiederum ist der Vormund von Rosine. Alles in allem also eine ziemlich verzwickte und undurchschaubare Geschichte. Aber es geht weiter.

Wenn es um Liebe geht, ist Eifersucht nicht fern. Der liebestolle Graf ist - grundlos - eifersüchtig auf seine Gattin. Der Page muss dran glauben, er wird verbannt. Doch Cherubino zieht es vor - statt sich auf die Reise in die Verbannung zu begeben - anderen Damen weiterhin den Hof zu machen. So geht es hin und her. Es entsteht die komplette Verwirrung mit allerlei Ränke-, Verkleidungs- und Versteckspielen.

Schließlich solidarisieren sich die Frauen gewissermaßen und schmieden einen Plan; dem Grafen will man es zeigen. Seine Rosine soll ihn in einer höchst kompromittierenden Situation überraschen. Auch der Graf spielt ein derbes Spiel, bis sich herausstellt, dass Figaro eben Marzellines Sohn ist und sie mit ihm nicht mehr anbändeln kann.

Am Ende geht natürlich alles gut aus. Figaro und Susanna können endlich in Frieden heiraten. Die Menschlichkeit trägt ihren Sieg davon - so wie man es von Mozart gewohnt ist.

Aufgaben

1. Lies dir die Inhaltsangabe durch. Schreibe nach dem Anhören des Werkes eine Gliederung.
2. Notiere zu den einzelnen Szenen, was musikalisch passiert.
3. Beschreibe, wie Mozart Inhalte in Musik umgesetzt hat. Nenne Beispiele!

„Die Hochzeit des Figaro"
Arbeitsvorschlag 2

Duettino

Vorspiel

INSTRUMENTE: **FAGOTT, STREICHER**

Figaro: Fünfe ... zehne ... zwanzig ... sechsunddreißig ... ja, ja, es geht.

Susanna: Ja, es geht, ich bin zufrieden, er ist wie gemacht für mich.
Sieh doch nur, mein lieber Figaro, lob ihn dir, es macht mir Freude ...

Figaro: Ja, ich sehe, bestes Mädchen, wie der Hut so schön dir steht ...

Susanna: Sieh doch nur ...

Figaro: Ja, ich sehe ...

Wechselweise Wiederholung

Beide zusammen: Ja, es geht, ich bin zufrieden, er ist wie gemacht für mich.
Ja, mein Lieb, er ist entzückend, er ist wie gemacht für dich.

Nachspiel ...

Aufgaben

Analysiere Text und Musik!

_____

_____

_____

_____

_____

_____

_____

_____

„Die Hochzeit des Figaro"
Fortsetzung Arbeitsvorschlag 2

Cavatine

INSTRUMENTE: **OBOEN, FAGOTT, HÖRNER, STREICHER**

Figaro: Will der Herr Graf ein Tänzchen nun wagen,
mag er's mir sagen,
ich spiel ihm auf, ja –

Soll ich im Springen Unterricht geben,
auf Tod und Leben bin ich sein Mann.

Ich will ganz leise
nach meiner Weise
von dem Geheimnis den Schleier zieh'n.
Mit feinen Kniffen,
mit kecken Griffen,
heute mit Schmeicheln,
morgen mit Heucheln
werd' ich zerstören ihm kühn jeden Plan.
Will der Herr Graf ein Tänzchen ...

Aufgaben

1. Welche Absicht deutet Figaro in diesem Gesangsstück an?

2. Welche Mittel will er zur Verwirklichung seines Plans einsetzen?

3. Wie hat Mozart die Absicht Figaros musikalisch umgesetzt?

_____
_____
_____
_____
_____
_____
_____
_____
_____
_____

„Die Hochzeit des Figaro"
Fortsetzung Arbeitsvorschlag 2

Die Canzona des Cherubino

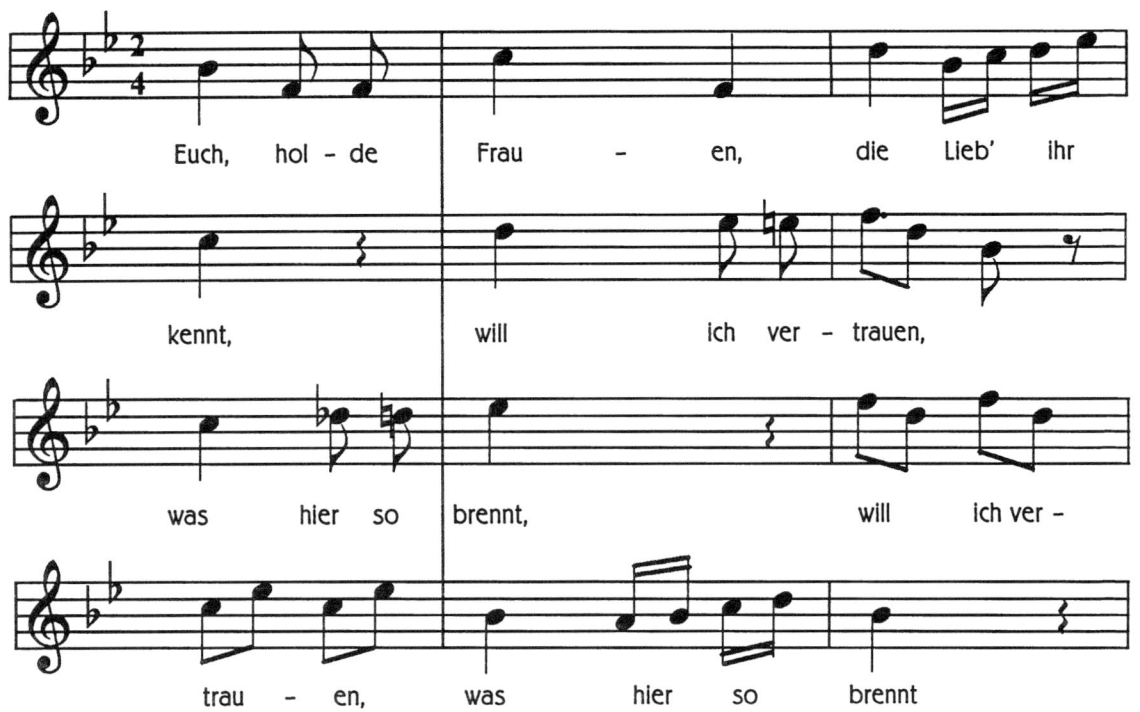

Euch, hol - de Frau - en, die Lieb' ihr kennt, will ich ver - trauen, was hier so brennt, will ich ver - trau - en, was hier so brennt

Was mir geschehen, ist mir so neu,
kann's nicht verstehen, was es nur sei?
Ein süß' Verlangen schwellt mir das Herz,
bald freud'ges Bangen, bald herber Schmerz.
Durch alle Glieder strömt's glühend heiß,
ach! und dann werd' ich zu Eis.
In weiten Fernen such' ich mein Glück,

selbst zu den Sternen heb' ich den Blick.
Ein glühend' Sehnen bewegt die Brust,
es fließen Tränen, mir unbewusst.
Mir bringt nicht Freuden Tag oder Nacht
und doch dies Leiden glücklich mich macht.
Jetzt kennt ihr Frauen all' meine Pein,
sagt im Vertrauen, mag's Lieb' wohl sein?

Aufgaben

1. Höre genau zu! Welches Instrument spielt am Anfang der Canzona die Melodie?
2. Welche Instrumente begleiten die Melodie und den Sänger?
3. Beschreibe die Stimmung dieser Canzona!
4. Worum geht es im Text?
5. Wie hat Mozart den Inhalt musikalisch gestaltet?

Operette und Musical

Die Operette
(ital. operetta = kleines Werk)

Der Name ist eigentlich irreführend, denn mit der Oper hat eine Operette im Grunde nichts zu tun. Sie ist keine „kleine Oper", keine „Schmalspuroper" sozusagen. Die Operette hat ihren Ursprung in den Sing- und Zwischenspielen. Solche Zwischenspiele wurden in Italien zunächst zwischen die Opernakte gesetzt. Später dann wurden diese Spiele geradezu als Parodie auf das Operngeschäft betrachtet. Die Oper war die Kunst des Bildungsadels, während sich die Operette diesem Bildungsanspruch widersetzte und bewusst das Heitere, Leichte und Unterhaltsame betonte. Andererseits entwickelte sich die Operette in eine Richtung, die dem Zuschauer das Gefühl vermittelte, teilzunehmen an der Welt der Großen, des Adels, der Reichen. Daraus wurden die Operetten, in denen die Kongresse rund um die Uhr tanzten. Ausstattungsrevuen, in denen es nur um Prachtentfaltung ging, waren die logische Konsequenz.

Insbesondere die Wiener Operetten gehören auch heute noch zum Repertoire jedes Musik-Theaters. Besonders Werke von Jacques Offenbach, Franz von Suppé und Johann Strauß zählen zu den Evergreens. Gerade die Strauß´schen Operetten locken das Publikum immer wieder durch ihre Walzerseligkeit an.

In Deutschland trat Paul Lincke 1899 mit „Frau Luna" hervor. Bemerkenswert an dieser Operette war, dass ihre Lieder zu Schlagern wurden (Das ist die Berliner Luft). Damit wurde die Operette zum Volksgut.

Nach dem Ersten Weltkrieg prägte Franz Lehár den Begriff der „Großen Operette". In Bezug auf die Instrumentierung und das Arrangement bot diese Operettenform schon eher Parallelen zur Oper.

Neuere Kompositionen dieses Genres gingen wieder mehr in die Richtung Singspiel und musikalische Komödie. Sie boten oft auch den Anlass für Verfilmungen mit bekannten Schauspielern. Beispiele dafür sind „Der Vetter aus Dingsda" von Eduard Künneke oder „Das Weiße Rössl" von Ralph Benatzky.

Das Musical
(von „Musical play")

Die amerikanische Entsprechung der Operette ist das Musical, das seinen Ursprung in den importierten englischen „Balladoperas" hat. In Amerika bildete sich eine ganz eigentümliche Mixtur heraus, in der sich zunächst Elemente aus Operette und Revue wieder fanden. Besonders der Unterhaltungscharakter wurde immer stärker hervorgehoben. So bot sich das Musical bald als ein Gebilde dar, das sich hemmungslos aller theatralischen Möglichkeiten bediente.

Zur eigenständigen Form entwickelte sich das Musical in dem Augenblick, als es die typischen amerikanischen Musikformen des Blues und Jazz integrierte. Komponisten wie George Gershwin, Cole Porter oder Irving Berlin gelang es in den 30er- und 40er- Jahren, in sich geschlossene Musicals mit einer überzeugenden Handlung zu entwickeln, die deutlich im Gegensatz zu der sonst üblichen Effekthascherei standen.

Nach dem Zweiten Weltkrieg entstanden Musicals, die auch den Zeitgeist aufgriffen und kritisch Stellung bezogen, etwa L. Bernsteins „West Side Story" (1957) oder „Hair" (G. McDermot) von 1968. In Hair flossen die Strömungen von Flower Power und Anti-Kriegsbewegung (make love not war!) im Zeichen des Vietnam-Krieges zusammen. Die verschiedenen Songs aus Hair erreichten Kultcharakter.

Die aktuelle Musicalszene ist durch eine zunehmende Kommerzialisierung gekennzeichnet. Damit ist besonders der Name Andrew Lloyd Webber verbunden, des Komponisten von „Jesus Christ Superstar", „Starlight Express" oder „Phantom der Oper". Nachdem bereits verschiedene Aufführungen davon in New York und London z.T. über Jahrzehnte liefen, schwappte die Welle auch nach Deutschland über. Eigens für diese Musicals wurden entsprechend ausgerüstete Theater gebaut (Starlight Halle, Bochum). Die Paarung von moderner angerockter Musik mit dramatischen Actionszenen, umrahmt von Herz und Schmerz, lockt das Publikum in Scharen. Die Theater sind auf Monate ausverkauft. Die Kunst bleibt dabei mitunter auf der Strecke.

1. Höre jeweils Ausschnitte einer Operette und eines Musicals an.
2. Vergleiche und notiere Gemeinsamkeiten und Unterschiede.
3. Gib den Inhalt beider Werke in eigenen Worten wieder.

Hinter den Kulissen ...

Hinter den Kulissen von Starlight Express

Unsere Redaktion der Schülerzeitung hatte es geschafft! Wir wurden zu einem richtigen Pressetermin einschließlich Führung eingeladen. Gegen 18 Uhr trafen wir in der Starlight-Halle ein. Im Foyer empfing uns die Pressereferentin. Auch Publikum fand sich dort schon ein. Ein Blick auf die Preistafel bestärkte uns in dem Wunsch nach einem Lottogewinn. Zuerst einmal erfuhren wir die „Facts":

Am 12. Juni 1988 feierte man die deutsche Erstaufführung des Musicals „Starlight Express" von Sir Andrew Lloyd Webber. Das für deutsche Verhältnisse Einzigartige an der Show ist, dass dafür eigens in Bochum – von der Stadt unterstützt – eine Halle gebaut wurde.

Eine derartige Produktion benötigt sehr viele KünstlerInnen, denn „the show must go on", Ausfälle kann man sich nicht leisten. In regelmäßigen „castings" werden daher laufend Schauspieler getestet und ausgesucht. Folgende Qualitäten werden verlangt: Schauspielern, Tanzen, Singen. Die KünstlerInnen werden jeweils für ein Jahr engagiert. In einer dreimonatigen Ausbildung lernen sie dann das richtige Rollschuhlaufen, das den Kern der Show bildet. Man braucht eine spezielle Fahrtechnik, die den Akteuren von einem Spezialisten beigebracht wird, damit sie sich einen falschen Fahrstil gar nicht erst angewöhnen, was bei den atemberaubenden Geschwindigkeiten leicht zu Verletzungen führen könnte.

Inzwischen waren wir im Keller angelangt, wo sich die Künstlerräume und die gesamte Technik befinden. Sofort umgab uns Bühnenatmosphäre. KünstlerInnen aller Nationalitäten wieselten herum, bereiteten ihre Garderobe vor oder machten sich durch Körperübungen fit.

Für die Aufführung gibt es eine Hauptbesetzung. Daneben gibt es eine Reihe von DarstellerInnen, die sofort als Ersatz einspringen können, falls einmal ein/eine HauptdarstellerIn ausfällt. Manche der Ersatzleute können bis zu 12 Rollen. Ersatz heißt in diesem Fall wohl nicht „zweite Garnitur". Alle Kostüme der Produktion werden von Hand angefertigt und wiegen bis zu 20 kg. Manche sind über 20.000 DM wert.

Aber in Bochum darf man nicht einfach an der Ausrüstung herumbasteln. Alles bis zum letzten Knopf muss von Webber und der englischen Company genehmigt werden. In der Regel hat man sich an das Original zu halten, aber es werden auch Ausnahmen gemacht. So durfte der deutsche ICE (Inter City Express) in die Bochumer Show integriert werden .

Während der Show sind 13 DresserInnen im Einsatz, die den SchauspielerInnen in die Kostüme helfen, denn diese müssen in 20 Sekunden gewechselt werden. Die DarstellerInnen schminken sich vor dem Auftritt selbst und bekommen dazu Anweisungen von der „Maske".

➜

Hinter den Kulissen ...

Fortsetzung

Im Ersatzteillager für die Roller geht es zu wie beim Boxenstop der Formel 1. Für jeden/jede DarstellerIn gibt es besondere Schuhe mit besonders abgestimmten Fahrwerken. Einen Eindruck davon bekamen wir, als wir die Crew vor der Show oben in der Halle beim Einfahren beobachteten. Ganz schön atemberaubend!

Starlight Express hat ein eigenes Orchester, das immer live mitspielt. Als ZuschauerIn sieht man es aber nicht, da die 16 MusikerInnen unter der Bühne in einem mit Technik und Instrumenten voll gestopften Raum zu Hause sind. Der Dirigent sieht über Monitore das Geschehen auf der Bühne, während die Akteure auf Bildschirmen in der Halle den Dirigenten sehen können. So hat man immer die Möglichkeit auf Unvorhergesehenes zu reagieren, ohne dass es der/die ZuschauerIn merkt. Das wäre nicht möglich, wenn die Musik vom Tonband käme.

Überhaupt die Technik: Das Herzstück der Bühne ist die computergesteuerte Main Bridge (Hauptbrücke). Sie wiegt über neun Tonnen und verbindet das dreiteilige Hubpodium. Die Höhendifferenz zwischen den Etagen beträgt 7,50 Meter. Der Rollschuhparcour hat eine Gesamtlänge von 250 Metern. 8.000 Sternpunkte simulieren den Nachthimmel und 840 Neonleuchtstofflampen markieren die Schienenschwellen. Schaut man sich die Bühne von unten an, so sieht es eher aus wie in einem Kraftwerk.

Voll gestopft mit Informationen und einem letzten Blick in die dämmerige Halle verabschiedeten wir uns. Zwar hatte man uns zwei Eintrittskarten spendiert (wir waren zu fünft!), aber die wollten wir unter unseren LeserInnen verlosen.

Aufgaben

1. Informiere dich über das inhaltliche Geschehen des Musicals „Starlight Express".
2. Was unterscheidet „Starlight Express" von Musicals wie „My Fair Lady" oder gar von Operetten?
3. Welche Anforderungen werden an die KünstlerInnen gestellt?
4. Warum sind solche Musicals deiner Meinung nach trotz der sehr hohen Eintrittspreise ständig ausverkauft?

Musikstile vergleichen

Vergleich von klassischer Musik mit Popmusik am Beispiel der 5. Sinfonie von Beethoven und der Jazz-Rock-Adaption von Ekseption

	BEETHOVEN	EKSEPTION
Hauptthema		
Variation		
zweites Thema		
drittes Thema		
Artfremdes		
laut/dynamisch		
leise/lyrisch		
tutti		
Soloinstrument		
Sonstiges		

Aufgaben

1. Du wirst die beiden Beispiele mehrfach hören. Versuche anhand der Begriffe oben Gemeinsamkeiten und Unterschiede herauszuarbeiten. Zur schnellen Einordnung eignen sich eine Strichliste und stichwortartige Bemerkungen.
2. Fasse die Ergebnisse in einer schriftlichen Darstellung im Heft zusammen.
3. Beurteile beide Versionen und begründe deine Meinung.
4. Beschreibe die stilistischen Eigenarten des Jazz-Rock.

© Verlag an der Ruhr, Postfach 10 22 51, 45422 Mülheim an der Ruhr

Die Entwicklung der Rockmusik

> **AFRIKA**   **AMERIKA**   **EUROPA**

Spirituals   Ringgames/Worksongs   Ragtime

| **Gospel** | **Blues** | **Folksong** | **Jazz** |

Rhythm´n´Blues   **Country Music**

Rock´n´Roll

Soul Music

Liverpool   **Protest** *(Bob Dylan)*

White Blues   *The Beatles*   **Folk Rock**

> **unzählige Richtungen der Rockmusik**

Aufgaben

1. Versuche - mit Bleistift - in die Grafik Pfeile einzuzeichnen, die deutlich machen, welche Musikformen sich jeweils aus anderen entwickelten. Achtung: Es können Überlagerungen auftreten!
2. Finde heraus, wann die Blütezeit jeder dieser Musikrichtungen war. Notiere die entsprechenden Jahreszahlen im Schaubild.
3. Ergänze dann das Schaubild durch weitere Pfeile.
4. Ermittle, welche Formen sich nach den Beatles in der Rockmusik herausbildeten.

Zusatzaufgabe:
Fasse das Ergebnis in einem schriftlichen Referat zusammen.

© Verlag an der Ruhr, Postfach 10 22 51,   45422 Mülheim an der Ruhr

Die Entwicklung des Blues

Das Wort Blues stammt aus dem 16. Jahrhundert und ist eine Abkürzung von „Blue Devils" – blaue Teufel = Melancholie. In der Musik bedeutet es echte schwarze Volksmusik. Der Blues ist eine natürliche emotionale Reaktion auf die bedrückende Umwelt der Schwarzen, eine Lebensäußerung der Entwurzelten. Er war und ist etwas ganz anderes als Ragtime oder Jazz, Musikformen, die zur Unterhaltung in der Gesellschaft gesungen oder gespielt wurden.

Der Blues dagegen stammt aus der Einsamkeit. Er ist keine Musik des Protestes, sondern der Anpassung, des Fertigwerdens mit den Realitäten des Lebens in einer gesellschaftlich und wirtschaftlich der Rassentrennung unterworfenen Welt. Der Blues richtet sich nicht gegen die Vorherrschaft der Weißen; der/die SängerIn tröstet sich selbst, er/sie sucht und findet sich selbst – und teilt seine/ihre Freude darüber mit. Der Blues ist die Anerkennung einer Lebensbedingung, eine Selbstdarstellung.

Natürlich hätte sich die populäre Musik des 20. Jahrhunderts ohne den Blues ganz anders entwickelt, aber seine wahre Bedeutung und Eigenständigkeit der Entwicklung hat man erst allmählich unter MusikerInnen und KritikerInnen erkannt. Der Blues ist die Musik einer Rasse, die erst im Exil und in Ketten und dann mit feineren Formen der Unterdrückung leben musste. Er drückt die Niedergeschlagenheit darüber aus, abseits zu stehen. Die Qualen der menschlichen Seele in ihrem Streben nach wahrer Erfüllung – das ist das eigentliche Thema des Blues.

Muddy Waters

Der Blues ist gleichzeitig eine Musikform mit einer ganz bestimmten Struktur, die sich im Laufe der Zeit als allgemein gültig herausgebildet hat. Er besteht aus dreizeiligen Versen in 12 Takten, die häufig wiederholt werden, um eine bestimmte Stimmung wiederzugeben.

Der Blues hat sich gegen Ende des vergangenen Jahrhunderts entwickelt. Er war besonders im nördlichen Delta des Mississippi verbreitet. Nach dem Ende des Bürgerkriegs und der Aufteilung des Großgrundbesitzes blieben viele der befreiten SklavInnen im so genannten Baumwollgürtel, der sich von Texas bis Georgia erstreckte, in dem Land, das sie am besten kannten. Viele arbeiteten weiter auf den gleichen Baumwollfeldern wie vorher. Die Eigenart der Baumwolle und ihre Anbaumethode formte einige Grundelemente des Blues.

Baumwolle bedeutete Gemeinschaftsarbeit. Das Hacken der Pflanzenreihen wie auch das Einbringen der Ernte ließen sich am besten in Gemeinschaftsarbeit bewältigen. Das war wegen der Schwere des Bodens eine eintönige, ermüdende Arbeit. Die einzige Erleichterung bestand offenbar im Singen auf den Feldern. Die Lieder erzählen von Enttäuschung und Hunger dieser schwarzen ArbeiterInnen, die sich mit weniger als nichts zufrieden geben mussten.

Nach Inhalt und Form lieferten diese Lieder das Ausgangsmaterial für den Blues. Die Art der Harmonienverwendung und der Melodieführung stammen durchweg von den Arbeitsliedern. Der/die BluessängerIn aber sprach nur von sich selbst, seine/ihre Art des Singens und Spielens drückte nur seine/ihre Empfindungen aus. Die Überlieferung war mündlich, niemand kam auf die Idee, diese Volksmusik niederzuschreiben, die man überall hören konnte und verstand. Es kam auch niemand auf die Idee, damit Geld zu verdienen, bis die Armut die Schwarzen nach Norden trieb. So trugen sie den Blues nach Memphis, dem Zentrum des Baumwollhandels im Norden des Deltas. Viele MusikerInnen kamen in die dortige Beale Street und spielten dort abends in Spielhöllen, Kneipen und Bordellen auf. Doch schon bald machten weiße MusikerInnen den Schwarzen ihren Platz streitig und spielten wilde Mischungen aus Countrymusik, Blues und Tänzen. Es entstand der so genannte Memphis-Sound, von Anfang an der Sound der klingenden Münze und der Weißen.

So machte der Blues zwar seinen Weg, den legendäre MusikerInnen, wie die schwarzen Sängerinnen Bessie Smith und Billy Holiday entscheidend mitprägten, aber spätestens als Elvis Presley aus Big Mama Thorntons Song „Hounddog" einen Millionenseller machte, war klar, dass die weiße Musikindustrie auch hier wieder zugeschlagen hatte. In den 70er- und 80er- Jahren wurde der Blues von den meisten RockmusikerInnen als Grundlage ihrer Musik ausgeliehen und in reiner oder verfremdeter Form gespielt. Zu nennen wären hier weiße Musiker wie John Mayall, Johnnie Winter, Steve Miller, Eric Clapton oder Gruppen wie Cream, Taste oder Free.

Das Blues-Schema

4 Takte Tonika (Akkord auf der I. Stufe, hier C)

1. Takt   **2. Takt**   **3. Takt**   **4.Takt**

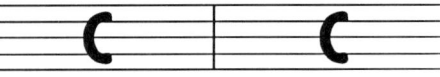

5. Takt   **6. Takt**

2 Takte Subdominante
(Akkord auf der IV. Stufe, hier F)

7. Takt   **8. Takt**

2 Takte Tonika

9. Takt

1 Takt Dominante
(Akkord auf der V. Stufe, hier G)

10. Takt

1 Takt Subdominante

11. Takt

1 Takt Tonika

12. Takt

1 Takt Dominante

**Das klassische Bluesschema besteht aus zwölf Takten.
Es gibt aber zahllose Abwandlungen.
Jeder/jede BluesmusikerIn macht es so,
wie es seinem/ihrem Gefühl entspricht.**

Spiel den Blues!

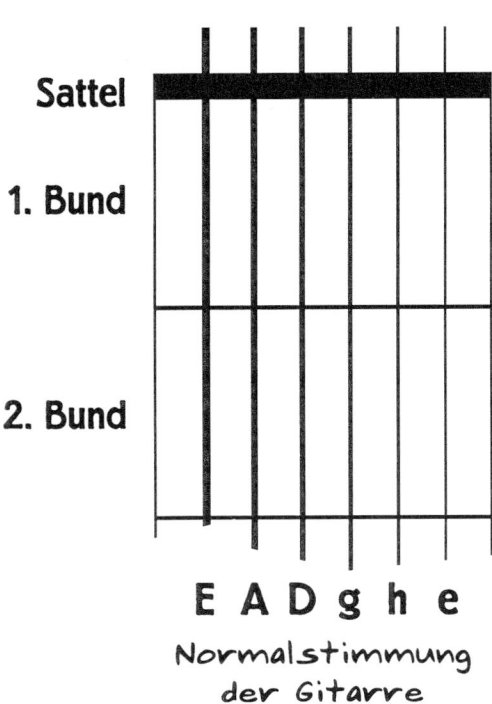

Sattel

1. Bund

2. Bund

E A D g h e
Normalstimmung
der Gitarre

Hinweise

Auch wenn man noch nie Gitarre gespielt hat,
kann man durchaus den Blues darauf spielen.
Der Trick dabei ist, dass die Gitarre so
umgestimmt wird, wie die Zeichnung nebenan
es zeigt. Dabei werden die einzelnen Saiten
einen Halb- bis Ganzton tiefer gestimmt.
Das geht gut mit einem elektronischen Stimmgerät.
Man kann auch in anderen Tonarten offen stimmen.
Diese in D-Dur ist sicher am einfachsten.
Die offene Stimmung hat den Vorteil, dass bereits
ein vollwertiger Akkord erklingt, wenn man die Saiten
anschlägt, ohne sie mit den Fingern zu drücken.
Alle Leersaiten so angeschlagen, ergeben hier
den Akkord D-Dur.
Wenn man nun den Sattel sozusagen verlagert,
ihn also in die höheren Bünde schiebt, erklingt
auch wieder ein vollwertiger Akkord. Das macht man,
indem man den Zeigefinger quer über den Hals auf
den Bund legt. Die Saiten werden dann beim nächsten
Bundstäbchen abgeklemmt (sieht man!).
Man kann auch ein glattes Stahlröhrchen nehmen.
Das wäre dann die Bottleneck-Spielweise.
Beim Blues muss man nun die Taktzahlen und die
Tonabstände einhalten. Für die Tonabstände werden
dazu die Bünde ausgezählt. Für den Blues in D-Dur
ist das im Bild angegeben (0 – 5 – 7). Andere Tonarten
erfordern neu ausgezählte, aber genauso große Abstände.
Jetzt heißt es eigentlich nur noch üben, üben ...

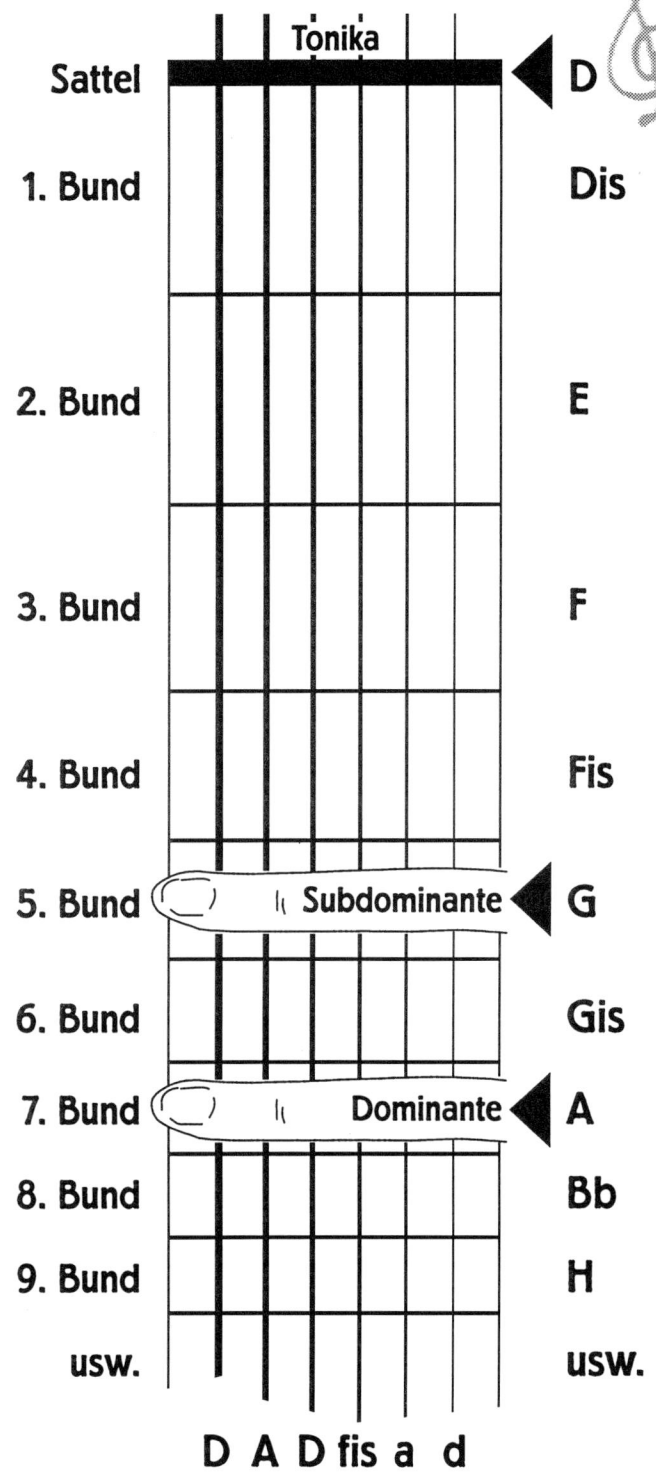

Sattel Tonika	D
1. Bund	Dis
2. Bund	E
3. Bund	F
4. Bund	Fis
5. Bund Subdominante	G
6. Bund	Gis
7. Bund Dominante	A
8. Bund	Bb
9. Bund	H
usw.	usw.

D A D fis a d

Umstimmen
der Gitarre:
Offene Stimmung
(Open Tuning) in D-Dur

Der Blues kommt in die Stadt

Als der Blues in die Stadt kam mit den schwarzen Landarbeitern/Landarbeiterinnen, veränderte er sein Gesicht. In der ländlichen Umgebung war er persönliche Gefühlsäußerung gewesen, in der Stadt aber ging eine solche Entladung in der Hektik und im Lärm und Gewühl unter. Der Blues passte sich seiner Umgebung an, er wurde laut und aggressiv und vermischte sich mit Elementen der Unterhaltungsmusik wie Ragtime und Jazz. Statt des einzelnen schwarzen Sängers/der einzelnen schwarzen Sängerin traten nun Gruppen mit Schlagzeug, Klavier und elektrischen Gitarren auf, die von einem erbarmungslosen Rhythmus zusammengehalten und vorangetrieben wurden. Die SängerInnen sangen zwar auch noch Sozialkritisches, Geschichten voll Unglück und Leid, aber die echte Angst fehlte.

Das Neue entstand wieder in Chikago. In den Clubs, Bars und hunderten von Spelunken setzte sich der City Blues durch. T-Bone Walker war einer der ersten Blues-Sänger, der mit einer elektrischen Gitarre Schallplattenaufnahmen machte.

Bill Haley

Das alles passierte Ende der Vierzigerjahre. Für die schwarzen MusikerInnen war es ein Überlebenskampf. Sie lebten in einer gefährlichen und feindseligen Gesellschaft. Sie hatten keine Zeit für Umgangsformen oder Moral. In den Gettos wurde der Rhythm-and-Blues zum Evangelium, das überall verkündet wurde. In jeder Stadt schossen Schallplattenfirmen wie Pilze aus dem Boden. Die meisten waren unabhängig, im Gegensatz zu den großen nationalen Firmen, die bisher die Richtung bestimmt hatten. Die Unabhängigen gehörten Schwarzen und nahmen schwarze Musik für schwarze Käufer auf. Diese Kleinfirmen waren nahe am Publikum und wussten, was sich verkaufte und was nicht. Und diese Unabhängigen hatten Zeit für jeden/jede, der/die eine Gitarre halten und den Mund aufmachen konnte. 500 verkaufte Platten waren für sie ein Erfolg, ein eventueller Flop kein so großer Verlust, während die großen Firmen nur mit hohen Auflagen arbeiteten und daher die Verluste groß waren, wenn es daneben ging.

So waren die unabhängigen Schallplattenfirmen der schwarzen Gettos die Entdecker und Förderer der schwarzen Rhythm-and-Blues-Künstler. Leute wie Sonny Boy Williamson, Ray Charles, Joe Turner, B.B. King, Elmore Jones, Muddy Waters und Houlin´ Wolf wurden in dieser Zeit groß. Chicago und New Orleans waren die Zentren. In New Orleans war der Sound weicher und entspannter als in der Industriestadt Chicago.

Ihre Musik war grundlegend verschieden von den harmlosen Scherzchen der weißen Unterhaltungsmaschine. Das weiße Publikum blieb dieser Musik weitgehend fern. Es war schockiert von dieser aggressiven Musik. Obgleich viele dieser neuen MusikerInnen kein großes Können hatten, wirkte ihre Musik eindringlich, und absolut engagiert. Das Thema Sex wiederholte sich ständig. Die Energie dieser MusikerInnen war grenzenlos.

Rhythm-and-Blues, durch und durch ungeschliffen, blieb im Wesentlichen eine Laienmusik. Erst Anfang der Fünfzigerjahre, als ein glatter Sound gebraucht wurde, wurde durch Hinzunahme von Gospel-Elementen der Rhythm-and-Blues professionalisiert. Mit der Eleganz und Künstlichkeit verlor die schwarze Musik aber ihren Hintergrund und ihre Spontanität. Weiße KünstlerInnen imitierten die Schwarzen und eigneten sich ihre Musik an.

Die weiße Schallplattenindustrie bemühte sich die Musik zu desinfizieren. Der Text wurde gesäubert, der Rhythmus gedämpft, aus dem schwarzen Originaltext „Roll with me, Henry" wurde weiß „Dance with me, Henry". Aber die weiße Jugend wollte mehr als diese, für den Geschmack ihrer Eltern aufbereitete Form der schwarzen Musik. Schon 1952 erkannte der Discjockey Alan Freed aus Cleveland, dass mit den Nachahmungen der Hunger nach dem Echten nur größer wurde. So begann er in den Rundfunksendungen auch echten Rhythm-and-Blues zu bringen, aber er vermied diese Bezeichnung, die inzwischen so abwertend gemeint war (bei den Weißen) wie „Race Music". Er nannte es Rock´n´Roll.

Er löste damit eine wahre Welle aus, auf der weiße Musiker wie Bill Haley emporgeschwemmt wurden. Nach schwarzen Maßstäben war er ein fieberkranker Amateur, auf die Weißen wirkte er ungeheuer wild. Er nahm zunächst zwei Songs auf: „Shake, Rattle, and Roll" und „Rock around the Clock". Mit Rhythm-and-Blues verglichen war das Ergebnis mager. „Shake, Rattle, and Roll" war bereits durch Joe Turner zu einem Hit geworden. Bei ihm spielte die Handlung im Bett. Haley verlegte sie in die Küche und entschärfte Text und Rhythmus, aber die Weißen flippten bei Haley aus, und es wurde noch schlimmer als dann Elvis Presley auftauchte. Die weißen Musiker fühlten sich fortan wie die Erfinder des Rhythm-and-Blues, der bei ihnen ja nun „Rock´n´Roll" hieß.

Vom Blues zum Rock'n'Roll

Die Bezeichnung „Rock'n'Roll" prägte der amerikanische Discjockey Allan Freed, der diese Musik auch als erster im Radio spielte. Das soll im Jahre 1953 gewesen sein, als Bill Haley's „Crazy Man Crazy" die Hitparaden anführte. Der Titel gilt als erster Rock'n'Roll-Song. Auch seine nächsten Titel „Shake, Rattle and Roll" und „Rock around the Clock" waren wochenlang an der Spitze.

In dieser Zeit verbesserte der US-Gitarrist Les Paul die elektrische Gitarre und konstruierte einen speziellen Tonabnehmer. Nun konnte die neue Musikform lautstark mit extremen instrumentalen Möglichkeiten daherkommen.

Zum Erfolg des Rock'n'Roll trug ebenso die Entwicklung der 17-cm-Schallplatte bei, unverwüstlich und preiswert in der Herstellung, erschwinglich für Jugendliche, die sich nun „ihr" neues, hochgestimmtes Lebensgefühl kaufen konnten.

Gerade dieses Lebensgefühl des Rock'n'Roll ließ die Jugend ausflippen, während viele Ältere darin den Untergang aller ihrer Erziehungsideale und der Kultur sahen. Die Fünfzigerjahre erschienen den jungen Menschen prüde und miefig-angestaubt. Der Rock'n'Roll bot ihnen die Möglichkeit, aus den von den Erwachsenen vorgegebenen Bahnen auszusteigen, mindestens auf dem Tanzparkett.

Der Rock'n'Roll als Tanz betonte das Körperliche, die sexuelle Komponente zwischen den Geschlechtern. Nicht umsonst hatte Elvis Presley wegen seines provozierenden Beckenkreisens den Spitznamen „Elvis the Pelvis (das Becken)" bekommen. Allerdings blieb die sexuelle Andeutung immer in einem bestimmten Rahmen, obwohl die Texte doch recht eindeutig waren. Unnötiger Ärger war bei den Rock'n'Rollern nicht gefragt, wegen der Verkäuflichkeit. Bei allem Aufreizenden darf man nicht vergessen, dass der Rock'n'Roll ein gut kontrolliertes Produkt der Plattenindustrie war. Nicht der/die einzelne MusikerIn war wichtig, sondern das Gesamtergebnis. So entwickelten zwar Bill Haley, Chuck Berry und Elvis Presley ihren eigenen unverwechselbaren Stil, der aber seinen Ursprung jeweils in den Marktstrategien ihrer Plattenfirmen hatte. Gerade am Beispiel Elvis Presleys wird das besonders deutlich. Während er anfangs noch den Bürgerschreck mimte, wurde er schnell zum Liebling aller, je mehr die Fernsehsender

ihn landesweit populär machten. Bald wurde aus ihm der Entertainer, der die ganze Familie unterhalten konnte. Das schlug sich auch auf seine Musik nieder.

Am kompromisslosesten war noch Chuck Berry, der in seinen Songs deutlich die Gefühle der damaligen Teenagergeneration ausdrückte. Aber auch bei ihm handelte der Rock'n'Roll nicht vom Alltag, sondern von der Welt abseits davon. Vom grauen Alltag wollten die Kids nichts hören.

Chuck Berry

So entwickelte sich der Rock'n'Roll im Wechselspiel von Industrie und Publikum. Die Industrie produzierte das, was die Jugend wollte, die Jugend kaufte das, was die Industrie für sie bereithielt. Die MusikerInnen griffen immer wieder auf das bewährte Schema zurück und reproduzierten sich dabei im Grunde nur selbst. Das Produkt Rock'n'Roll musste nicht mehr in Radiostationen getestet werden, es konnte im Studio verkaufsfertig zusammengestellt werden. So wurde der zunächst neue Sound bald steril, man klaute einander regelrecht die Maschen und Stile. Nicht zuletzt trug das zum weltweiten Erfolg des Rock'n'Roll bei. Der Rubel rollte und das zählte. So hatte sich der Rock'n'Roll meilenweit von seinen Blues-Wurzeln entfernt. Völlig von überwiegend weißen Musikern/Musikerinnen und Hörern/Hörerinnen vereinnahmt, verlor er schnell seine Explosivität und wurde bald zu einer Form der Tanzmusik.

Aufgaben

1. Arbeite den Text durch und notiere wichtige Stichwörter.
2. Sammle weitere Informationen zu den genannten Rock'n'Roll-Musikern.
3. Höre dir einige typische Rock'n'Roll-Aufnahmen an und beschreibe, was für diesen Musikstil typisch ist.

Rock'n'Roll: Textarbeit
Arbeitsblatt zu Seite 95

1. Ordne den Rock´n´Roll zeitlich ein:

   _____

2. Nenne Faktoren, die für die Entstehung
   dieses Musikstils mitverantwortlich waren:

   _____

   _____

3. Welche gesellschaftliche Bedeutung
   hatte der Rock'n'Roll?

   _____

   _____

   _____

4. Kennst du bekannte Rock'n'Roll-Stars?
   Nenne ihre Namen:

   _____

   _____

5. Gib an, welche musikalischen und textlichen
   Merkmale für den Rock'n'Roll bezeichnend sind:

   _____

   _____

   _____

6. Welche Rolle spielte die Plattenindustrie
   für diesen Musikstil?

   _____

   _____

   _____

Musik der 80er/90er

Gegen Ende der 80er-Jahre kamen im Zuge neuer Musikstile und der
Entwicklung alternativer Darbietungstechniken viele Begriffe in die Diskussion.
Für Uneingeweihte ergab sich daraus eine babylonische Sprachverwirrung.
Kaum einer/eine kennt sich aus, aber alle wissen Bescheid.
Und fast täglich kommen neue Bezeichnungen hinzu. Machen wir also den Test!
Wie gut kennst du dich aus mit den Musikstilen deiner Zeit?

✗	STIL	NOTIZEN	✗	STIL	NOTIZEN
	1 Next School			17 Doom Metal	
	2 Funk Metal			18 Garage House	
	3 Gangsta-Rap			19 Grindcore	
	4 Hip House			20 Hardcore Rap	
	5 Industrial			21 Hardrock	
	6 Dancehall			22 House	
	7 Post-Hardcore			23 Grunge	
	8 Raggamuffin			24 Jazz Rap	
	9 Eastcoast-Rap			25 Old School	
	10 Trash-Metal			26 Techno	
	11 Agitprop			27 Tekkno	
	12 Alternative Pop			28 Neodisco	
	13 Death Metal			29 Pop-Rap	
	14 Foxcore			30 New Jack Swing	
	15 Club-Soul			31 Hip Hop	
	16 Freestyle Dancefloor			32 Westcoast-Rap	

Aufgaben

1. Erkläre möglichst viele der aufgeführten Musikrichtungen.
   Mache deutlich, worin sie sich unterscheiden. Beginne am
   besten mit denen, die dir gut bekannt sind (ankreuzen).
2. Stelle Ermittlungen zu den dir unbekannten Stilen an.

Der technische Fortschritt

Von Jahr zu Jahr vollzieht sich der technische Fortschritt immer schneller. Wer mit Computern zu tun hat, weiß ein Lied davon zu singen. Auch im Bereich der heimischen Musikanlagen hat sich viel getan.

Während früher die Tonbandmaschine von REVOX und der direkt getriebene Plattenspieler die Prunk- und Vorzeigestücke der Anlage waren, hat sich das Bild gründlich gewandelt. Zwar steht der Plattenteller womöglich noch da, weil ja die umfangreiche Plattensammlung vorhanden ist, das Spulentonbandgerät aber ist völlig verschwunden. Statt dessen sind Heimanlagen sehr kompakt geworden und bieten trotzdem klanglich mehr als die Uraltmodelle. Und auch die alten Schallplatten werden nur noch bei gelegentlichen nostalgischen Anwandlungen hervorgeholt. Die CD hat sich innerhalb kurzer Zeit durchgesetzt.

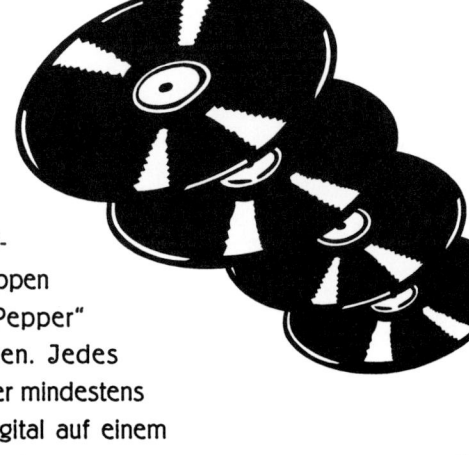

Zwar gibt es immer noch Freaks, die auf den warmen Ton der analogen schwarzen Scheiben schwören und den digitalen CD-Sound für kalt halten. Hört man aber mal alte Aufnahmen, dann staunt man nur, was den verwöhnten Ohren da geboten wird. Aber Kunststück! Welche Aufnahmemöglichkeiten hatten damalige Gruppen schon? Die Beatles haben „Sergeant Pepper" mit einem Vierspurgerät aufgenommen. Jedes kleine Amateurstudio hat heutzutage aber mindestens acht Spuren zur Verfügung und kann digital auf einem Digital-Audio-Tape (DAT)-Rekorder abmischen.

Aber zurück zur Heimanlage! Man hat dafür früher mal den Begriff HiFi-Anlage geprägt. Das kommt aus dem Englischen (High Fidelity) und heißt so viel wie „hohe Wiedergabetreue". Das ist nun wirklich kein Thema mehr, weil selbst in den unteren Preisklassen die hohe Qualität der Wiedergabe ein Kinderspiel ist. Für den/die VerbraucherIn ergibt sich das günstige Bild, dass man für wenig Geld eine komplette Anlage mit hohem Standard bekommt.

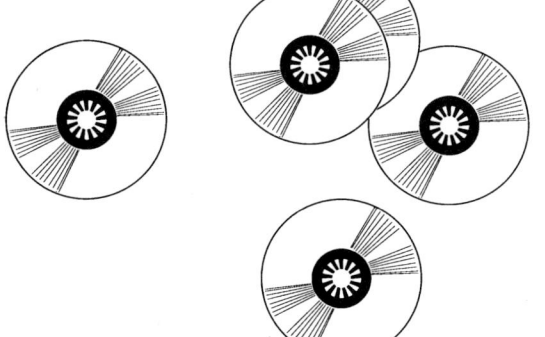

Bestandteile einer HiFi-Anlage

MUSIK LEBEN

**Was gehört nun heute
zu einer häuslichen Musikanlage?**

Verstärker

Verstärker sind nach wie vor das Kernstück der Anlage. Sie basieren alle auf Transistor- oder Mosfet-Technik, wobei die ICs (Integrierte Schaltkreise) diese auf kleinstem Raum vereinen. Nur Liebhabergeräte werden heute noch in Röhrentechnik gefertigt und kosten ein Vermögen.

Wichtig ist, dass der Verstärker Leistungsreserven hat. 50–60 Watt (Sinus) reichen für normale Zwecke völlig aus. Außerdem sollte der Verstärker einige Anschlussmöglichkeiten für andere Geräte haben. Da wäre zuerst der CD-Eingang zu nennen, der direkt, d.h. unter Umgehung der Klangregelung, geschaltet sein sollte. Es ist wenig sinnvoll, bei CDs den Klang noch zu verbiegen. Schließlich sollte der Verstärker universelle, abschaltbare Lautsprecherausgänge aufweisen, etwa für zwei Boxenpaare und mit möglichst niedrigem Abschlusswiderstand (4 Ohm). Ein Kopfhörerausgang ist meist serienmäßig vorhanden. Der Verstärker sollte kurzschlussfest sein.

Tuner

Hinter diesem Begriff steckt das Gerät, mit dem man das Rundfunkprogramm empfangen kann. Ein moderner Tuner hat Antennen- und Kabelanschluss. Die Sender werden automatisch gesucht und eingestellt und können abgespeichert werden. Ein Tuner muss an den Verstärker angeschlossen werden, da er keine eigene Verstärkung hat.

Receiver

Das ist die Kombination von Verstärker und Tuner in einem Gerät. Früher wurde immer gesagt, dass ein solches Gerät nicht so hochwertig sein konnte wegen der Kompromisse. Auch das hat sich geändert. Ein Receiver leistet genauso viel wie zwei Einzelgeräte.

Kassettenrekorder (Tape Deck) – Mini Disc

Das Kassettengerät war immer erste Wahl, wenn es darum ging billig eigene Tonaufnahmen zu machen. Immer öfter tritt heute an die Stelle der Musikkassette die Mini Disc (MD), die etwa einer Computerdiskette entspricht. Der MD-Rekorder ermöglicht hochwertige digitale Aufnahmen und bietet den Bedienkomfort eines CD-Players.

CD-Player

Dieses Gerät ist aus der heutigen Musikanlage nicht wegzudenken. Obgleich man manchmal bedauert, dass es die schönen großen Plattenhüllen nicht mehr gibt, ist die CD dennoch wirklich handlicher. CD-Player sind preiswert geworden. Teure Geräte weisen oft vielfältige Programmierfunktionen auf, die Otto Normalverbraucher ohnehin nie einsetzt. Der CD-Player wird natürlich an einen Verstärker angeschlossen, wenn man nicht den Kopfhörerausgang benutzt.

Lautsprecher-Boxen

Lautsprecher sind natürlich auch nötig. Sie gibt es in allen Preislagen, wobei im Billigbereich deutliche Qualitätsabstriche zu machen sind.

Lautsprecher sollten so ausgelegt sein, dass sie der Ausgangsleistung des Verstärkers gewachsen sind. Sie müssen unbedingt denselben oder einen höheren Abschlusswiderstand als der Verstärker haben.

Aufbau einer HiFi-Anlage

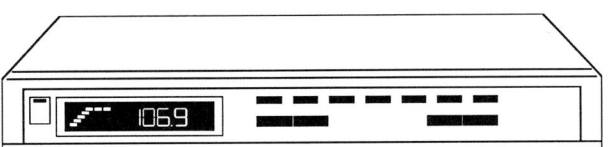

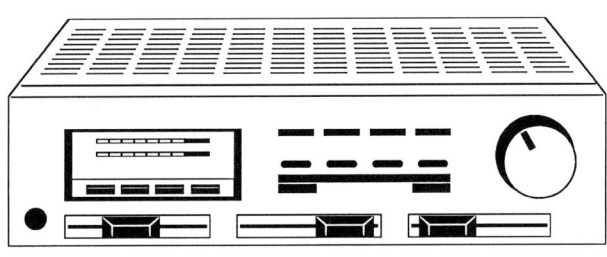

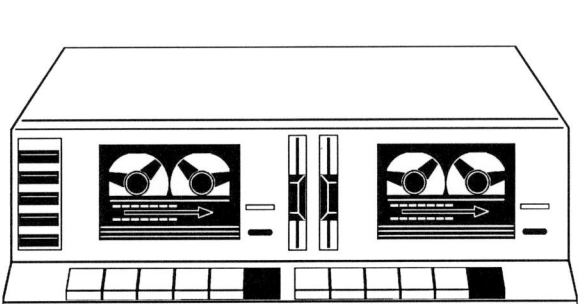

Aufgaben

1. Beschrifte die Geräte!
2. Was fehlt? Zeichne ein!
3. Deute mit Pfeilen schematisch die richtige Anschlussverkabelungen an!

Im Tonstudio:
Ein Popsong entsteht

Sicher hörst du oft Radio oder Kassetten und CDs. Die Wirkung und Qualität heutiger Musikaufnahmen hängt entscheidend von den Möglichkeiten der modernen Aufnahmetechnik in den großen Studios der Plattenindustrie ab. Du würdest sicher deine Lieblingsplatte nicht wieder erkennen, wenn du einmal deine Lieblingsgruppe oder deinen/deine LieblingssängerIn ohne all die technischen Tricks hören könntest. Ja, die Studiotechnik ist heutzutage nicht selten wichtiger als die InterpretInnen. Oft genug hört man, dass erst die komplette CD-Aufnahme fertig gestellt und dann eine dazu passende Gruppe gesucht wird.

Wie entsteht nun eigentlich ein Popsong, oder – um in der Fachsprache zu reden – wie wird er produziert? Wie machen die großen Studios das eigentlich im Einzelnen?

Kernstücke eines Tonstudios sind das **Mischpult** und die **Aufnahmemaschinen**. Ein Mischpult hat die Aufgabe, die vielen Tonquellen des Studios zusammenzufassen und damit kontrollierbar zu machen. So werden die Mikrophone und Instrumente, die für eine Aufnahme benötigt werden, in die Eingangskanäle des Pults geführt. Da können schon mal 48 oder 72 Kanäle zusammenkommen. Bei jedem einzelnen Kanal kann das hereinkommende Signal voll beeinflusst werden. Neben der Einstellung von Lautstärke und Panorama (links-rechts) gibt es noch vielfältige Möglichkeiten der „Klangverbiegung". Auch Effekte wie Hall können hinzugemischt werden. Ist der/die TonmeisterIn zufrieden mit der Einstellung jedes Kanals, so kann er/sie den Zusammenklang mehrerer Kanäle ebenfalls überpüfen. Um nun die aufgenommene Musik auch konservieren zu können, wird das Signal von seinem Eingangskanal auf einen Ausgangskanal des Mischers geführt. Dieser Ausgang wiederum ist an eine Aufnahmespur des Rekorders gekoppelt.

→

Mischpult

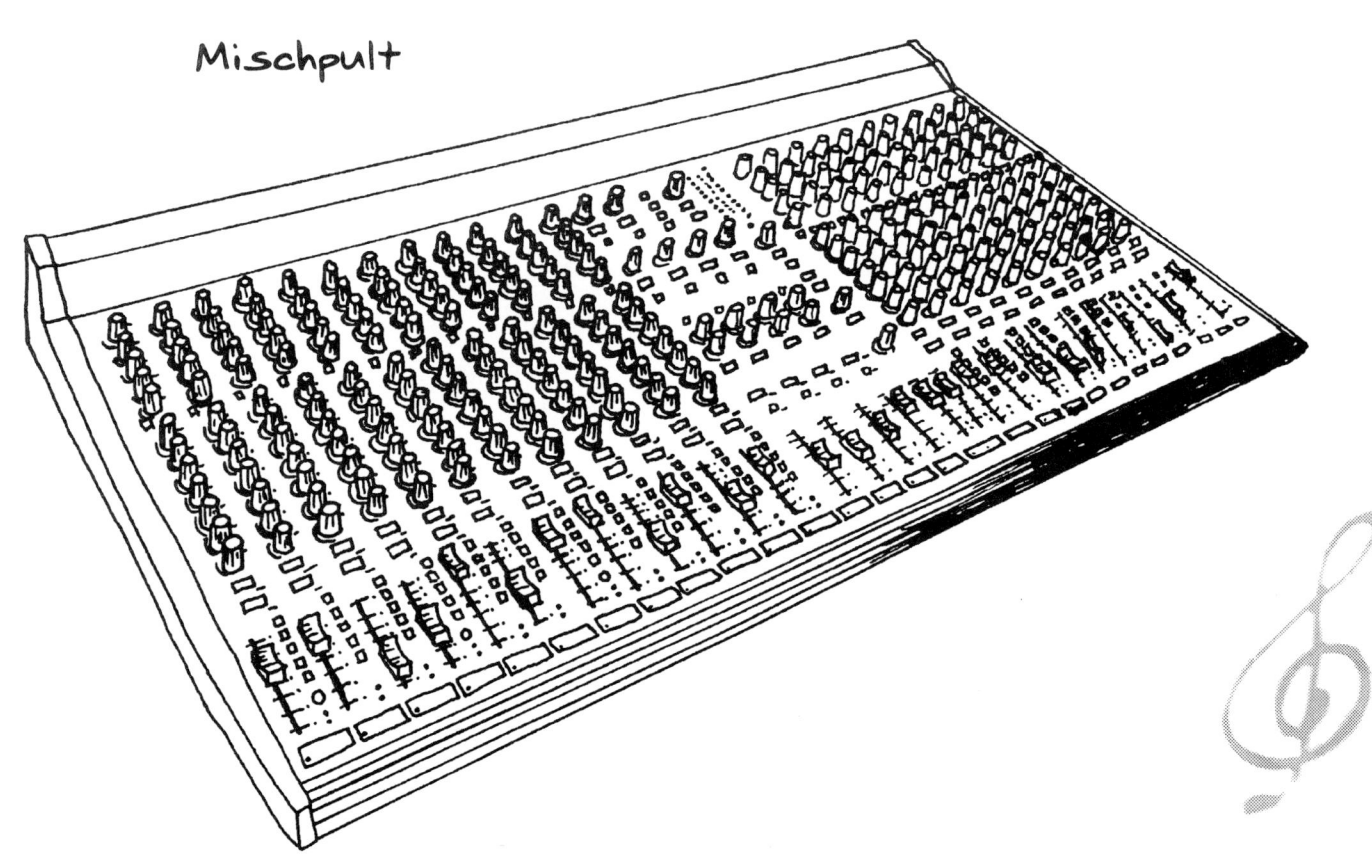

Fortsetzung **Im Tonstudio:
Ein Popsong entsteht**

Während früher die Aufnahmen auf Bandgeräten gemacht wurden, hat sich in führenden Tonstudios die digitale Technik immer mehr durchgesetzt. Eine solche Aufnahmemaschine hat bis zu 48 getrennte Aufnahmespuren. Man kann auch zwei Maschinen miteinander verbinden und erreicht damit 96 Spuren. Es ist leicht vorstellbar, dass damit der Aufnahme keine Grenzen gesetzt sind. Es lassen sich eine Fülle von Instrumenten und Stimmen jeweils getrennt und stereo aufnehmen. Es ist kein Problem, wenn der/die SängerIn seinen/ihren Part nicht auf Anhieb gut präsentiert; dann singt er/sie eben sechs Stereospuren voll oder der/die GitarristIn spielt fünfmal sein/ihr Solo.

Ebenso müssen nicht alle MusikerInnen gleichzeitig spielen, wie es noch zu Zeiten der Beatles üblich war. Man nimmt nach und nach auf. Das bereits Gespielte kann bei der nächsten Runde abgehört werden. Nicht selten passiert es bei Musikprojekten, dass nur StudiomusikerInnen eingesetzt werden, die zu völlig verschiedenen Zeiten im Studio sind und sich niemals sehen. Der/die DrummerIn kennt den/die BassistIn nicht, die Bläser kennen nicht die Keyborder.

Ist die Produktion endlich mit den MusikerInnen eingespielt, kommt der fast wichtigste Teil: die **Toningenieure** sind an der Reihe. Sie haben die Aufgabe, die vielen Rekordingspuren zusammenzumischen und daraus eine Stereoaufnahme für das **Masterband** zu machen. Das Masterband ist die Vorlage für die CD-Herstellung.

Für die Abmischung werden die aufgenommenen Spuren wieder ins Mischpult geführt und dort erneut unter dem Einsatz spezieller Effektgeräte und Filter bearbeitet: Lautstärkeverhältnis zueinander, Dynamik, Hall, Stereo- oder Raumklang – all das entscheidet der Toningenieur zusammen mit dem/der Verantwortlichen für das Projekt, dem **Produzenten**/der **Produzentin**. Da haben die MusikerInnen meist nicht mehr viel mitzureden.

Die Phase der Abmischung ist auch die Zeit der großen Trickkiste. Erinnern wir uns an den/die falsch singende(n) SängerIn. Durch die digitale Technik ist es möglich, sich von jeder Spur die schönsten Stückchen herauszufischen und diese zusammenhängend auf eine weitere Spur zu übertragen. Dann kann noch hier und da ein Ton, der die Tonlage nicht ganz trifft, nach oben oder unten geschoben werden und schon ist das Wunder komplett: Der/die SängerIn singt wunderbar harmonisch und gerade.

Und wenn du auf den CDs schöne Streichinstrumente und kernige Bläsersätze hörst, dann hat zumindest bei Pop-Produktionen kein/keine OrchestermusikerIn je das Tonstudio betreten. Das macht alles der/die KeyborderIn mit digital aufgenommenen Samples von Originalinstrumenten. Das kann man kaum unterscheiden. Oft genug wird auch der/die SchlagzeugerIn eingespart.

Nun musst du nicht glauben, dass solche Produktionen wegen der Einsparungen bei den MusikerInnen billig sind. Im Gegenteil, die Studiokosten steigen immer mehr. Für eine ganz normale Produktion mit einer durchschnittlichen Band kann man heute gut 500.000 DM ansetzen. Für Superstars gibt's natürlich nach oben keine Grenzen. Sie nehmen alles an MusikerInnen und Material, was gut und teuer ist. Es ist manchmal ein merkwürdiges Missverhältnis zwischen Aufwand und hörbarem Ergebnis.

Aber die Superstars spielen auf Grund ihres Namens und der hohen Verkaufszahlen das Geld offenbar wieder ein. So wurde zum Beispiel berichtet, dass Michael Jackson für sein Album „History" und die Werbung rund 100 Millionen Mark ausgegeben hat. Entscheide selbst, ob eine solche Summe gerechtfertigt ist!

Recording Session

SängerInnen-Kabine

MusikerInnen-Kabine

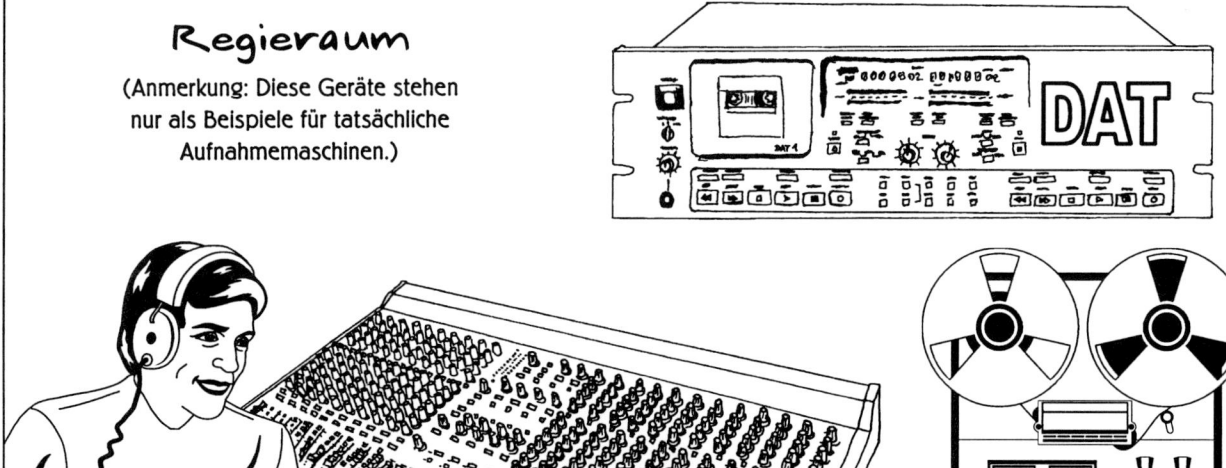

Regieraum

(Anmerkung: Diese Geräte stehen nur als Beispiele für tatsächliche Aufnahmemaschinen.)

DAT

Aufgaben

1. Beschrifte die Geräte und erkläre sie.
3. Warum ist der Regieraum von den MusikerInnen getrennt?
4. Erkläre, wie die Recording Session abläuft.

analog und digital

MUSIK LEBEN

Was bedeutet eigentlich analog und was heißt digital?

Während vor einigen Jahren noch die Schallplatte und die Musikkassette die verbreitetsten Tonträger waren, hat sich das Bild grundlegend gewandelt. Die digitale Technik hat in allen Medien Einzug gehalten. Die wenigsten VerbraucherInnen jedoch wissen, was es damit eigentlich auf sich hat. Im Grunde ist es auch nicht wichtig, wen interessiert schon, wie ein Telefon technisch aufgebaut ist? Hauptsache, man kann dadurch mit anderen reden. Andererseits kann es nicht schaden, doch ein wenig mehr über die neue digitale Technologie zu erfahren, denn gerade sie bietet nicht nur Vorteile. Mit ihr kann man auch auf ungeahnte Weise Manipulationen vornehmen (siehe Aufnahme im Tonstudio), oft sogar zum Nachteil des Verbrauchers/der Verbraucherin.

Doch zunächst zurück zur guten alten **Schallplatte.** Auf ihr wurde Musik, also ein Schallereignis, entsprechend sichtbar aufgenommen. Aus den Schallwellen der Luft wurden elektrische Signale, die – umgewandelt in mechanische Ereignisse – als Wellenlinie in die Rille der Platte geschnitten wurden. Unter dem Mikroskop betrachtet ist eine Schallplattenrille eine wellige Linie. Die Rille wird auf dem Plattenspieler von einer feinen Nadel abgetastet und wieder in ein elektrisches Signal umgewandelt. Über den Verstärker geht das Signal an die Lautsprecherboxen, die daraus neue Luftschwingungen machen. Die Musik erklingt. Eine solche Aufnahme- und Wiedergabetechnik bezeichnet man als **„analog"** (entsprechend, ähnlich, sinngemäß): Luftschwingungen entsprechen elektrischen Schwingungen.

Ähnliches geschieht bei der Aufnahme auf eine **Musikkassette.** Statt der Rille werden auf dem Bandmaterial Metallteilchen auf Grund der elektrischen Signale magnetisiert. Das passiert über den so genannten „Aufnahmekopf". Der „Wiedergabekopf" liest die Magnetisierung aus und macht daraus elektrische Signale. Löscht man ein Band mit dem „Löschkopf", so werden die magnetisierten – also die geordneten Teilchen – nur wieder durcheinander gewirbelt.

Ganz anders bei digitalen Aufnahmen!

Natürlich ist auch hier zunächst ein tatsächliches Schallereignis die Voraussetzung. Allerdings werden die Schallwellen bzw. elektrischen Wellen in Zahlen verwandelt. Mit Hilfe des **„binären Codes"** wird das gesamte Musikstück in eine völlig andere „Sprache" übersetzt. Dieser Code besteht nur aus zwei Ziffern – 0 und 1.

0 0 0 0 1 1 1 1 0 1 0 1 0 0 1 1 0 1 0 1
1 1 1 0 1 0 0 1 1 0 1 0
1 0 1 1 1 0 1 0 1 0 1 0 1
0 1
0 1 0 1 0 0 1 1 0 1 0

Die Übersetzung der Musik erfolgt in einem **„Analog-Digital-Wandler" (AD).** Der Wandler tastet mit unbeschreiblicher Geschwindigkeit das ankommende Signal ab. Die jeweiligen Zustände des Signals werden mit einer Zahlenreihe (Code) beschrieben: laut, leise, hoch, tief usw. – all das wird durch Ziffern festgelegt. Dabei werden jeweils acht Zahlen (Bits) zu einer Gruppe (Bytes) zusammengefasst. Das kennt man ja inzwischen gut aus dem Computerbereich. Und genauso arbeitet ein AD-Wandler: Er macht aus dem Musikereignis computerlesbares Material.

→

acht Bit = ein Byte

0	1	0	1	0	0	1	1

analog und digital
Fortsetzung

MUSIK LEBEN

Der nächste Schritt ist die Konservierung der digitalen Zeichen. Das kann auf Diskette, auf Band oder auf **CD (Compact Disc)** geschehen. Für die Wiedergabe von Musik hat sich die CD durchgesetzt. Nun werden nicht etwa die Zahlenreihen auf die CD gedruckt. Vielmehr werden in die CD-Oberfläche mit Laserstrahl zwei unterschiedliche, mikroskopisch kleine Vertiefungen eingebrannt: eine Vertiefung für die 0, die andere für die 1. Aneinander gereiht ist das Ergebnis wie vorher. Es ergibt sich der binäre Code der Zahlen 0 und 1 anhand der Vertiefungen. Im CD-Player werden die Vertiefungen durch einen Laser wieder ausgelesen und in einen weiteren Wandler geschickt, der die umgekehrte Aufgabe hat. Er muss die digitalen Signale in analoge Signale übersetzen, damit man die Musik hören kann. Es ist der **Digital-Analog-Wandler (DA).** Die Aufnahme und Wiedergabe von digitaler Musik bedeutet also immer eine Wandlung in der Reihenfolge **AD → DA.**

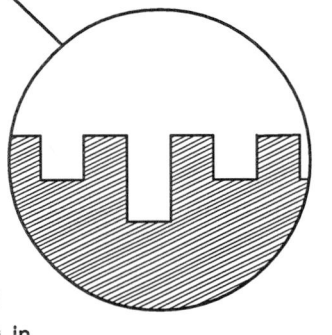

Erstaunlich ist, dass das Musikmachen heutzutage mit Hilfe der modernen Instrumente rein digital bleiben kann. Beim Musikhören allerdings wird immer das analoge Schallereignis nötig sein, denn unser Ohr ist nun mal auf Luftbewegung angewiesen, um hören zu können.

Es ist sicher nicht verwunderlich, dass für einen/eine MusikerIn heute von großer Bedeutung ist, sich gut in der Welt der **Computer** auszukennen. MusikerInnen in Bands und Tonstudios benutzen eine Fülle von **digitalen Instrumenten,** die wiederum auf **digitalen Aufnahmemaschinen** aufgezeichnet werden. Der Manipulation sind dabei keine Grenzen gesetzt, denn ein digitales Signal kann man sich als Code am Bildschirm anzeigen lassen und verändern. Es ist wohl kein Zufall, wenn viele MusikerInnen und Bands es inzwischen ablehnen, mit computerisierten Geräten zu arbeiten und wieder zu den ursprünglichen Instrumenten zurückfinden.

Reine Computerklänge vermitteln oft den Eindruck des Künstlichen und Sterilen. Andererseits bieten sie dem/der experimentierfreudigen MusikerIn ein weites Feld neuer Klangdimensionen. So ist **digitale Musik** nicht nur auf die U-Musik beschränkt. Viele namhafte Komponisten der Moderne benutzen Computer für ihre Tonschöpfungen. Es dürfte klar sein, dass die Musikwelt erst auf der Schwelle zum digitalen Zeitalter steht.

Musik auf CD

Der/die SängerIn singt
und erzeugt Schallwellen
(Bewegung der Luftmoleküle).

Das Mikrophon nimmt die Schallwellen
auf und wandelt sie um in elektrische
Signale, die in ein Mischpult gehen.
Von dort werden sie in den
Analog-Digital-Wandler geleitet.

Im AD-Wandler werden
die analogen, elektrischen
Signale in den binären
Code umgewandelt.

Der binäre Code wird in Form
von Vertiefungen auf die CD
gebrannt. Im CD-Player wird der
Code ausgelesen und im Digital-
Analog-Wandler in elektrische
Signale umgewandelt.

Die elektrischen Signale werden
über einen Verstärker auf die
Lautsprecher geführt und dort
in Schallwellen umgesetzt.

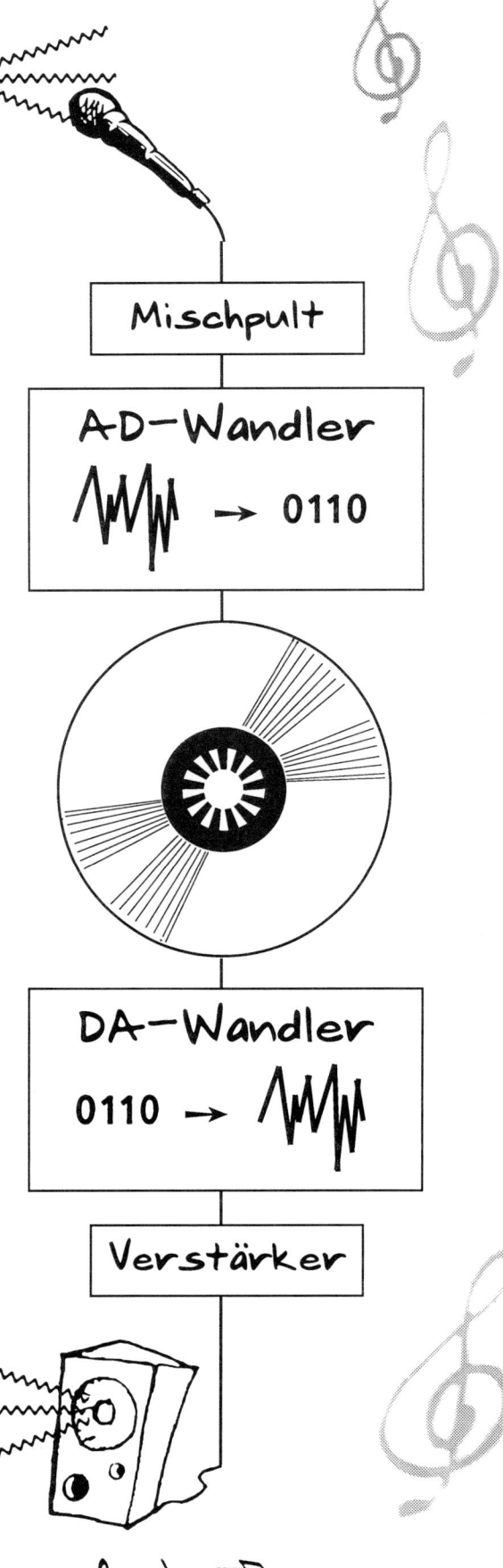

Live auf der Bühne

MUSIK LEBEN

Neben den Instrumenten benötigen MusikerInnen auf der Bühne heutzutage eine Menge Geräte. Selbst Amateurbands machen, was ihre Ausrüstung angeht, einen recht professionellen Eindruck. Oft ergänzt noch eine aufwändige Lichtanlage die umfangreiche Beschallungstechnik.

Mit Hilfe welcher Geräte entsteht der Sound einer Band?

Die Skizze stellt Anordnung und Verbindungen der verschiedenen Instrumente und Geräte schematisch dar. Im hinteren Bühnenbereich befinden sich Rhythmusgruppe (Schlagzeug, Bass) und Gitarren. Die SängerInnen bewegen sich im vorderen Bühnendrittel. Die verschiedenen Tonquellen werden über Empfänger (elektro-akustische Wandler) – meist Mikrophone – abgenommen, deren Kabel alle in einen zentralen Bühnenverteiler münden.

Ein dickes Bühnenkabel (Multicore) übermittelt die gebündelten Tonquellen an das Mischpult, das in einiger Entfernung von der Bühne im Saal steht. Es wird von einem/einer speziellen TechnikerIn bedient, der/die damit letztendlich den Sound der Band abmischt, den das Publikum im Saal über die so genannten PA-Boxen (PA = Public Address) empfängt. Diese Boxen sind große Lautsprecher, die manchmal zu vielen getürmt, jeweils am linken und rechten Bühnenrand stehen und den Saal beschallen. Die Übertragung vom Mischpult auf die PA-Boxen erfolgt dabei wiederum mittels Verstärker. Eine weitere Aufgabe des Technikers/der Technikerin am Mischpult ist es jedoch, über Untergruppenverschaltungen des Mischpults die Monitorboxen der einzelnen MusikerInnen auf der Bühne nur mit dem Sound ihrer eigenen und entsprechender Referenzinstrumente/-stimmen zu versorgen. So können die MusikerInnen den Klang ihrer eigenen Instrumente/Stimmen auf der Bühne kontrollieren. Natürlich ist auch hier wieder ein Verstärker dazwischen geschaltet.

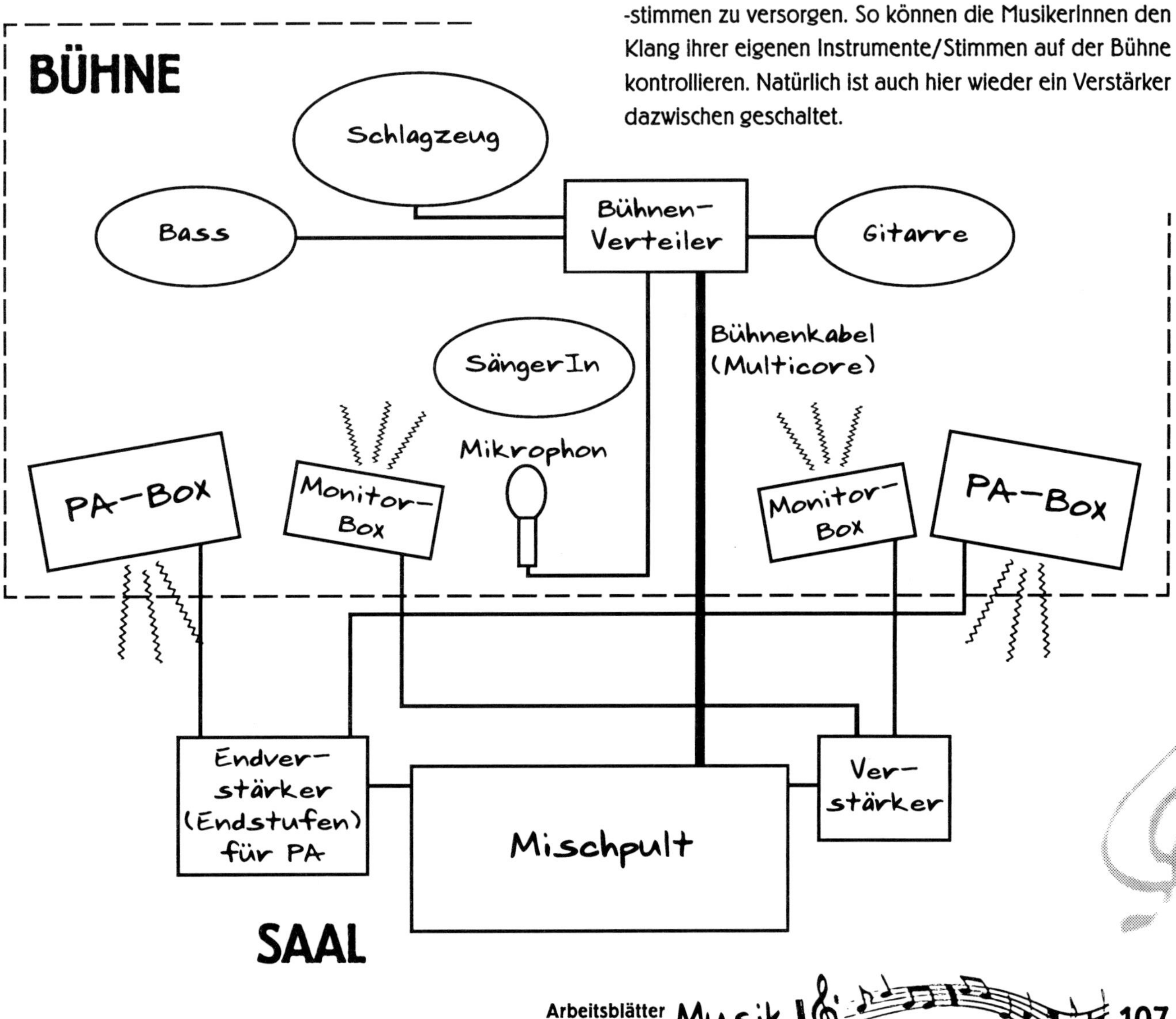

BÜHNE

Schlagzeug

Bass — Bühnen-Verteiler — Gitarre

SängerIn

Bühnenkabel (Multicore)

Mikrophon

PA-BOX   Monitor-Box   Monitor-Box   PA-BOX

Endverstärker (Endstufen) für PA

Mischpult

Verstärker

SAAL

Live auf der Bühne

MUSIK LEBEN

Name:

Klasse:

1. Was versteht man unter
   dem Begriff „PA"?

   _____

2. Stelle eine Schall- und Tonüber-
   tragungsanlage für ein Rockkonzert
   zusammen! Was gehört dazu?

   _____

   _____

   _____

   _____

5. Welche Bedeutung hat die Person,
   die das Mischpult bedient?

   _____

   _____

   _____

   _____

3. Welche Gerätegruppen kann man
   bei Bühnenanlagen unterscheiden?

   _____

   _____

6. Warum ist es wichtig, dass die
   MusikerInnen auf der Bühne Monitorboxen haben?

   _____

   _____

4. Was ist der Unterschied zwischen
   einem Kofferverstärker und einem
   „Turm"? Überlege für beide Geräte,
   wo Vor- und Nachteile liegen
   könnten!

   _____

   _____

7. Sind nur die SängerInnen
   mit Mikrophonen ausgestattet?

   _____

   _____

Punktzahl:

Bewertung:

Tonstudio-Vokabular

Name:	Klasse:

Erkläre folgende Begriffe!

Tuner: _____

Receiver: _____

Tape Deck: _____

analog: _____

digital: _____

binärer Code: _____

Analog-Digital-Wandler: _____

Digital-Analog-Wandler: _____

CD: _____

Mischpult: _____

Eingangskanal: _____

Tonspur: _____

Aufnahmemaschine: _____

Digital-Audio-Tape (DAT): _____

Masterband: _____

Toningenieur: _____

Produzent: _____

Recording Session: _____

PA: _____

Punktzahl:	Bewertung:

Musikgeschmack

Aufgabe 1

Du sollst in der nächsten Zeit ein <u>für dich</u>
interessantes Musikstück eines Musikers/einer Musikerin
oder einer Musikgruppe vorstellen.

Dazu musst du dir rechtzeitig eine Kassettenaufnahme
oder ein Video des Titels sowie Informationen
zu dem Interpreten/der Interpretin oder der Musikgruppe
beschaffen.

Die Vorstellung soll beinhalten:

- einen kurzen Bericht über die Entwicklung
  und den musikalischen Hintergrund des Musikers/
  der Musikerin oder der Gruppe
- eine persönliche Darstellung der Besonderheiten
  des vorgestellten Titels:
  Warum hast du gerade ihn ausgewählt?
- das Vorstellen der Musik in Ton und/oder Bild
- das Beantworten der Fragen von MitschülerInnen

Aufgabe 2

Schreibe zu deinem ausgewählten Titel
jeweils einen Text:

- als Ankündigung für eine Rundfunk- oder Fernsehsendung
- als Beitrag für eine Fanzeitung
- als Stellungnahme eines Musikkritikers/
  einer Musikkritikerin (versuche dabei einmal
  von dem Musikstück Abstand zu nehmen)

Aufgabe 1 und 2 werden zusammen bewertet!

Medienanalyse

MUSIK LEBEN

Programmstrukturen und
Verbrauchererwartung bei Musiksendungen

Sendung Sender Sendeplatz	Mögliche Zielgruppe, die der/die ProgrammgestalterIn anspricht	Darauf abgestimmte Gestaltungsmerkmale der Sendung	Mögliche Erwartungshaltung des Hörers/der Hörerin (des Zuschauers/der Zuschauerin) bei der Wahl der Sendung

Zusammenfassung des Ergebnisses: _____

_____

_____

_____

musikalisches Silbenrätsel

mo – cal – end – ster – ok – te – kon – kro – ver – tur

– ton – lei – ter – pro – ker – gre – te – sel – ro – man – tik – ak

– kord – sa – fa – tü – bass – re – kon – zart – or – zert – gi – stu – che

– tar – phon – par – ti – re – mem – bra – go – ten – gramm – phon –

mu – stär – no – phon – schlag – sik – ver – tra – mi – zeug – ou – no

– mu – ve – ta – pe – trom – si – misch – gott – xo – pult – fe – di –

gi – ri – a – nik – na – so – schlüs – tal

(gefundene Silben durchstreichen)

1. berühmter „Wiener Klassiker"

2. große Musiziergemeinschaft

3. größtes Tonintervall

4. Blasinstrument

5. größtes Streichinstrument

6. wichtig für Rocksänger

7. „Lesebuch" für MusikerInnen

8. Abfolge von Tönen

9. Musik, die Geschichten erzählt

10. macht E-Gitarren laut

11. mittelalterliche Gesangsart

12. 4-sätzige Form eines Musikstückes

13. steht am Anfang der Notenlinie

14. Musikepoche, 19. Jahrhundert

15. Mehrklang

16. Doppelrohrblattinstrument

17. erfundenes Rohrblattinstrument

18. Saiteninstrument

19. Instrument mit Fellbespannung

20. lautes Instrument

21. Eröffnung einer Oper

22. „amerikanische" Operette

23. Gerät zum Mischen von Signalquellen

24. verstärkt die PA

25. computerlesbar

musikalisches Kreuzworträtsel 1

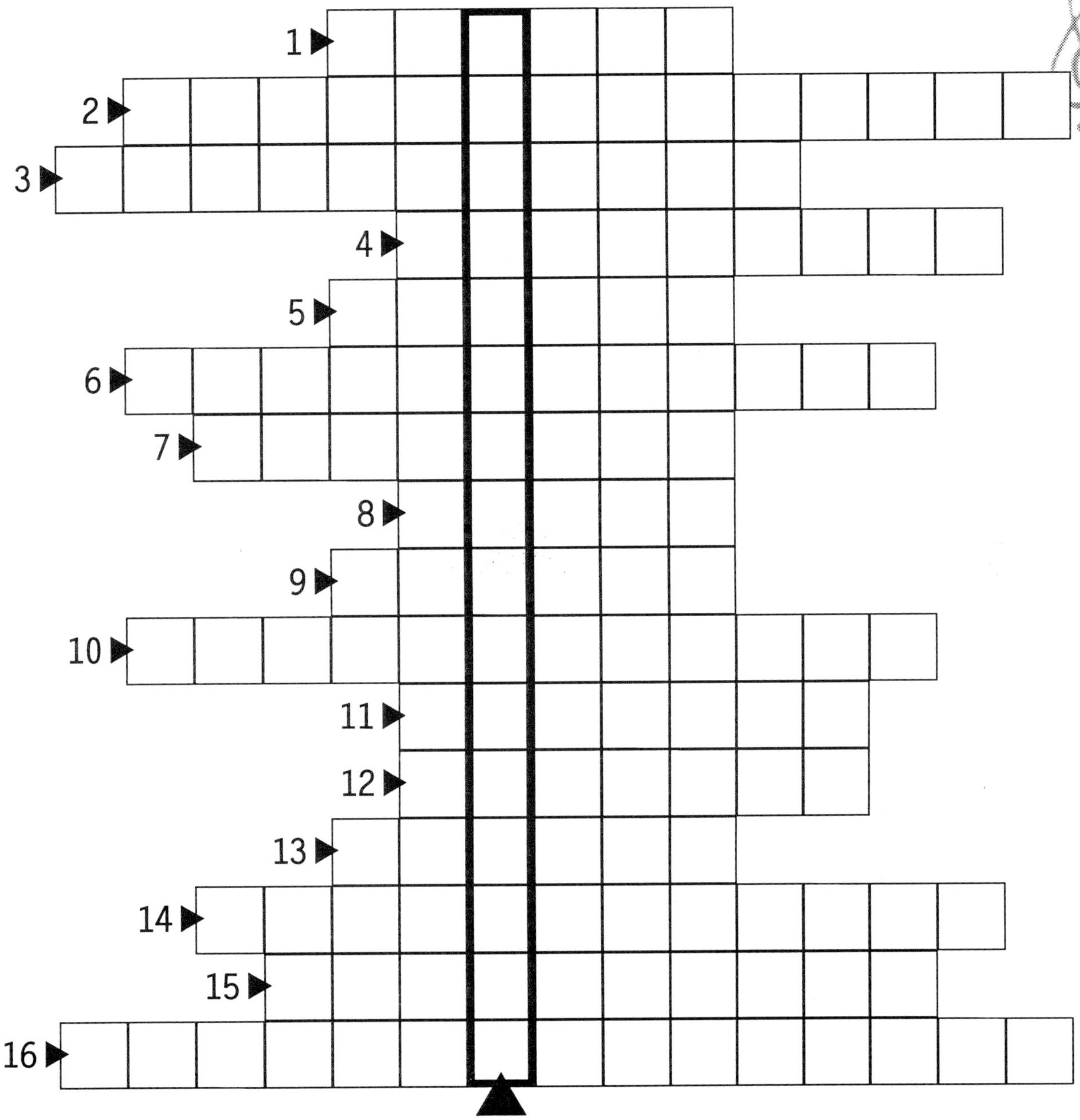

Das gesuchte Wort ist ein bekannter Rock´n´Roll-Hit von Chuck Berry, der u.a. auch von den Beatles interpretiert wurde.

1. Musikepoche, 18. Jahrhundert
2. kleinster Tonschritt
3. Liedeinteilung beim Blues
4. Jazzrockband, die Beethoven spielt
5. Tonintervall, 5 Halbtonschritte
6. hält die Saiten
7. tiefe Trommel (englisch)
8. Tasteninstrument (Kirche!)

9. grünes Tier am Geigenbogen
10. enthält die Wirbel bei Streichinstrumenten
11. Tempobezeichnung: lebhaft, heiter
12. Komponist der „Moldau"
13. mittelalterliche Noten
14. wandelt elektrische Signale in Schallwellen
15. dient der Klangkontrolle auf Bühnen
16. Moll und Dur sind ... ?

musikalisches Kreuzworträtsel 2

1	2			3		4	5	6	7	8	9	10		11
12		13				14								
			15		16		17				18		19	
20			27				21	22	23			24		
25		26				28			29	30		31		
	32	33			34		35				36			
37				38			39							
40		41		42					43			44		
45			46		47			48	49					
50		51			52					53				

Waagerecht:

1. inneres Organ
3. Musikepoche (Bach, Händel)
8. Blume
12. Abk. f. World Wide Web
14. musikalische Anpassung
15. Trommel mit Spiralteppich
17. irische Kneipe
18. großes Blasinstrument
20. Plattenfirma der Beatles
22. englischer Vorname
24. Farbe
25. französisch: nein
26. Ostertier
28. englisch: Teil
31. englisch: gehen
32. mittelalterliche Noten
35. Göttervater
36. erste Silbe eines Zauberspruchs
37. Jahrmarkt
39. organisch-chem. Verbindung
40. italienischer Vulkan (mit Ä!)
42. KFZ-Zeichen von Saarlouis

43. englisch: Wahrheit
45. englisch: Klang
47. KFZ-Zeichen von Main/Spessart
49. Tonintervall
50. wie unter Punkt 33 (senkrecht)
51. Tonintervall
52. besucht jede Technofete
53. Ziel beim Fußball

Senkrecht:

2. frühere EG
3. französisch: gut
4. selten
5. gesungenes Gedicht
6. englisch: Mütze
7. Abk. f. Kommunistische Partei
8. Abk. f. Akademischer Turnerbund
9. englisch: sitzen
10. Reisender
11. Skatbegriff
12. österr. Hauptstadt

13. Rebengetränk
16. Abk. f. Assessor
19. Elementarteilchen
21. naher Verwandter
22. moderner Musikstil
23. Westeuropäer
27. Personenmerkmal
29. Abk. f. Technische Universität
30. französischer Fluss
31. Komponist d. Romantik
33. Personalpronomen
34. ägyptischer Fluss
37. Milchprodukt (mit Ä!)
38. Bezeichnung der früheren Tschechoslowakei (Abk.)
41. gefräster Schlitz
44. englisch: ihr (Einzahl)
46. KFZ-Zeichen von Dortmund
48. Abk. f. eingetragener Verein

Musikquartett

Natürlich habt ihr alle schon **Quartett** gespielt. Die Spielregeln müssen wir hier also nicht extra beschreiben. Es folgen ein paar Anregungen für das Spiel mit Karten im Zusammenhang mit unserem Thema Musik.

Ein Quartettspiel enthält immer vier Karten zu einem Themengebiet. In der Regel sind acht solcher Themen vorgesehen, zusammen sind das demnach 32 Karten, die ihr euch leicht selbst herstellen könnt. Jedes Themengebiet hat ein Leitsymbol und ein passendes großes Bild.

So könnten zum Beispiel die Quartettkarten zum Thema „Saiteninstrumente" aussehen:

Natürlich kann man ein Quartettspiel auch erweitern und daraus ein **Spiel um Wissen** machen. Dann wird aus den Karten eine beliebig erweiterbare Datenbank. Sie enthält vorn wieder das entsprechende Bild. Im Spiel muss man dazu möglichst viele Informationen aufzählen. Auf der Rückseite der Karten steht der richtige Informationstext, an dem sich kontrollieren lässt, ob die Antwort richtig war.

Beispiel:

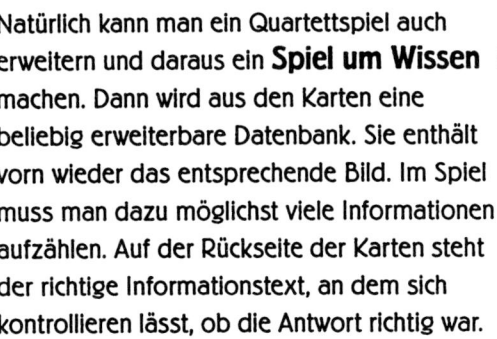

Vorder-seite

Rück-seite

Die Klarinette

- **Holzblasinstrument mit einfachem Rohrblatt im Mundstück**

- **Entwicklung um 1700**

- **Klappensystem nach Art der Boehm-Flöte um 1850**

- **Hervorgehobener Einsatz in der Orchestermusik und im Jazz**

Beispiele für Leitsymbole:

Personen/MusikerInnen

Blasinstrumente

Schlaginstrumente

✗ Denkt euch selbst weitere Symbole aus!

AB

musikalisches Puzzle

SPIEL & SPASS

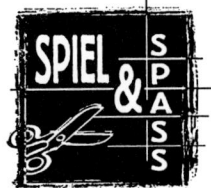

✗ Hier ist doch etwas durcheinander geraten! Kannst du es ordnen?

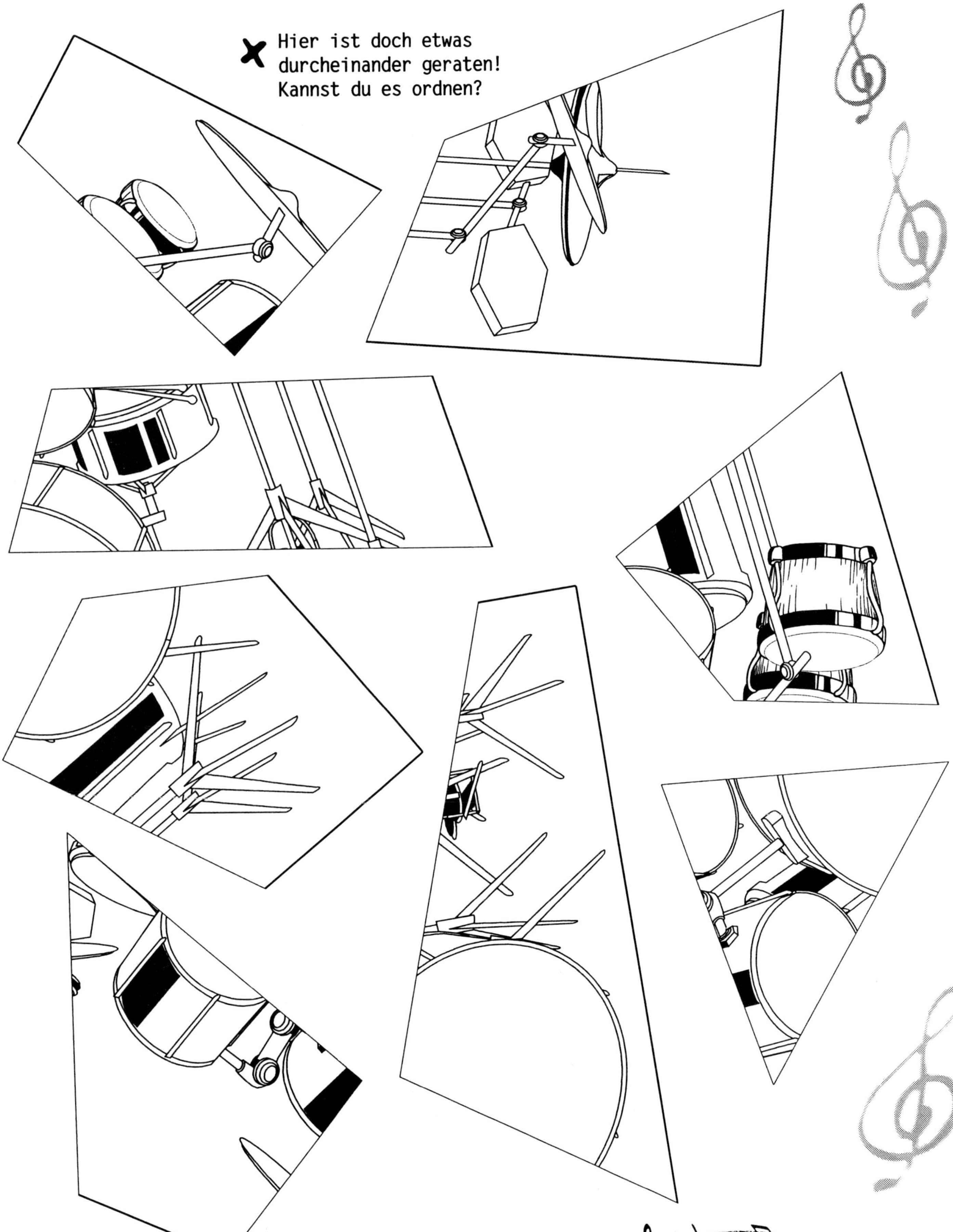

Maracas selbst gemacht

Maracas, auch **Rumba-kugeln** genannt, sind latein-amerikanische Rhythmusinstru-mente. Sie sind indianischen Ur-sprungs. Maracas bestehen aus ausge-höhlten Flaschenkürbissen, die an kurzen Stielen befestigt werden. Heute nimmt man auch oft Holz- oder Kunststoffkugeln. Sie werden gefüllt mit harten Fruchtkernen oder kleinen Steinchen. Schüttelt man die Maracas rhythmisch, so erklingt das typische rasselnde Geräusch, das jede flotte Musik bereichert. Maracas sind ganz prima, um das Rhythmusgefühl zu trainieren und man kann sie fast überall ein-setzen. Was liegt also näher, als Rumbakugeln selbst zu basteln?

Wir benutzen dazu aber keine Flaschenkürbisse (gibt´s die in unseren Breiten?), sondern **Kokosnüsse**. Da verbinden wir sozusagen das Angenehme mit dem Nützlichen, denn der Inhalt von Kokosnüssen schmeckt ja ausgesprochen lecker.

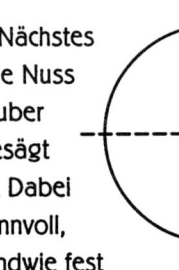

Materialien:

- **zwei Kokosnüsse** (gleich groß!)
- **zwei Rundstäbe** (25 cm Länge, ca. 25 mm Durchmesser)
- **Holzleim** (Ponal)
- **Feinkies, grober Vogelsand** o.ä.
- **Lack** (Acryl)

Werkzeuge:

- **eine Feinsäge**
- **Schleifpapier** (grob, fein)
- **Holzfeilen** (rund, eckig)
- **Handbohrer**
- **zwei Zwingen** oder Klebeband

Arbeitsgang:

1. Jede Kokosnuss hat eine dünne, augenartige Stelle. Die wird zuerst angebohrt, um die schmackhafte Kokosmilch in eine Tasse abzulassen. Außen wollen dann erst einmal die groben Fasern entfernt sein. Das kostet ein paar Schweißtropfen, aber mit einer groben Feile und grobem Schleifpapier sollte es gelingen.

Stichloch **Kokosmilch ablassen, Fasern entfernen**

2. Als Nächstes muss die Nuss sehr sauber durchgesägt werden. Dabei ist es sinnvoll, sie irgendwie fest einzuspannen. Der Sägeschnitt muss quer zu der Achse des angestochenes Loches geführt werden. Man sollte sich die Schnittlinie mit einem Filzstift vorzeichnen. Gleichzeitig kann man damit noch eine Markierung anbringen, die später zeigt, wie die Hälften zusammengehören (die erste Nuss mit einem Strich, die zweite mit zwei Strichen markieren!). Beim Sägen möglichst keine Zacken sägen, ein glatter Schnitt macht alles leichter.

Markierung **markieren, durchsägen** **Sägeschnitt**

→

Maracas selbst gemacht
Fortsetzung

3. Ist diese Operation gelungen, wird natürlich das Fruchtfleisch entfernt, wobei man auch schon mal davon naschen darf. Anschließend wird die Nuss innen mit Schleifpapier schön glatt geschliffen. Auch außen wird mit feinem Schleifpapier nachgeschliffen, bis die Oberfläche ganz glatt ist. Wenn schließlich vier derartig vorbereitete Kokosnusshälften vorhanden sind, ist es günstig, diese ein paar Tage an geeigneter Stelle liegen zu lassen, damit sie gut durchtrocknen.

obere Hälfte

Fruchtfleisch entfernen, innen und außen glatt schleifen

untere Hälfte mit Loch

4. Nun kommt Teil 2 der Bastelei. Dort, wo das „Auge" der Nuss ist, wird das vorhandene Stichloch vorsichtig mit der Feile erweitert, bis der Rundstab „saugend" hindurchpasst (immer wieder probieren!). Ist das Ergebnis zufrieden stellend, wird der Stab zunächst wieder herausgezogen.

Loch feilen und anpassen

5. Die beiden zusammengehörigen Hälften jeder Kokosnuss werden nun mit Holzleim unter Beachtung der Markierung so zusammengeleimt, dass sie richtig zusammenpassen (Holzleim auf beide Seiten auftragen!). Mit den Schraubzwingen oder mit Klebeband können die Teile zusammengepresst werden. Der überquellende Leim wird mit einem feuchten Lappen sorgfältig abgewischt (mindestens einen Tag trocknen lassen, bevor man die Zwingen oder das Klebeband löst!).

6. Nun wird das „Rasselmittel", der Kies o.ä., eingefüllt. Dabei ist Vorsicht geboten, denn zu viel des Guten zerstört den Klang. Probiert es aus, indem ihr die Öffnung zuhaltet und schüttelt. Ist die Mischung gelungen, werden die Rundstäbe eingesetzt.

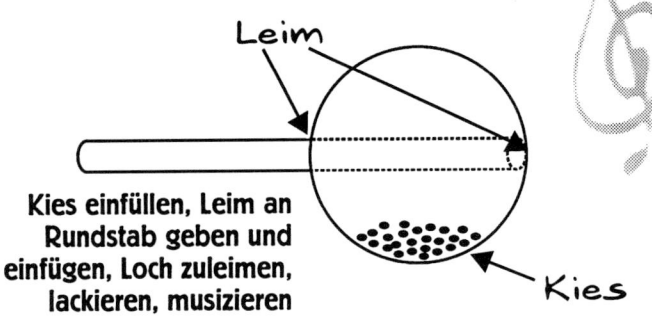

Leim

Kies

Kies einfüllen, Leim an Rundstab geben und einfügen, Loch zuleimen, lackieren, musizieren

Dazu gibt man auf das nach innen führende Ende des Stabs und an die Lochränder Leim. Der Stab wird ganz durchgestoßen, bis er an der gegenüberliegenden Seite ankommt und der Leim ihn dort ankleben kann. Dann trägt man noch mal rund um das Loch am Stab entlang Leim auf. Es muss alles dicht verschlossen sein (wiederum einen Tag trocknen lassen!). Dann wird geprüft, ob die Stäbe nicht zu lang sind (eventuell ein Stück absägen und mit Schleifpapier glatt schleifen).

7. Fertig! Oder fast. Wer es ganz super haben will, malt natürlich seine Maracas bunt an. Dazu eignet sich Acryllack gut, weil er wenig Schadstoffe enthält. Man kann die Maracas einfarbig anmalen oder mit Mustern versehen. Aber auch eine Lackierung mit Klarlack sieht womöglich gut aus. Geschmackssache! Wenn der Lack gut durchgetrocknet ist, kann es endlich losgehen: schütteln, schütteln, schütteln ...
eins – zwei – cha – cha – cha ...
eins – zwei – cha – cha – cha ...

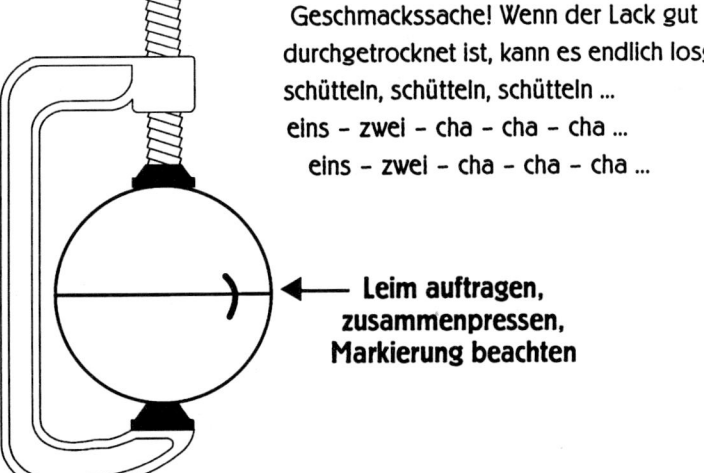

Leim auftragen, zusammenpressen, Markierung beachten

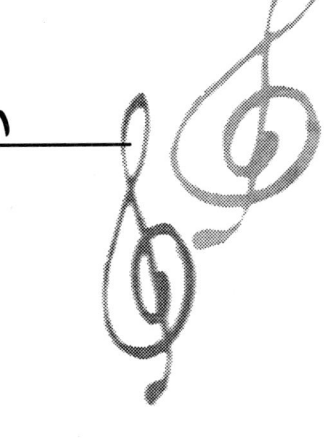

Lösungen

Vorschläge für Musikbeispiele zum Arbeitsblatt „Aktiv Hören!" (Seite 77)

Klassik
Haydn: „Sinfonie Nr. 94 G-Dur"
(Sinfonie mit dem Paukenschlag)

Disko
Fancy: „Slice me nice"

Folklore
The Dubliners: „Seven drunken nights"

Rock
Bryan Adams: „Run to you"

Reggae
Bob Marley: „No woman no cry"

Schlager (deutsch)
Udo Jürgens: „Griechischer Wein"

Jazz
Duke Ellington: „Take the 'A' train"

Pop
Elton John: „Nikita"

Rock'n'Roll
Elvis Presley: „Jailhouse Rock"

New Wave
Talking Heads: „Love goes to building on fire"

Schlager (international)
Cliff Richard: „Devil woman"

LZK Das Barock (Seite 14)

1. mehrstimmiger Satz, Messe und Motette (geistlich), Madrigal (weltlich), Chanson, Instrumentalmusik

2. Bach, Händel, Monteverdi, Corelli, Vivaldi

3. Instrumentalmusik (Concerto Grosso, Ouvertüren-Suite, Solo-Konzert), Kirchenmusik (Oratorium) auf der Grundlage protestantischer Tradition, Fuge, Sonate, Kantate

4. Orgel, Violine, Cembalo; neu entwickelt: Hammerklavier

5. Violinkonzert: 3 Sätze; Concerto Grosso: 4 und mehr Sätze

LZK Noten und Töne (Seite 26)

1.

c d e f g a h c'

2. (abhängig von den gewählten Tonbeispielen!)

3. (abhängig von den gewählten Tonbeispielen!)

4. e – g – h – d – f

5. f – a – c – e

6. Akkord

7. der Abstand zwischen zwei Tönen, z.B. c – e = Große Terz, c – c´ = Oktave

8.

Lösungen

LZK
Tonleitern, Intervalle, Mehrklänge
(Seite 27)

1.

	1	2	3	4	5	6	7	8	9	10	11	12
	c		d		e	f		g		a		h	c'

2.

	1	2	3	4	5	6	7	8	9	10	11	12
	f		g		a	b		c		d		e	f'

3.

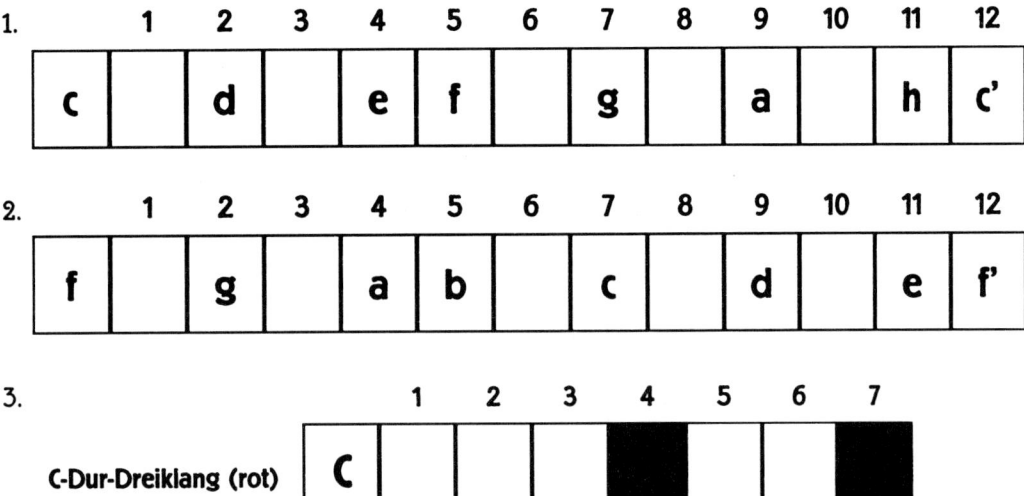

C-Dur-Dreiklang (rot)

c-Moll-Dreiklang (blau)

4. Prime – Große Terz – Quinte

5. Prime – Kleine Terz – Quinte

6. Aus der Großen Terz wird durch
   die Verminderung um einen Halbtonschritt
   eine Kleine Terz.

7. Oktave

8. Ein Akkord ist der Zusammenklang
   von drei oder mehr Tönen.

LZK
Rund um die Violine
(Seite 32)

1. (siehe Overheadprojektor-Vorlage
   „Die Violine", Seite 30)

2. Viola (Bratsche),
   Violoncello (Cello),
   Kontrabass

3. Stradivari,
   Guarneri

4. Holzauswahl, Leim,
   Lackierung

5. Sie verstärken die Saitenschwingungen,
   indem sie diese auf das Korpus übertragen.
   Sie befinden sich im Innern des Instruments.

Lösungen

LZK
Die Holzbläser
(Seite 42)

1. Flöte, Klarinette, Saxophon, Oboe, Fagott

2. a) Flexaton:
      Vibrationen des Stahlblechs
   b) Blockflöte:
      durch Mundstück und Lippenansatz
   c) Klarinette:
      durch Mundstück mit einfachem Rohrblatt
   d) Saxophon:
      durch Mundstück mit einfachem Rohrblatt

3. Das Saxophon ist kein Instrument,
   das sich im Laufe der Zeit entwickelt hat.
   Es wurde vielmehr von dem belgischen
   Instrumentenbauer Adolphe Sax erfunden.
   Es steht als Instrument zwischen Klarinette
   und Oboe.

4. Je größer ein Instrument ist,
   desto tiefer ist sein Ton.

Zusatzaufgabe:

   (5) Basssaxophon
   (3) Tenorsaxophon
   (1) Sopransaxophon
   (2) Altsaxophon
   (4) Baritonsaxophon

LZK
Das Orchester
(Seite 62)

1. Streicher, Holzbläser,
   Blechbläser, Schlagwerk

2. Die Anzahl der Instrumente und ihre Position
   entsprechen der Lautstärkeentfaltung der
   jeweiligen Instrumentengruppen:
   Leise Instrumente sind in größerer Zahl
   vorhanden und werden weit vorne positioniert.
   Laute Instrumente gibt es entsprechend weniger
   und sie werden weiter hinten angeordnet.
   Die lautesten Instrumente (Schlagwerk)
   sind ganz hinten zu finden.

3. Klarinette: einfaches Rohrblatt
   Oboe: doppeltes Rohrblatt

4. Violine, Viola,
   Violoncello, Kontrabass

5. Sie verwenden Tempoangaben
   (z.B. allegro = lebhaft, heiter),
   um den Charakter und die Spielweise
   der Komposition zu verdeutlichen.

6. Je größer das Orchester ist, umso bedeutender
   ist es in der Regel auch. Bekannte DirigentInnen
   leiten es, Schallplattenaufträge und Gastkonzerte,
   auch im Ausland, sind selbstverständlich.
   Der/die MusikerIn, der/die es schafft, in einem
   solchen Orchester zu spielen, weist sich allein
   dadurch schon als besonders fähig aus.
   Ist das Orchester größer, kommt der/die
   MusikerIn in eine andere Tarifklasse und
   wird dementsprechend besser entlohnt.
   Oft sind OrchestermusikerInnen auch
   MusiklehrerInnen und DozentInnen
   an Musikhochschulen.

Lösungen

LZK Komponisten-Vokabular (Seite 64)

KomponistIn: UrheberIn eines musikalischen Werks, egal welcher Musikrichtung

DirigentIn: LeiterIn eines Chors oder Orchesters; studiert ein musikalisches Werk nach seinen/ihren Vorstellungen ein

Instrumentierung: Einrichtung der Noten für ein musikalisches Werk, auf Instrumente oder Instrumentengruppen bezogen

Orchestrierung: Einrichtung der Noten für ein musikalisches Werk, auf ein Orchester bezogen

Partitur: Gesamtheit aller Noten einer Komposition für alle Instrumente bzw. Einzelstimmen, aufgezeichnet in einem untereinander angeordneten Notenliniensystem

Tonart: die auf einen Grundton bezogene Darstellung eines Tongeschlechts in der Notation; legt die Tonlage einer Komposition fest

Instrumentengruppe: Teile eines Orchesters, z.B. Streicher oder Bläser

SolistIn: mit seinem/ihrem Instrument innerhalb einer Komposition (z.B. Violinkonzert) besonders hervorgehobene(r) MusikerIn

Tutti: alle Stimmen oder Instrumente gemeinsam; das volle Orchester

Dynamik: Unterschied zwischen leisen und lauten Stellen einer Komposition

LZK Programm-Musik: „Bilder einer Ausstellung" (Seite 70)

1. Modest Mussorgski

2. Anlässlich einer Ausstellung mit Bildern seines verstorbenen Freundes Viktor Hartmann kam Mussorgski die Idee, seine Eindrücke von den Gemälden in einzelne Musikstücke umzusetzen.

3. für Klavier

4. a) Fassung: Orchester
      Komponist: Maurice Ravel
   b) Fassung: Rock
      Komponisten: Emerson, Lake and Palmer
   c) Fassung: Elektronische Musik
      Komponist: Isao Tomita

5. Es besteht aus zehn Teilen (Bildern), die verbunden sind durch die „Promenade". Damit ist der Gang von Bild zu Bild gemeint.

6. z.B.:
   Der Gnom; Das alte Schloss;
   Ballett der Küchlein; Die Katakomben;
   Das große Tor von Kiew

Lösungen

LZK
Berühmte Komponisten
(Seite 76)

1. z.B.:
   Haydn: Sinfonie mit dem Paukenschlag
   Mozart: Kleine Nachtmusik
   Beethoven: 9. Sinfonie

2. Wolfgang Amadeus Mozart freundete sich als Kind in London mit Johann Christian Bach, dem jüngsten Sohn Johann Sebastian Bachs an. Später war Ludwig van Beethoven für kurze Zeit Schüler von Mozart. Nachdem Mozart verstorben war, ging Beethoven bei Franz Joseph Haydn in die Lehre.

3. Beethoven litt an einer fortschreitenden Schwerhörigkeit und war am Ende seines Lebens so gut wie taub. Er konnte seine späten Kompositionen also gar nicht mehr hören. Man muss daher seine Leistung umso höher bewerten.

4. Komponisten lebten früher von Auftragskompositionen, die sie für ihre Herren, die Fürsten, ausführten. Oft leiteten sie auch die Hoforchester. Auf Grund dieser Abhängigkeit passten sie ihre Werke nicht selten dem jeweiligen Zeitgeschmack an. Musikalische Experimente waren nicht gefragt und führten schnell zum Verlust der Stellung; Mozart ist ein gutes Beispiel dafür. Zu oft legte er sich mit seinen Geldgebern an. Dementsprechend starb er in großer Armut und wurde in einem unbekannten Armengrab beigesetzt.

LZK
Musik des Mittelalters
(Seite 80)

1. „Gregorianik" ist die Bezeichnung für alle Gesänge der römisch-katholischen Lithurgie. Papst Gregor I. sammelte und ordnete die Gesänge neu. Nach ihm wurde dieser Musikstil benannt.

2. Gregorianische Gesänge werden in Choralform von Mönchen gesungen. Die Sprache ist Latein. Die Melodie wird ohne Instrumentalbegleitung einstimmig geführt.

3. Ab dem 12. Jahrhundert führten die Polyphonie und die sich immer mehr verbreitende Musik der Troubadours zum Niedergang der Gregorianik.

4. Polyphonie bedeutet Mehrstimmigkeit. Jede einzelne Stimme hat eine eigene Melodieführung.

Zusatzfrage:
- Kirchenmusik
- Minnesang
- Volksmusik, Spielleute

Lösungen

LZK
Live auf der Bühne
(S. 108)

1. Abkürzung für „Public Address";
Beschallungsanlage, die zum Publikum hin
ausgerichtet ist.

2. - PA mit Mischpult, Multicore, Stagebox
   - Monitoranlage, eventuell mit eigenem Mischpult
   - Instrumentalanlagen, -verstärker
   - Mikrofone für Gesang und Instrumentenabnahme
   - elektrische und elektronische Instrumente

3. - PA (vor der Bühne)
   - Verstärker, Mikrofone, Instrumente (auf der Bühne)
   - Lichtanlage (über der Bühne)

4. Ein Kofferverstärker enthält Lautsprecher und
Verstärkerteil in einem Gehäuse. Beim Turm
sind Verstärker und Lautsprecherboxen getrennt.
Der Kofferverstärker ist leichter zu transportieren,
der Turm ist lauter.

5. Von ihm hängt es ab, wie der Sound der Band
beim Publikum ankommt. Auch das macht den
Erfolg einer Band aus.

6. Ohne Monitorboxen können sich die MusikerInnen
auf einer großen Bühne nicht hören. Richtig
intonieren und mit anderen zusammenspielen
kann man aber nur, wenn man die Kontrolle
über den Klang des eigenen Instruments
auf der Bühne hat.

7. Auch Instrumente (z.B. Drums) werden mit
Mikrofonen abgenommen und verstärkt.

LZK
Tonstudio-Vokabular
(S. 108)

Tuner: Empfangsteil für Rundfunk
(oder Kabel) in einer HiFi-Anlage

Receiver: Empfangsteil und Verstärker
in einem Gehäuse

Tape Deck: englisches Wort für Kassetten-
rekorder in der HiFi-Anlage

analog: Signalverarbeitung auf Grund
physikalischer Daten (z.B. Frequenzen)

digital: Signalverarbeitung auf Grund
binärer Daten

binärer Code: Computersprache,
aus 0 und 1 bestehend

Analog-Digital-Wandler: wandelt physikalische
Daten in Computerdaten um

Digital-Analog-Wandler: wandelt Computerdaten
in physikalische Daten um

CD: Compact Disc, enthält digitale Daten
der Musikaufnahme

Mischpult: dient dem Zusammenmischen unterschiedlicher Signalquellen bei einem Konzert oder im
Tonstudio: Mikrofone, Instrumente, Rekorder

Eingangskanal: über ihn werden die verschiedenen
Signalquellen in das Mischpult geleitet und aufeinander abgestimmt (Klang, Lautstärke, links-rechts)

Tonspur: eine einzelne Aufnahmespur einer
Mehrspurmaschine, etwa für die Aufnahme
einer Gesangsstimme

Aufnahmemaschine: Gerät, mit dem im Tonstudio
aufgenommen wird (analog oder digital)

Digital-Audio-Tape (DAT): spezielle Bandkassette
für einen DAT-Rekorder zur digitalen Aufnahme
von Tonsignalen

Masterband: Endergebnis einer Schallplattenaufnahme
im Tonstudio; dient als Vorlage zur CD-Herstellung

Toningenieur: leitet eine Schallplattenaufnahme
oder eine Rundfunk-/Fernsehsendung im Hinblick
auf die technische Qualität

Produzent: leitet eine Schallplattenaufnahme
oder eine Rundfunk-/Fernsehsendung im Hinblick
auf die künstlerische Qualität; hält auch die
organisatorischen Fäden in der Hand

Recording Session: Aufnahmesitzung im Tonstudio

PA: Public Address, Saalbeschallung

Lösungen

musikalisches Silbenrätsel (S. 112):

1. Mozart
2. Orchester
3. Oktave
4. Trompete
5. Kontrabass
6. Mikrophon
7. Partitur
8. Tonleiter
9. Programmmusik
10. Verstärker
11. Gregorianik
12. Sonate
13. Notenschlüssel
14. Romantik
15. Akkord
16. Fagott
17. Saxophon
18. Konzertgitarre
19. Membranophon
20. Schlagzeug
21. Ouvertüre
22. Musical
23. Mischpult
24. Endstufe
25. digital

musikalisches Kreuzworträtsel 1 (S. 113)

1.   B A R O C K
2. H A L B T O N S C H R I T T
3. B L U E S S C H E M A
4.   E K S E P T I O N
5.   Q U A R T E
6. S A I T E N H A L T E R
7.   B A S S D R U M
8.   O R G E L
9.   F R O S C H
10. W I R B E L K A S T E N
11.   A L L E G R O
12.   S M E T A N A
13. N E U M E N
14. L A U T S P R E C H E R
15. M O N I T O R B O X
16. T O N G E S C H L E C H T E R

musikalisches Kreuzworträtsel 2 (S. 114)

Verlag an der Ruhr: mehr als eine Unterrichtseinheit

☐ Arbeitsblätter Deutsch

Literatur, Lyrik, eigene Texte

Rolf Esser

Direkt einsetzbare Ideen für den Umgang mit Literatur und Lyrik im Unterricht. Texte und Arbeitsblätter zu Kurzgeschichten – jetzt auch mit dem kompletten Text der Geschichten von Hemingway, Bichsel, Borchert u.a. –; zu populären Jugendbüchern – z.B. von Härtling, Nöstlinger und Pausewang – und zu lyrischen Texten von Brecht, Kästner u.a.

Neben dem „Standardinstrumentarium" – Textanalyse, Beschreibung, Interpretation usw. – stehen Anregungen für einen kreativen Umgang mit den Texten: Hörspiele, Fabeln, Bildergeschichten, Trivialromane, Satiren, Fantasien und Stimmungsbilder sollen erarbeitet werden. Auf 18 Arbeitsblättern finden Sie zudem schülergerecht formulierte Hilfen für das Abfassen von Erörterungen, Gliederungen, Referaten, Flugblättern und Formblättern. Mehr Ideen braucht kein Unterricht!

Ab Kl. 6, 96 S., A4, Papph.
ISBN 3-927279-87-0
Best.-Nr. 0987 36,- DM/sFr/263,- öS

☐ Arbeitsblätter GL

Rolf Esser

Über 140 erprobte Arbeitsblätter, die LehrerInnen von der Routinearbeit entlasten. Zu vielen Themen der Bereiche Geographie, Geschichte, Politik und Soziales Leben finden sich Texte, Grafiken, Aufgabensammlungen, Gruppenarbeiten und Lernzielkontrollen. Die einzelnen Arbeitsblätter sind Themenschwerpunkten zugeordnet, die sich schnell zu einer Unterrichtseinheit zusammenstellen lassen oder aus denen Projekte entwickelt werden können. Die Systematik ist so angelegt, dass sie durch eigene Materialien ergänzt werden kann.

Ab Kl. 5, 145 S., A4, Pb.
ISBN 3-86072-192-5
Best.-Nr. 2192 45,- DM/sFr/329,- öS

Tolle Ideen
☐ Musik aktiv zuhören

Lisa Mackenzie

Dieser Band rückt über das bewusste Zuhören und Verstehen das Nachgestalten von musikalischen Grundmustern in den Mittelpunkt. Zentrale musikalische Bausteine können die Kinder hier spielerisch erschließen und aktiv umsetzen und dabei auch Fachtermini lernen. Ein Buch, das Kinder an Musik heranführt.

8–12 J., 128 S., A4-quer, Pb.
ISBN 3-86072-281-6
Best.-Nr. 2281 24,80 DM/sFr/181,- öS

Literatur-Kartei:
☐ „Die große Flatter"

Rolf Esser

„Aus der Siedlung kommt nichts Gutes" ... Wer in den Baracken der Berliner Obdachlosensiedlung leben muss, der muss auch mit Vorurteilen leben. Und so wollen auch Schocker und Richy nur eins: endlich abhauen, die große Flatter machen! Das Jugendbuch „Die große Flatter" von Leonie Ossowski ist von seiner Sprache und den geschilderten Ereignissen her ein ungewöhnlich schonungsloser Text. Gerade diese Authentizität aber hat sicher zum großen Erfolg des Buches beigetragen. Die Geschichte von Richy, Schocker und ihrem Umfeld zeigt gesellschaftliche Realitäten und macht deutlich, was die „neue" Armut in Deutschland bedeuten kann.

Die Literatur-Kartei ist fächerübergreifend einsetzbar: Themen aus Politik, Sozialkunde, Wirtschaftslehre und Geschichte werden behandelt. Doch der Deutschunterricht kommt nicht zu kurz: Beispielhaft werden Inhaltsangabe, Charakteristik, Buchbesprechung, Bericht und Protokoll geübt.

Ab Kl. 8, 79 S., A4, Papph.,
ISBN 3-86072-334-0
Best.-Nr. 2334 36,- DM/sFr/263,- öS

☐ Spiel mal Musik

Lernspiele für Unterricht, Freie Arbeit und Vertretungsstunden

Denny Adelmund

Musik hören wir alle.
Und doch bleibt Musik für die meisten ein Buch mit sieben Siegeln.
Mit diesen Spielen für Musik in der Freien Arbeit kann man sich auch als AnfängerIn das nötige Grundwissen erspielen:
Fachbegriffe, Instrumente, Notennamen, Notenwerte, Musikgeschichte, Tonleitern, Komponisten u.v.m., kurz: alle wesentlichen Inhalte des Lehrplans der Klassen 5–10.

Kl. 5–10, 102 S., A4,
neun A3-Spielpl., Ringh.
ISBN 3-86072-059-7
Best.-Nr. 2059 39,80 DM/sFr/291,- öS

Dies ist nur ein kleiner Auszug aus unserem aktuellen Programm. Gerne senden wir Ihnen den kostenlosen Gesamtkatalog.

▣ *Verlag an der Ruhr*

Postfach 10 22 51, D–45422 Mülheim an der Ruhr
Alexanderstr. 54, D–45472 Mülheim an der Ruhr
Tel.: 0208/49 50 40, Fax: 0208/495 0 495
e-mail: info@verlagruhr.de

Sie können direkt beim Verlag an der Ruhr bestellen oder über den örtlichen Buchhandel.

☐ Bitte senden Sie mir Ihren Katalog
☐ Hiermit bestelle ich die angekreuzten Titel.

Name

Anschrift

PLZ Ort

Datum Unterschrift

Arbeitsblätter Musik 4/99

Der Alte
Orient

Inhalt

Einleitung

Der „Nahe Osten" des Altertums umfaßt ein riesiges Gebiet – allein zu seinem Kern zählen die Levante, Anatolien, Mesopotamien und Persien. Durch die Ausbreitung von Völkern semitischer Sprache im Mittelmeerraum greift er bis nach Nordafrika mit Karthago und dessen Kolonien in Spanien, auf den Inseln und selbst bis zum Atlantik über. Die Ausbreitung der neolithischen Kulturen erweitert ihn bis zum Balkan und zum Kaukasus. Die großen Handelswege, auf denen später die Seide transportiert wird, dehnen seine Grenzen bis nach China und Indien aus und beziehen damit einen erheblichen Teil Mittelasiens mit ein. Zur ungeheuren räumlichen Ausdehnung kommt noch die langanhaltende historische Bedeutung hinzu. Geschichte im engeren Sinn beginnt ja eigentlich erst mit dem Entstehen der Schrift und den ersten Texten vom Ende des vierten Jahrtausends vor der Zeitenwende. Aber ihr geht eine lange Epoche der Entwicklung voran, und die ersten Spuren der dortigen Kulturen reichen bis ins elfte und zehnte vorchristliche Jahrtausend zurück. Trotz der gewaltigen Ausdehnung von Raum und Zeit geben die gemeinsamen Züge unbestreitbar ein Gesamtbild zu erkennen, zu dem sich die unterschiedlichen Einzelentwicklungen wie Mosaiksteinchen zusammenfügen.

Das Gebiet wird bestimmt durch eine Reihe typischer Landschaftsformen: die Küstenstreifen des Mittelmeeres; die großen Flußtäler von Tigris, Euphrat, Orontes und Amu-darja; die Steppen (dieses Wort ist präziser als der häufig verwendete Ausdruck „Wüsten") mit ihren fruchtbaren Oasen, die ein günstiger Lebensraum für den Menschen sind dank ihres Reichtums an wilden Tieren (Schweine, Schafe, Ziegen und Rinder) und nutzbaren Pflanzen wie Weizen, Gerste und Linsen, die alsbald bewußt gezüchtet wurden.

Geprägt werden diese Kulturen von ihrer von dem großen französischen Historiker Fernand Braudel so gerühmten Langlebigkeit, die sich zeigt als immer neue, bereichernde Folge von Entwicklungen und Erfindungen, die auf Traditionen aufbauen und sie fortführen und ergänzen, ohne sie jedoch aufzugeben. Geographische und klimatische Vorzüge sichern vereint die bemerkenswerte Dauerhaftigkeit menschlicher Siedlungen, seien es nun Dörfer oder Städte – Aleppo oder Damaskus können auf eine fast fünftausendjährige Rolle als Metropolen verweisen. Diese Beständigkeit zeigt sich auch auf dem Gebiet der Technik und Kunst: Die Schmiedekunst der für ihre Bestecke und Waffen berühmten mesopotamischen Städte bewahrte noch das mittelalterliche Damaskus, das der Spitzentechnik des „Damaszierens" seinen Namen verlieh. Die ebenfalls auf der Nutzung des Feuers beruhende Fayencen- und Glasmacherkunst, bereits im dritten und zweiten vorchristlichen Jahrtausend begründet, trugen entscheidend zum

Ruhm der islamischen Kunst bei. Die farbig glasierten Schmuckziegel, die als Architekturelemente um die Mitte des zweiten Jahrtausends in Babylon und Elam eingeführt wurden und im sechsten Jahrhundert v. Chr. auf einen ersten Höhepunkt am Palast des Darius in Susa mit seinen Bogenschützenfriesen gelangten, bestimmen auch noch das Erscheinungsbild der Paläste und Moscheen in Isfahan oder Samarkand mit ihren Keramikverkleidungen.

Tatsächlich wurden die Verbindungen zwischen Europa und dem Nahen Osten seit dem Altertum nie wirklich unterbrochen. Lange geprägt von Gewalt, vor allem in der Zeit der Kreuzzüge, gewannen sie mit der Renaissance und dem Zeitalter der Aufklärung eine andere Ausrichtung. Da jetzt der Wunsch zu Kenntnissen über diese Länder und zu kulturellen Beziehungen mit ihnen den nach ihrer Eroberung ablöst, wurden vom Beginn des 16. Jahrhunderts an mit dem ottomanischen Reich und Persien diplomatische Beziehungen aufgenommen: In Aleppo wird unter Franz I. ein französisches Konsulat begründet. Reisende und Gelehrte werden von dem mehr oder weniger deutlichen Gefühl angeregt, daß der Westen eine gewisse Schuld gegenüber den Kulturen des Alten Orients habe, und von der Erkenntnis, daß sich hinter den Geheimnissen des Orients kein Gaukelspiel verbirgt, sondern eine Fülle von Realitäten als Ergebnis mehrtausendjährigen Austausches. Die Neugier wird geweckt durch einige nach Europa gelangte Schriftzeugnisse wie die aramäische Stele von Carpentras, Inschriften aus Palmyra und dem aus Malta stammenden Gedenkstein, der dem Abbé Barthélemy 1758 die Grundlage für die Entzifferung des Phönizischen lieferte. Das Studium der orientalischen Sprachen mit Buchstabenschrift hat also eine früh begründete, lange Tradition, die von Orientalisten und Hebraisten begründet wurde.

Was die aus Mesopotamien stammenden Inschriften betrifft, die aus geheimnisvollen, aus Dreiecken und nagelähnlichen Formen zusammengesetzten Zeichen bestanden und die man daher „Keilschrift" nannte, so widerstanden sie länger der Entzifferung. Der sogenannte „Michaux-Stein" (eine babylonische Gründungstafel aus kassitischer Zeit, heute in der Pariser Nationalbibliothek), der 1786 nach Frankreich gelangte, entzog sich lange zahlreichen Entschlüsselungsversuchen. Hinzu kamen die Bemühungen von Reisenden, die Kopien von Inschriften mit solchen Zeichen mitbrachten, die sie an den Felsen über dem Vansee in der Osttürkei, an der Felswand bei Behistun oder in den Ruinen von Persepolis gefunden hatten. Die ersten nach Europa gelangten Kopien von Keilschrifttexten waren jene, die sich der Italiener Pietro della Valle 1621 in Persepolis hatte anfertigen lassen. Ebenfalls in Persepolis kopierte 1765 der deutsche Forschungsreisende Carsten Niebuhr, der damals in Diensten des dänischen Königs an einer Expedition nach Arabien teilnahm, sehr genau Keilschrifttexte, die er in seinem rasch weit verbreiteten Reisebericht veröffentlichte. Anhand dieser bescheidenen Fundstücke konnte nun die Gelehrtenwelt über die Existenz verschwundener Kulturen spekulieren und über den Wahrheitsgehalt der Berichte über den Alten Orient, welche die Bibel und klassische griechische und lateinische Texte lieferten. Jene Orte, an denen sich Leben und Leiden Jesu abgespielt hatten, waren nicht der Vergessenheit anheimgefallen, und ein großer Teil der Anstrengungen des Mittelalters waren darauf gerichtet gewesen, Jerusalem den Moslems zu entreißen – wo aber waren der Turm von Babylon, die Mauern von Ninive, die Stadt Esthers zu suchen? Der Weg dorthin mußte über diese merkwürdigen Keilschriftzeichen führen.

Seite 10/11
DIE MITTELANATOLISCHE HOCHEBENE
Sie ist Teil jener als „Fruchtbarer Halbmond" bezeichneten Region, in der nach dem Ende der letzten Eiszeit die Gerste und Weizen wild wuchsen. Deren Anbau führte zur Entstehung menschlicher Gemeinschaften auf produktionswirtschaftlicher Grundlage.

SCHWARZER OBELISK DES KÖNIGS SALMANASSAR III.
Detail

SCHWARZER OBELISK DES KÖNIGS SALMANASSAR III.
Detail; assyrisches Reich, Nimrud (ehemals Kalchu), Basalt,
Höhe 198 cm
London, British Museum

Der Obelisk ist auf vier Seiten mit kleinen Reliefs geschmückt, auf denen die Tributleistung der vom assyrischen Herrscher unterworfenen Völker gezeigt wird.

PERSISCHE BOGENSCHÜTZEN
Achämenidendynastie, Susa,
glasierte Ziegel,
475 x 375 cm
Paris, Musée du Louvre

Vier Bogenschützen der königlichen Garde stehen seitlich einer
Keilschriftinschrift in Babylonisch,
Elamitisch und Altpersisch, den
offiziellen Reichssprachen.

| Seite 14/15
PERSISCHE BOGENSCHÜTZEN
| Detail

Die Rolle des „Steins von Rosetta" übernahm für die Keilschrift jene große Inschrift, die Darius I. in die Felswand über Behistun in Fars hatte meißeln lassen. Die Darstellung des Königs, der die Unterwerfung seiner Feinde entgegennimmt, wird eingerahmt von parallelen Textstreifen, die zwar alle in Keilschriftzeichen, aber offenkundig in verschiedenen Sprachen und Schriften verfaßt sind. Der Brite Rawlinson ließ sich 1846 an einem Seil von der Höhe der Felswand von Behistun herunter, um die Inschrift genau kopieren zu können. Von da an beschleunigte sich die Entzifferung der Keilschrift auf gesamteuropäischer Ebene: In Deutschland, Irland, London und Paris widmeten sich die Gelehrten, über wertvolle Kopien gebeugt, mit wachsendem Erfolg dieser Tätigkeit und tauschten über Veröffentlichungen in wissenschaftlichen Zeitschriften ihre Forschungsergebnisse aus. Eine der Textfassungen war, wie sich feststellen ließ, in einer Urform des heutigen Persischen abgefaßt, die man als „Alt-Persisch" bezeichnete; für eine häufig wiederkehrende Zeichenkombination nahm man an (was sich bald bestätigte), daß es sich dabei um einen Königsnamen, am wahrscheinlichsten den des Darius, handle.

Die Entschlüsselung der zweiten für die Inschrift verwendeten Sprache, des Chaldäischen oder, wie man heute gewöhnlich sagt, Akkadischen, wurde stark durch Paul-Emile Bottas Entdeckungen in Chorsabad seit 1842 gefördert. Der junge, in Mossul residierende französische Konsul brachte, alsbald unterstützt von dem Zeichner Eugène Flandin, einen Teil des Palastes Sargons II. ans Tageslicht, den dieser assyrische Herrscher sich in seiner Idealstadt hatte erbauen lassen. Botta glaubte zunächst, Ninive entdeckt zu haben, und benutzte diesen Namen auch im Titel seiner entsprechenden Dokumentation. Darin veröffentlichte er nicht nur umgehend den zutage geförderten Skulpturenschmuck, sondern auch die ganze reiche Fülle der aufgefundenen Keilschrifttexte, wodurch sich die Zahl dieser in Europa nun zugänglichen Texte entscheidend erhöhte; dies führte zu einer wesentlichen Beschleunigung der Entzifferungsarbeit. Auf dem schwarzen Obelisken Salmanassars III., von A. H. Layard 1846 in Nimrud aufgefunden, konnte man dann unter der Gestalt eines sich vor dem assyrischen Herrscher niederwerfenden Fürsten den Namen Jehu, des Königs von Israel, erkennen – und damit war die Verbindung zu den Texten der Bibel hergestellt.

Die Wiederentdeckung der Sumerer ist der Philologie und Inschriftenkunde zu verdanken und geht der Erforschung der Zeugnisse, welche die Erde freigibt, voran. Die assyrischen Herrscher führten den Titel „Könige von Sumer und Akkad", während der Begriff „Sumerer" selbst, obwohl diese doch die Erfinder der Schrift und damit der Geschichtsschreibung waren, noch unbekannt war. Es galt also, sie zu entdecken. Ernest de Sarzec, französischer Konsul in Basra, unternahm, aufmerksam geworden durch von Beduinen in einem zur Wüste gewordenen Landstrich des südlichen Mesopotamiens aufgefundene Statuen, Ausgrabungen in Tello; seine Entdeckungen entrissen das Land Sumer der Vergessenheit und brachten die Monumente Gudeas, des Fürsten von Lagasch, um 2120 v. Chr., ans Tageslicht. Damit wurde man sich bewußt, daß sowohl die Texte der griechischen und lateinischen Schriftsteller als auch die der Bibel sich auf Realitäten stützten, die lange vor ihrer Zeit lagen, und daß die Geschichte der alten Völker des Orients – deren auch Europa prägendes Erbe damit wiederentdeckt war – zurückreichte bis ins vierte vorchristliche Jahrtausend.

1. Die Anfänge

Man kann davon ausgehen, daß schon vor mindestens eineinhalb Millionen Jahren Menschen im Nahen Osten gelebt haben; das läßt sich aus den ältesten Spuren schließen, auf die man in Ubeidiyeh südlich des Sees Genezareth stieß. Diese ersten außerhalb Afrikas auftretenden Angehörigen der Gattung Homo erectus dringen über die Halbinsel Sinai hinaus und bevölkern Asien und Europa. Während der Hunderttausende von Jahren des Paläolithikums, der Altsteinzeit, leben diese Menschen (dem Homo erectus folgt der Homo sapiens neanderthalensis, der um 35 000 v. Chr. ausstirbt, und der heutige Homo sapiens) von der Jagd, dem Fischfang und dem Sammeln eßbarer Pflanzen. Sie folgen den wandernden Herden der wilden Tiere und bauen provisorische zelt- oder hüttenartige Unterkünfte.

Diese halbnomadische Lebensweise entwickelt sich zwar nur sehr langsam weiter, aber doch in bemerkenswerten Schritten. Der Mensch erlernt allmählich die Beherrschung seiner natürlichen Umwelt, insbesondere durch die Entwicklung immer wirksamerer und brauchbarerer Steingeräte (und gerade hier im Nahen Osten entfaltet sich die Kunst der Steinbearbeitung besonders früh). Bleibende Stätten wie Begräbnisorte und Heiligtümer werden angelegt, die von übergreifender, gemeinschaftlicher symbolischer Bedeutung sind und damit eine dauerhaftere territoriale Bindung begründen.

Die ersten Siedlungen

Die langsame Entwicklung dieser altsteinzeitlichen Jäger und Sammler beschleunigt sich im Zusammenhang mit einem Wechsel der klimatischen Verhältnisse am Ende der letzten Eiszeit um 15 000 v. Chr. Das Klima im Nahen Osten wird wärmer und feuchter, was die Ausbreitung wilder Getreidearten am Fuße der Bergketten begünstigt, die sich von den Höhen der Levante bis zum Taurus- und Zagrosgebirge hinziehen, wodurch der sogenannte „Fruchtbare Halbmond" entsteht.

Um die Vorteile zu nutzen, die nun die Natur in diesem Bereich bietet, beginnen die Menschen, sich hier dauerhaft anzusiedeln. Dabei werden die ursprünglich als Unterkunft dienenden Höhlen oder natürlich geschützten Plätze allmählich aufgegeben, und es werden auf geebneten, frei liegenden Siedlungsplätzen die ersten dauerhaften Bauten mit kreisförmigem Grundriß errichtet. Sie ähneln Schutzhütten, sind aber halb im Boden versenkt; die bisher älteste wurde in Ein Gev in der Nähe des Sees Genezareth entdeckt. Aufgefundene steinerne Mörser zum Zerreiben von Körnern bezeugen die Nutzung der wilden Getreidesorten für die Ernährung.

Von etwa 12 500 v. Chr. an werden kleine Gruppen gemeinsam seßhaft, es entstehen die ersten Dörfer. Sie bestehen jeweils aus einer begrenzten Anzahl bescheidener Wohnstätten mit kreisförmigem Grundriß, die zu einem Teil eingegraben sind. In Mallaha im Jordantal fand man eine Ansammlung von neun solcher Unterkünfte, deren Durchmesser zwischen dreieinhalb und fünf Metern liegt. Um den Rand der Bodenvertiefung ist eine Steinmauer gezogen, die über der Erde in eine Wand aus leichterem Material überging, sicherlich unter Verwendung von Astwerk, das von einer Reihe von Holzpfählen gestützt wurde. Die Siedlung von Mallaha dürfte ein paar Dutzend solcher Häuser umfaßt und damit zwei- bis dreihundert Einwohner gehabt haben.

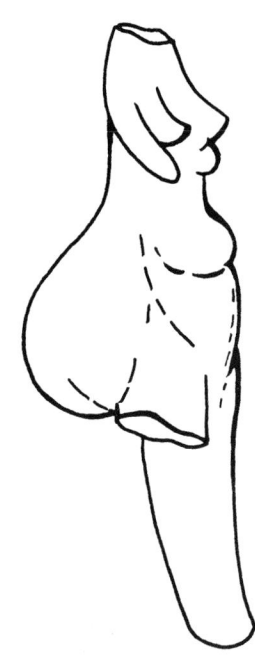

WEIBLICHE FIGUR
Diese kleinen Terrakottafigürchen aus dem Beginn der Jungsteinzeit begründen eine lange Tradition der Darstellung der Fruchtbarkeit in Gestalt eines Frauenkörpers, die in der Bilderwelt der Völker des Nahen Ostens und darüber hinaus im gesamten Mittelmeerraum stets einen bedeutenden Platz einnehmen wird.

Zu diesen jeweils für sich stehenden Wohnstätten kommen dann Begräbnisplätze hinzu, die entweder unter dem Boden der Häuser oder in unmittelbarer Nähe angelegt wurden. Sowohl in Mallaha als auch in Hayonim fand man neben ihren Herren beigesetzte, sicher schon gezähmte Hunde, was vielleicht auf einen Opferbrauch verweisen könnte.

Der Prozeß der Seßhaftwerdung setzt sich während der gesamten, Natufien genannten Epoche zwischen 12 500 und 10 000 v. Chr. fort. Er erstreckt sich bald auf die Täler des Orontes (Gerade) und des mittleren Euphrat (Abu Hureyra, Mureybet) und umfaßt schließlich den gesamten Bereich des „Fruchtbaren Halbmonds" vom Negev bis zum Zagros.

Einer der entscheidenden Faktoren für die Seßhaftwerdung ist zweifellos die Anlage von Nahrungsreserven, insbesondere wilden Getreides, das sich gut zur Aufbewahrung eignet. Vorratslager dafür und Geräte zum Zermahlen zeigen, daß dieses für die Bevölkerung jener Epoche eine zunehmende Rolle für die Ernährung spielte. Diese bleibt dennoch recht unterschiedlich und richtet sich nach den jeweiligen regionalen Bedingungen; die Natufien sind weiterhin Jäger und Sammler, was auch ihre ersten künstlerischen Zeugnisse belegen. Die umfassen im wesentlichen kleine Tierskulpturen und Darstellungen auf Werkzeuggriffen aus Knochen oder Stein, die vor allem kleine Pflanzenfresser in mehr oder weniger realistischer Wiedergabe zeigen. Abgesehen von diesen frühen festen Niederlassungen setzen übrigens viele Gruppen ihre bisherige Lebensweise als wandernde Jäger fort.

Seite 18/19
SAMARRA-PLATTE
Detail; Ende 7./Anfang
6. Jahrtausend v. Chr.,
bemalte Keramik
der Samarra-Kultur,
Durchmesser 27,7 cm
Berlin, Vorderasiatisches Museum

HORN EINES AUEROCHSEN
10. Jahrtausend v. Chr.
Mureybet, Syrien

Es wurde in einer Erdbank eines
Hauses dieser Grabungsstätte
gefunden.

MODELL EINES TEILS IN DIE
ERDE EINGELASSENEN RUNDHAUSES
10. Jahrtausend v. Chr.,
Mureybet/Syrien
Jalès, Institut für orientalische Vorgeschichte

Die Seßhaftigkeit erwies sich jedoch als unumkehrbarer Schritt und führte zu einer radikalen Wandlung der gesellschaftlichen Struktur. Sie stellt die erste Stufe einer tiefgreifenden Veränderung aller Aspekte des menschlichen Lebens dar, die sich als „Neolithisierung" bezeichnen läßt.

Rasch werden von nun an die Wohnstätten verbessert, und schon von etwa 10 000 v. Chr. an, zu Beginn des sogenannten Khiamien, werden die Häuser, zwar noch immer kreisförmig, unmittelbar auf den Boden gesetzt. Man hebt also keine Vertiefungen mehr dafür aus, sondern richtet Mauern auf mit Hilfe von Mörtel, der die Steine untereinander verbindet, oder formt sie aus gestampftem Lehm. In Nahal Oren nahe der Mittelmeerküste blieben siebzehn solcher Rundhäuser mit Steinmauern erhalten, die in der Mitte jeweils eine Feuerstätte hatten; sie waren eng beieinander auf vier übereinanderliegenden Terrassen erbaut worden.

Die Gerätschaften aus Feuerstein erfahren eine Bereicherung durch die Erfindung der Pfeilspitze, deren im für die Epoche namengebenden Fundort El Khiam entdeckter Typ gekennzeichnet ist durch die kleinen Abmessungen und seitliche Nuten. Diese Weiterentwicklung bisheriger Feuersteinwaffen zeigt indes, daß die Jagd noch immer eine Hauptrolle spielte und daß auch die Menschen dieser Epoche weiter von der Nahrungsbeschaffung abhingen.

Auch bei den symbolischen Zeugnissen ist ein Wandel zu bemerken. In Mureybet am mittleren Euphrat wird ein am Ende des Natoufien gegründetes Dorf (Schicht I A) überlagert von einem aus der Khiamienzeit (Schichten I B und II). In einige der Erdbänke, die schon zur Hausausstattung gehörten, waren Ochsenschädel und Hörner von Auerochsen eingefügt. Noch sehr schematische weibliche Figuren waren in Kieselsteine eingeritzt. Die beiden Symbolfiguren Stier und Frau, beide Verkörperungen der Lebenskraft, hatten zu dieser Zeit anscheinend große Bedeutung, auch wenn die Darstellungen noch in keiner Weise personalisiert sind und keine Gottheiten repräsentieren. Wahrscheinlicher geht es hier um eine allgemeine symbolische Verkörperung grundlegender Prinzipien, die kennzeichnend sind für die neue Lebensweise dieser Menschen und die daraus erwachsenden Hauptinteressen: Die Beständigkeit des Wohnsitzes verbindet sich künftig mit dem Wunsch nach Beständigkeit des Umfelds und dem Fortbestand der Gruppe.

Der Beginn des Ackerbaus

Diese Veränderungen der Grundhaltung kündigen wohl schon die entscheidende Wandlung an, welche die folgende Epoche kennzeichnet, die man heute vielfach mit dem Kürzel PPNA belegt (vom englischen *Pre-Pottery Neolithic A* – also vorkeramische Jungsteinzeit A). Während dieses Zeitabschnitts von etwa 9500 bis 8700 v. Chr. finden die ersten Versuche zum gezielten Anbau und zur Kultivierung wilder Getreidesorten, vor allem Gerste und Weizen, statt. Unter Nutzung der im „Fruchtbaren Halbmond" häufigen leicht kultivierbaren Getreidearten und der regelmäßigen Beobachtung des Ablaufs der Jahreszeiten und ihrer Auswirkungen, wofür die seßhafte Lebensweise eine wichtige Voraussetzung war, lernten es die menschlichen Gemeinschaften, die für den Anbau geeignetsten Sorten auszuwählen und ihre Reproduktion zu steuern. So entstanden gezüchtete, stärkehaltige Arten von Korn und Weizen; letzteren fand man vor allem in den PPNA-Schichten von Aswad in der Nähe von Damaskus, einer Gegend, aus der er im übrigen nicht stammt. Neben Körnerpflanzen wird auch schon Gemüse kultiviert, wie etwa Erbsen und Kichererbsen, Linsen, Bohnen und Wicken.

Es ist also regelrechte Landwirtschaft, begründet auf der Anlage von Feldern, der Aussaat und Ernte kultivierter Pflanzen, die hier in einer begünstigten Region der Levante, die sich vom Jordan bis zum mittleren Euphrat erstreckt, von den Menschen „erfunden" wurde. Aus den kleinen Ansiedlungen werden landwirtschaftliche Produktionsgemeinschaften, die für ihre wachsende Bevölkerung die regelmäßige Bereitstellung von Nahrungsmitteln gewährleisten können. Die Beschaffung von Nahrungsmitteln wird abgelöst durch deren Produktion – der Mensch ergreift Besitz von seinem natürlichen Umfeld.

Diese Entwicklung wird bestätigt durch eine Verminderung der Feuersteinwaffen und eine Zunahme von Sichelklingen in den Fundstätten. Erhebliches Vorkommen von Pollen weist, wie etwa in Mureybet, auf das Vorhandensein von Feldern in der Nähe der Siedlungen hin. Deren Bevölkerung wächst aus zwei Gründen stark an: Zuzug bisher nicht seßhafter Menschen, die von dieser neuen Lebensweise angezogen werden, und interne Bevölkerungszunahme aufgrund der veränderten Lebensbedingungen. So entstehen bereits regelrechte „Kleinstädte" wie etwa Jericho im Jordantal, das sich bald mit einer Steinmauer umgibt; die wird von einem über acht Meter hohen Turm überragt, zu dem eine Innentreppe hinaufführt. Derartige Maßnahmen, die wahrscheinlich

TURM VON JERICHO

9. Jahrtausend v. Chr.,
Höhe 850 cm
Jericho/Palästina

Der Verteidigungszweck ist nicht erwiesen, aber seine Erbauung setzte eine relativ organisierte Gemeinschaft voraus.

durch eine anerkannte Autorität bereits organisiert werden, sind undenkbar ohne gemeinsame Anstrengungen der Bewohner.

Auch die Häuser werden sowohl in den Dörfern wie in den Kleinstädten größer. Ihr Grundriß bleibt zwar weiterhin kreisförmig, aber im Innern entwickeln sich bereits geradlinige Strukturen für Zwischenwände. Im Dorf Mureybet III A aus der zweiten Hälfte des zehnten Jahrtausends, dessen Fläche zwei bis drei Hektar bedeckt haben dürfte, fanden sich aus gestampftem Lehm gebaute kreisförmige Häuser, teils in die Erde versenkt, teils darüber errichtet. Die rechtwinkligen Innenwände teilen hier bereits in funktioneller Anordnung Einheiten für bestimmte Zwecke ab, die sich aus verschiedenen Verrichtungen ergeben und die von nun an in getrennten Räumen erfolgen; so gibt es einen Eingangskorridor, einen Wohnraum mit einer großen Bank aus Erde, eine „Küche" mit einer Feuerstelle und Vorratskammern. In der Schicht Mureybet III B aus dem Beginn des neunten Jahrtausends treten die ersten rechtwinkligen Bauten in Erscheinung. Sie sind aus weichem Stein erbaut und bestehen aus einer Folge quadratischer Kammern; da diese als Wohnräume zu klein sind, dürften sie wohl zur Lagerung von Vorräten gedient haben.

Aus Mureybet stammen auch die frühesten bisher aufgefundenen Zeugnisse für Versuche, Ton zu brennen. Es handelt sich dabei zweifellos um Kultgegenstände wie kleine Gefäße und Figürchen. Die weibliche Gestalt behält weiterhin ihre hohe Bedeutung, wie die entsprechenden Figürchen zeigen, die teils schematisch die Geschlechtsmerkmale hervorheben, teils schon weiter entwickelt die schwellenden Formen betonen. Auch ein weiteres kultisches Verhalten entsteht in dieser Epoche: der „Schädelkult", bei dem man nach der Bestattung die Schädel bestimmter Individuen wieder ausgräbt, sie eine Zeitlang in der Behausung aufstellt und dann in einer gemeinsamen Zeremonie erneut beisetzt. Diese für Jericho belegte Praxis bezeugt das Aufkommen eines Ahnenkultes, der die territoriale Bindung der Familiengruppe bestätigt, diese festigen und ihre Beständigkeit sichern soll.

Diese Anfänge der Landwirtschaft bleiben beschränkt auf den besonders begünstigten Bereich der Levante; die Kultur ist dabei durchaus nicht einheitlich, sondern läßt regionale Besonderheiten erkennen. So sind im Osten die Zagrosberge übersät von nur zeitweilig genutzten Wohnstätten wandernder Jäger. Im Norden Mesopotamiens entstehen andererseits gleichfalls Dörfer mit Rundhäusern, die denen in der Levante ähneln (M'lefaat, Qermez Dere oder Nemrik), aber zur Landwirtschaft als solcher kommt es dort noch nicht.

Das Aufblühen der landwirtschaftlichen Gesellschaften

Auf die PPNA-Epoche folgt von etwa 8700 v. Chr. an die mit dem Kürzel PPNB belegte *Pre-Pottery Neolithic B*, also die vorkeramische Jungsteinzeit B. Die Landwirtschaft entwickelt sich unaufhörlich weiter und erobert neue Regionen. Diese Zeit der Ausbreitung der jungsteinzeitlichen Gemeinschaften umfaßt mehr als eineinhalb Jahrtausende, denn sie reicht bis etwa 7000 v. Chr. Man untergliedert sie in eine ältere, mittlere und jüngere, also letzte, PPNB-Epoche. Während der ersteren, über die wir am wenigsten wissen, breitet sich die neue Lebensweise im Gebiet des mittleren Euphrat nun aus bis zu den Vorbergen des Taurus und folgt dabei in Gegenrichtung dem Weg, den der in den

MENSCHLICHER SCHÄDEL
8. Jahrtausend v. Chr., Jericho,
16 x 13 cm
London, British Museum

Das Gesicht ist mit Gips nachgeformt, die Augen bestehen aus Muschelschalen, Kopf- und Barthaar wurden aufgemalt. Höchstwahrscheinlich waren diese Schädel Bestandteil eines Ahnenkults.

MENSCHLICHER SCHÄDEL
8. Jahrtausend v. Chr., Jericho
Amman/Jordanien, Museum

Bergketten Anatoliens gewonnene Obsidian nahm. Auch an den Oberläufen von Tigris und Euphrat siedeln nun Menschen und begründen in begünstigten Zonen landwirtschaftliche Gemeinschaften (Dja'dé, Nevali Çori, Çayönü Tepesi, Cafer Hüyük). Ihre sogenannte Tauruskultur ist Abkömmling der Kultur am mittleren Euphrat, wie man sie insbesondere von Mureybet IV-A her kennt.

Bestimmendes Zeichen dieser Epoche ist, daß sich nun die rechtwinklige Bauweise allgemein, auch für die Wohnbauten, durchsetzt. Zu dieser Entwicklung kommt es in der mittleren Periode, etwa zwischen 8200 und 7500 v. Chr., in der mehrräumige Bauten auf rechteckigem Grundriß zur Regel werden. Dabei fördert der Einsatz geformter und getrockneter Backsteine die Einteilung in unterschiedliche Innenräume und deren Anordnung in einer gewissen Rangfolge. Er erlaubt zudem größere Beweglichkeit bei der Gestaltung der Unterkunft, indem man diese auf Wunsch durch Anbauten vergrößeren kann.

Die gesellschaftlichen Entwicklungen, die zu neuen Gestaltungsprinzipien des Hauses führen, kommen bereits in ersten Gemeinschaftsbauten zum Ausdruck. Sie entstehen, auf quadratischem Grundriß mit großer Sorgfalt errichtet, im Mittelpunkt der Siedlungen, wie beispielsweise in Çayönü Tepesi oder Nevali Çori. Einerseits dienen sie offenkundig als Versammlungsort für die Bevölkerung anläßlich bestimmter gemeinschaftlicher Zeremonien, andererseits werden hierher auch die Toten gebracht, die nun als Bindeglied zwischen der Welt der Lebenden und jener der Toten betrachtet werden und eine wichtige Rolle für den Erhalt der Gruppeneinheit über Generationen hinweg spielen. Diesen Gemeinschaftsritualen entspricht der weiterhin in der Familie vollzogene und noch verstärkte Schädelkult. Dabei werden die im Haus aufgestellten Schädel nun oft bemalt, wie in Mureybet IV-B festgestellt, oder auch nachmodelliert, wie Funde in Jericho und Ramad zeigen; durch Nachformen des Gesichts in

STATUE VON AIN GHASAL
8. Jahrtausend v. Chr.,
Jordanien,
Gipsmasse,
Höhe 105 cm
Paris, Musée du Louvre

STATUE VON AIN GHASAL
| Detail

GRABUNGSSTÄTTE ÇAYÖNÜ TEPESI
| Diese am Ufer eines Tigris-Neben-flusses in der Osttürkei gelegene Grabungsstätte zeigt die für die PPNB-Periode typischen Bautengrundrisse.

Seite 28/29
HIRSCHJAGD
Detail; 7. Jahrtausend v. Chr.,
Wandmalerei eines Hauses in
Çatal Hüyük
Ankara/Türkei, Museum

FRAUENSTATUE
7. Jahrtausend v. Chr.,
Terrakotta, aus
Çatal Hüyük/Türkei
Ankara/Türkei, Museum

Diese füllige Frau in Gebärhaltung
mit den Händen auf zwei Panther
gestützt evoziert eine Göttin der
Fruchtbarkeit.

Gips und mit Muscheleinlagen für die Augen wird versucht einen „lebendigen" Eindruck zu schaffen. In Ramad setzte man sie dann auf eine die menschliche Gestalt nachahmende Basis. Die aus Gips über einem Gestell aus Schilfrohren geformten Statuen, die man in Ain Ghasal und Jericho fand, scheinen ähnlichen Zwecken gedient zu haben: Sie waren ebenfalls zur Aufstellung bestimmt, auch wenn sie in Gruben aufgefunden wurden.

Ein weiterer Schritt zur Beherrschung der natürlichen Umwelt bestand in der Domestizierung von Tieren, die der Ernährung dienen sollten. Das sind vor allem kleine Wiederkäuer wie Ziegen und Schafe, friedliche Tiere also, die in Herden leben. Sie werden von den Menschen gezähmt mit dem Ziel der gelenkten Reproduktion. Das führt längerfristig zu neuen Rassen mit kleineren Tieren, die es nur noch in zahmer Form gibt; so wurde aus der Bezoarziege die Hausziege und aus dem orientalischen Mufflon das Hausschaf. Die Domestizierung dieser Arten ist für den Anfang des achten Jahrtausends belegt, einige Orte der Levante zwischen Jordan und mittlerem Euphrat und wahrscheinlich auch die Zagrosberge betreffend. Während sich die Tierzucht rasch entwickelt, geht man auch weiterhin der Jagd auf Gazellen und Großwild nach, deren Ertrag aber nun nur noch eine Ergänzung des Nahrungsangebots darstellt.

In der mittleren PPNB-Zeit ist die landwirtschaftliche Lebensform noch beschränkt auf die Levante und Ostanatolien; in den gleichwohl schon festen Wohnsitzen des nördlichen Mesopotamiens, so etwa Nemrik, ist sie noch unbekannt. Ihre Ausbreitung vom Kern der nördlichen Levante aus vollzieht sich während der jüngeren PPNB-Zeit (zwischen 7500 und 7000 v. Chr.) und schließlich der jüngsten PPNB-Zeit (bis um 6500 v. Chr). Die landwirtschaftliche Lebensweise erobert insbesondere den Küstensaum des Mittelmeeres (mit Siedlungen wie Ras Schamra und dann Byblos), dringt aber auch vor bis in die unwirtlichsten Regionen der syrischen Wüste in Buqras nahe des Euphrats und die Oase El Kown. Diese Ausbreitung, ermöglicht durch die nunmehr erreichte Beherrschung des natürlichen Umfelds, geht einher mit einer anhaltenden Bevölkerungszunahme, die sich in der nördlichen Levante wiederum auf die Wohn- und Siedlungsverhältnisse auswirkt. Dort vervielfacht sich die Zahl der Dörfer, sie werden rasch größer, entwickeln bestimmte Organisationsformen und weisen auch schon ein gewisses Wegesystem auf, auch wenn man noch nicht von regelrechten Straßen sprechen kann. Die Häuser sind künftig quadratisch, auch wenn die Gliederung meist noch recht einfach ist. Aber schon taucht ein architektonisches Grundmuster auf, dem eine große Zukunft beschieden sein wird, zunächst in Buqras, dann auch in El Kown. Es beruht auf einer dreigeteilten Längsausrichtung, bei der zwei seitliche Reihen kleinerer Nutzräume einen großen zentralen Raum (gelegentlich auch in T-Form) mit einer Feuerstelle und Nischen einrahmen. Der Eingang befindet sich in einem kleinen Eckraum, von dem aus eine Treppe oder Leiter auf Terrassen hinaufführt. Diese bilden eine Art von Stockwerk unter freiem Himmel und lassen in der Mitte Platz für eine Öffnung zur Belichtung des darunterliegenden Hauptraums, der damit zu einer Art von Innenhof wird.

Diese „moderne Architektur" führt die Nutzung von Gips oder Kalk als Bewurf für Böden und Wände ein. Die Materialien, die man durch Brennen von Kalk- oder Gipsgestein gewinnt, setzen wegen der dabei erforderlichen hohen Temperaturen eine erhebliche Beherrschung schwieriger Techniken voraus. Diese werden auch eingesetzt zur Anfertigung aller möglichen Gefäße, die als „weißes Geschirr" bezeichnet werden. Das erweist sich aber als leicht zerbrechlich und daher wenig praktisch und wird daher alsbald ersetzt durch eine neue technische Errungenschaft, die ebenfalls in der jüngeren PPNB-Epoche entwickelt wird: die Keramik. Diese neue Fertigkeit, die fast gleichzeitig in Syrien, Anatolien und im Zagrosgebirge erkennbar ist, erlaubt es, aus weichem Lehmbrei wesentlich haltbarere Gefäße aller Art zu formen und dann zu brennen. Die frühesten Stücke solcher Keramik sind aus hellem und glänzendem Ton gefertigt und zum Teil sogar bemalt. Auch für die Verarbeitung von Metall beginnt man sich zu interessieren, zumindest in den Regionen, die reich an Mineralien sind. So wird insbesondere natürlich vorkommendes Kupfer kalt behämmert, wie etwa in Çayönü Tepesi, das den reichen Kupferminen Ostanatoliens benachbart ist. Die so hergestellten kleinen Gegenstände (Perlen, Nadeln), meist aus Kupfer oder Blei, sind zwar nicht sehr zahlreich, werden aber rasch zu begehrten Tauschobjekten, denn man findet sie selbst an Stätten wie etwa Ramad, die von jeglichem natürlichen Rohstoffvorkommen weit entfernt sind.

Auch die Beziehungen zwischen den verschiedenen menschlichen Gemeinschaften im Nahen Osten entwickeln sich in dieser Zeit stetig, und die agrarische Lebensform breitet sich rasch weiter und weiter über das ursprüngliche Kerngebiet hinaus aus. Die Tierzucht weitet sich nun aus auf neue Rassen wie Rinder und Schweine, die schwieriger zu domestizieren sind. Auch im nördlichen Mesopotamien entstehen nun landwirtschaftlich tätige Gemeinschaften, die in vielen Zügen von der PPNB-Kultur im Taurusgebiet oder in Syrien geprägt sind. Das trifft beispielsweise auf das Dorf Magsalia am Fuß des Dschebel Sindschar zu, dessen Einwohner „weißes Geschirr" herstellen und die Böden und Wände ihrer Häuser mit quadratischem Grundriß mit Gips verputzen. In einer zweiten Phase umziehen sie ihre Siedlung mit einer mächtigen Mauer aus großen Kalksteinblöcken, was für solche bäuerlichen Gemeinschaften eher ungewöhnlich ist. Die neue Lebensweise breitet sich auch nach Osten bis in die Täler des Zagrosgebirges weiter aus, wo landwirtschaftlich tätige Gemeinschaften begründet werden – allerdings noch ohne Keramik, so etwa in Qalaat Jarmo und Tepe Guran; im Süden erreicht sie die den Bergen vorgelagerten Ebenen Susiana und Deh Luran.

In den südlichen Regionen der Levante setzt zu Beginn des siebten Jahrtausends eine umgekehrte Bewegung ein. Große Wohnstätten werden abgelöst von kleineren, die zweifellos nur vorübergehend benutzt werden, und in den steppen- und wüstenartigen Gebieten im Innern entwickelt sich ein Wanderhirtentum, d. h. ein Herumziehen mit Ziegen- und Schafherden. Der Norden der Levante bewahrt dagegen seine expansive Dynamik. An der Mittelmeerküste entstehen von Byblos bis Mersin in Kilikien neue Siedlungen, und die nur etwa hundert Kilometer von der levantinischen Küste entfernte Insel Zypern wird regelrecht kolonisiert durch vom Festland kommende Bewohner, die bereits domestizierte Tiere und Pflanzen mitbringen. Von nun an wird die landwirtschaftliche Lebensweise über die Inseln der Ägäis und den Balkan hinweg Schritt für Schritt ganz Europa erobern.

Eine Hauptrolle spielt dabei vermutlich Anatolien. Im Herzen der Hochebene, die sich über den größten Teil der Halbinsel erstreckt, nimmt die Siedlung

KRUG
Detail

KRUG
7. Jahrtausend v. Chr.,
Tell Hassuna,
Terrakotta
Bagdad, Irakisches Museum

Der eingeritzte geometrische Dekor ist typisch für die Hassuna-Kultur.

Çatal Hüyük um 7000 v. Chr. großen Aufschwung. Sie bedeckt eine Fläche von etwa zwölf Hektar und verdankt ihren Reichtum dem Handel mit Obsidian, der in den umliegenden Bergen vulkanischen Ursprungs gefördert wird. Hier lebt eine verhältnismäßig zahlreiche Bevölkerung in Häusern aus rohem Backstein, die eng aneinandergedrängt und nicht durch Straßen getrennt sind: Die flachen Dachterrassen dienen als „Verkehrswege". Manche Häuser sind bereits reich mit Wandmalereien oder Tonreliefs geschmückt, deren Hauptmotive der Stier (kraftvoll in großen Malereien dargestellt oder symbolisiert durch Hörner und Ochsenschädel, die als Reliefs aus Mauern und Pfeilern hervortreten) sowie eine mächtige Frauengestalt sind, die mit übersteigerten Formen und zumeist als Gebärende, oft aber auch als Beherrscherin wilder Tiere wiedergegeben ist (als Hochrelief an den Wänden oder vollplastisch als Statuette). Wieder finden wir die beiden großen symbolischen Themen Stier und Frau (nun deutlicher ausgeprägt als Göttin der Fruchtbarkeit und Herrin über Leben und Tod), die sich schon dreitausend Jahre früher in der Levante entwickelten und noch lange Bestand haben werden nicht nur im Nahen Osten, sondern im gesamten Mittelmeerraum.

Die ersten Keramik-Kulturen

Die Keramik, die im Nahen Osten erstmals am Ende des achten Jahrtausends auftaucht und im siebten sich allgemein verbreitet, ist im Grund eine bescheidene technische Errungenschaft, deren Auswirkungen auf die landwirtschaftlichen Gemeinschaften begrenzt sind. Aber aufgrund der Vielfalt von Formen und Dekorationsstilen, die sie erlaubt, und deren Einheitlichkeit innerhalb einer Gruppe, die sie wiederum auszeichnet, wird sie zum Hauptunterscheidungsmerkmal zwischen Kulturen, jedenfalls bis zur Erfindung der Schrift. Allerdings ermöglicht sie lediglich die Unterscheidung zwischen Kulturen, keinesfalls aber ethnische Unterscheidungen, die für diese Zeit noch nicht möglich sind.

Die Entwicklung der Keramikarten gestattet für Nordmesopotamien die Feststellung, daß hier im Verlauf des siebten Jahrtausends die sogenannten Kulturen von Umm Dabaghiyah, von Hassuna und von Samarra einander folgten. Die erstgenannte, welche die erste Hälfte des siebten Jahrtausends umfaßt, entwickelt sich unmittelbar aus jener von Magsalia, die zwar auch schon landwirtschaftlich, aber noch unkeramisch ist und ihrerseits weitgehend in der syrischen PPBN-Kultur wurzelt. An diese erinnern in der Umm-Dabaghiyah-Kultur viele Gemeinsamkeiten, wie etwa die quadratischen Grundrisse der Häuser oder die Verwendung von Gipsverputz. Andererseits sind die Häuser ziemlich klein, manche geschmückt mit Wandmalereien, auf denen sich Wiederkäuer und auch menschliche Gestalten erkennen lassen. Die Wohngebäude gruppieren sich rund um große Bauten mit rechteckigem Grundriß, die der Einlagerung der Ernte dienen. Die Keramik ist noch von einfacher Machart, bemalt mit geometrischen Grundfiguren oder auch im Relief mit Darstellungen von Wiederkäuern und Schlangen geschmückt.

In der darauf folgenden sogenannten Hassuna-Kultur bis zum Ende des Jahrtausends ist die Keramik kaum weiter entwickelt, und ihre Motive sind weiterhin geometrisch und entweder eingeritzt oder in brauner Farbe gemalt. Sowohl die Keramik als auch die Bauweise beweisen, daß die Hassuna-Kultur unmittelbar aus der Umm-Dabaghiyah-Kultur hervorging. Die kleinen Dörfer, in denen Ackerbau und Viehzucht betrieben wird, werden zahlreicher und dehnen sich aus in Richtung Zagrosgebirge und im Süden entlang des Tigristals.

Aus der Hassuna-Kultur wiederum erwächst gegen 6200 v. Chr. eine neue, die sogenannte Samarra-Kultur, deren Einflußbereich sich nach Süden ausdehnt bis an den Rand der großen mesopotamischen Schwemmlandebene und die klimatischen Grenzen erreicht, bis zu denen Landwirtschaft ohne gesonderte Bewässerung noch möglich ist. Sie ist gekennzeichnet durch Keramik sehr hoher Qualität in weit entwickelten Formen aus hellem, sorgfältig geglättetem Ton. Die in Schwarz aufgemalten Dekorationen zeigen hohen künstlerischen Ausdruck und große Vielfalt der Symbolwelt; stilisierte Figuren werden in klaren und dynamischen Kompositionen angeordnet: Frauen mit wehenden Haaren im Reigen und kreisende gehörnte Tiere, Vögel und Fische, jeweils in Verbindung mit geometrischen Symbolen. Ein bemerkenswerter Fortschritt ist vor allem aber im Bauwesen feststellbar: Die Verwendung gleich geformter Backsteine (Ziegel) wird Allgemeingut. In den Agrarsiedlungen, die vielleicht

FLACHE SCHALE
| Detail

schon bescheidene Techniken künstlicher Bewässerung anwenden und deren Tierzucht nun Rinder, Schafe, Ziegen, Schweine und Hunde umfaßt, wird eine entscheidende Weiterentwicklung im Wohnbau deutlich. Die Siedlungen bleiben zwar verhältnismäßig klein, zeichnen sich aber mehr und mehr durch eine Standardisierung der Bauweise aus.

Charakteristisch für diese vereinheitlichte Architektur ist Tell as-Sawwan am Ostufer des Tigris. Diese Stätte umfaßt eine beschränkte Anzahl von großen Wohnhäusern, die in der uns für das Ende der PPNB-Epoche in Syrien bekannten dreiteiligen Gliederung aus unverputzten, gleichmäßig geformten Ziegelsteinen errichtet wurden. Jedes Haus, innen sehr geräumig und vielfach unterteilt, war vermutlich für eine Großfamilie gedacht. Zwischen den Häusern war ausreichend Platz, auf dem gelegentlich kleine Speicher standen. In einer späteren Phase führte das gewachsene Sicherheitsbedürfnis zum Bau einer dicken Mauer um das Dorf, die durch einen Graben ergänzt wurde. Die sich im Innern dieser Mauer drängenden Wohngebäude sind nun nur noch halb so groß, weisen aber weiterhin einen einheitlichen, nun T-förmigen Grundriß auf. In einer dritten Phase breiten sich solche Häuser dann weit über den Umfang der jetzt abgerissenen Mauer hinaus aus: ein Beweis für erneutes Wachstum. Eine solche einheitliche Bauweise für die Wohngebäude weist auf eine auf Gleichheit beruhende Geselschaftsform innerhalb dieser dörflichen Welt hin, die ihre bescheidene Größe beibehält. Dies wird bestätigt durch die Einheitlichkeit der Begräbnissitten, wie es Gräberfunde in den älteren Schichten von Tell as-Sawwan bezeugen. Die unter den Wohnbauten angelegten Gräber weisen reiche Grabbeigaben auf, zu denen kleine, zumeist weibliche Statuetten zählen. Sie wurden aus Alabaster, einem wertvollen, aus den benachbarten Zagrosbergen stammenden Material hergestellt, sorgfältig poliert. Die mit Bitumen (Asphalt) betonten Augen sind oft mit Muscheln ausgelegt. Diese Darstellungen nackter Frauen gehen auf eine lange Tradition zurück, die in der Levante ihren Ursprung nahm. Sie symbolisieren die Kraft der Fortpflanzung, damit den Fortbestand der Gruppe und zugleich die natürliche Fruchtbarkeit als alleinige Quelle des Wohlstandes einer agrarischen Gesellschaft.

In jener Zeit, in der in Nordmesopotamien Hassuna- und Samarra-Kultur nebeneinander bestehen, erlebt die große, von den Unterläufen von Tigris und Euphrat bewässerte Schwemmlandebene das Erblühen einer eigenständigen Kultur, jener von Obeid, die jedoch in gewissen Merkmalen die Verbindung zu den Kulturen im Norden bestätigt. Diese Region Untermesopotamiens dürfte wahrscheinlich bereits seit längerer Zeit besiedelt gewesen sein, aber alle Spuren davon sind heute unter späteren Aufschwemmungen und auch wegen des Ansteigens des Grundwasserspiegels verschwunden. Die Obeid-Kultur ist bäuerlichen Gemeinschaften zu verdanken, die Getreide unter Nutzung bescheidener Bewässerungstechniken anbauen und sich vorwiegend der Zucht von Rindern widmen, von Tieren also, die besonders geeignet sind für diese aus Wasser und Land vermischte Landschaft mit ihren Sümpfen und Seen, die sich zwischen den zahlreichen Armen von Tigris und Euphrat bis zu den Lagunen erstrecken, welche die Küste des Persischen Golfs (im weiteren nur noch kurz „Golf" genannt) begleiten.

Die Anlage Tell el'Ueili, im Herzen dieser sumpfigen Gegend entstanden, die heute eher wüstenartigen Charakter trägt, zeigt die Entwicklung dieser Kultur

WEIBLICHE FIGUR
Detail;
6. Jahrtausend v. Chr.,
Syrien,
bemalte Terrakotta
der Halaf-Kultur,
Höhe 8,2 cm
Paris, Musée du Louvre

WEIBLICHE FIGUR
7. Jahrtausend v. Chr.,
Tell as-Sawwan,
Alabaster,
Höhe 5,4 cm
Paris, Musée du Louvre

VASE

5. Jahrtausend v. Chr., Irak,
geometrisch bemalte Keramik
der Obeid-3-Periode,
Höhe 16 cm
Paris, Musée du Louvre

WEIBLICHE FIGUR

5. Jahrtausend v. Chr., Ur,
Terrakotta der Obeid-Kultur,
Höhe 15 cm
London, British Museum

Die stilisierte Gestaltung des
Kopfes verleiht dieser schlanken,
hoch aufgeschossenen Figur ein
schlangenartiges Aussehen

BECHER

5. Jahrtausend v. Chr., Irak,
geometrisch bemalte Keramik
der Obeid-3-Periode,
Höhe 13 cm
Paris, Musée du Louvre

während ihrer ganzen Lebenszeit. Die erstreckt sich von der Mitte des siebten bis zum Beginn des vierten Jahrtausends und umfaßt sechs deutliche Abschnitte von Obeid 0 bis Obeid 5.

Die älteste Schicht von Ueili, die vom Grundwasser unbeeinträchtigt blieb, entspricht Obeid 0; aus der Frühzeit jener Epoche, die um 6500 v. Chr. beginnt, wurden dort die Grundmauern eines großen Getreidespeichers mit parallelen und rechtwinklig sich kreuzenden Zwischenwänden gefunden. Spuren von Wohngebäuden, die ihn wahrscheinlich umgaben, hat man bisher nicht gefunden. Dieser Getreidespeicher, in dem die gemeinsame Ernte aufbewahrt wurde, legt Zeugnis ab von Organisationsformen einer Solidargemeinschaft. In höher liegenden, aber ebenfalls noch Obeid O zugehörigen Schichten traten Wohngebäude mit imponierenden Abmessungen zutage, die aus grob geformten Ziegelsteinen in jenem dreigegliederten Grundriß errichtet worden waren, den wir bereits aus Nordmesopotamien und Syrien kennen. Ein großer Mittelraum als Versammlungsplatz der Familie, dessen Decke von einer doppelten Pfostenreihe abgestützt wird, ist zu beiden Seiten gesäumt von einer Reihe kleinerer, offenkundiger Schlaf- oder Vorratskammern, von denen eine an der Ecke des Hauses Platz für eine doppelläufige Treppe bot, die auf das terrassenförmige Dach führte. In einem der Häuser wurde ein kleiner bemalter Kopf mit verlängerter Schädelpartie und „kaffeebohnenförmigen" Augen gefunden, jenen beiden Besonderheiten, die allen Figuren der Obeid-Kultur eigen ist.

In der folgenden Obeid-1-Periode, deren Beginn auf etwa 5900 v. Chr. anzusetzen ist, behalten die Wohnhäuser den geschilderten Grundriß bei, an die Stelle der großen Lagergebäude treten jedoch kleinere zur Aufbewahrung und offenbar auch Verarbeitung des Getreides. Deren Vervielfachung scheint hinzuweisen auf ein Anwachsen der Bevölkerung und der Produktion, welche die weitere gemeinsame Verwaltung der Vorräte erschwert. Dieser Wandel im Gemeinschaftsverhalten geht einher mit einer Verfeinerung der Keramik, deren Dekoration nun, abgesehen von ihrem künstlerischen Wert, auch Anhaltspunkte für die soziale Zugehörigkeit bietet. Zwar beschränken sich die Töpfer von Obeid 1 wie jene von Obeid 0 weiterhin auf geometrische Motive, diese werden jedoch zunehmend komplexer. Diese Tendenz setzt sich in Obeid 2, in der zweiten Hälfte des sechsten Jahrtausends, fort: Die Formen werden vielfältiger, die Qualität von Material und Bemalung steigert sich, und die weiterhin geometrische Dekoration erreicht ein Höchstmaß an Komplexität. Diese Obeid-2-Kultur, hauptsächlich bekannt durch ihre Keramik, breitet sich – im Gegensatz zu den vorherigen Stufen, die auf Südmesopotamien beschränkt blieben – auch auf Mittelmesopotamien aus. Denn die Beziehungen zwischen den verschiedenen Kulturen der Region entwickeln sich; zu denen zählen insbesondere im Osten die Keramik-Kulturen in den Ebenen der Susiana und im Deh Luran mit ihren Einflüssen aus Untermesopotamien und im Norden die sogenannte Halaf-Kultur, die jene von Samarra ablöste.

Zu Beginn des sechsten Jahrtausends hatte nämlich das südliche Mesopotamien eine zunehmende Besiedlung durch eine Bevölkerung erfahren, die Träger dieser neuen, wahrscheinlich ursprünglich aus der Djezira-Ebene stammenden Kultur waren. Die Menschen der Halaf-Kultur lebten in kleinen dörflichen Gemeinschaften und hatten die Angewohnheit, sie zu teilen, sobald eine bestimmte Bevölkerungsdichte erreicht war; dies führte zu einer raschen

Ausbreitung. Um die Mitte des Jahrtausends erreichten sie im Westen die Mittelmeerküste (Ras Schamra), im Norden den Vansee (Tilki Tepe) und im Süden das Dijalatal. Wenngleich die Bauten der Halaf-Kultur mit kleinen Häusern kreisförmigen Grundrisses an archaischen Traditionen festhalten, zeigt ihre Keramik bemerkenswerte Meisterschaft. Von hoher Materialqualität, weist sie zunächst in Braun, dann mehrfarbig aufgemalte Dekorationen auf, bei denen zu den gewohnten geometrischen Motiven nun stilisierte Rosetten oder Ochsenschädel (das sogenannte Bukranion-Motiv) treten, womit sich die traditionellen Elemente der jungsteinzeitlichen Symbolwelt wiederfinden. In der gleichen Tradition stehen bemalte weibliche Terrakottafigürchen, deren schwellende Formen und die hockende Gebärhaltung sie deutlich als Fruchtbarkeitssymbole erkennen lassen. Wenn auch all diese Züge auf eine enge Verbindung der Halaf-Kultur zu den Traditionen der Vergangenheit zu deuten scheinen, werden doch ihre weite räumliche Verbreitung und ihre zunehmend engeren Kontakte zur Obeid-Kultur im Süden zu einem wichtigen Faktor der Verstärkung der gegenseitigen Beziehungen im sechsten Jahrtausend, was die zunehmende Verbreitung von stempelartigen Markierungen auf den Tonwaren zur Kennzeichnung des Eigentums bezeugt.

Der Beginn einer hierarchischen Gesellschaftsordnung

Das goldene Zeitalter der auf Gleichheit und Genossenschaftlichkeit begründeten Dorfgemeinschaften ist jetzt, gegen Ende des sechsten Jahrtausends, tatsächlich schon vorbei. In der Obeid-Kultur entsteht nun eine neue Gesellschaftsordnung, die sich während der beiden folgenden Jahrtausende mit dem Anwachsen der Handelsbeziehungen stetig weiterentwickeln wird.

Die um 5300 v. Chr. einsetzende Obeid-3-Periode läßt den in Gang gekommenen gesellschaftlichen Wandel in veränderten Baugewohnheiten erkennen. Die zeigen sich in der Errichtung sehr großer Bauten, deren Monumentalität noch durch ihre Anlage auf künstlichen Terrassen unterstrichen wird. Eridu, damals an der Golfküste gelegen, hat den ersten Beleg für ein Gebäude dieser Art geliefert, das immer wieder neu auf der jeweils höher liegenden Ebene errichtet wurde. Es hat eine dreigegliederte Grundfläche von etwa 130 Quadratmetern mit einem großen, von zahlreichen kleineren Räumen begleiteten Mittelsaal, der eine axiale Erhöhung und seitliche Bänke aufweist. Die Mauern aus rohen Ziegeln sind in regelmäßigen Abständen durch Pilaster verstärkt und von mehreren Eingängen durchbrochen.

Die monumentale Wirkung und die beherrschende Lage dieser Gebäude hebt ihre Bedeutung hervor, die jedoch nicht religiös bestimmt gewesen zu sein scheint. Die ungewöhnliche Ausdehnung und die zahlreichen Eingänge lassen vielmehr keinen Zweifel daran, daß es sich dabei um Versammlungsgebäude für die Gemeinschaft handelte, deren Errichtung die Mitarbeit einer erheblichen Anzahl von Menschen erforderte. Das wiederum setzt voraus, daß solche Bauten von einer anerkannten Autorität veranlaßt wurden, die wahrscheinlich mit einer bestimmten Person identisch war, deren Stellung ihrerseits wiederum durch die Nutzung des betreffenden Gebäudes bestätigt wurde. Das alles verweist darauf, daß es nun zu Abhängigkeitsverhältnissen innerhalb der Gemeinschaft und damit zu den Anfängen von Ungleichheit kam.

Über die gewöhnlichen Wohngebäude dieser Zeit ist nur wenig bekannt, aber das Vorhandensein von Speichern, wie man sie auch schon in Ueili gefunden hatte, deutet darauf hin, daß die weiterhin agrarische Wirtschaftsform ihre traditionellen Merkmale bewahrt. Zum Anbau von Getreide kommt in Untermesopotamien nun der von Flachs und Dattelpalmen. Es finden sich zahlreiche bäuerliche Geräte wie steinerne Hacken zur Bodenbearbeitung sowie Sicheln und Stößel aus Terrakotta. Die Keramik, deren Bedeutung als Faktor sozialer Identifikation nun abnimmt, nimmt Züge gewöhnlicher Fabrikation an, und auch ihre Dekoration wird schlichter.

Diese neue Obeid-Kultur, eingestuft als „jüngeres Obeid", breitet sich rasch aus. Ihre stärker gegliederte gesellschaftliche Struktur, die ihr zugleich Stabilität und Dynamik verleiht, erweist sich als entscheidender Vorsprung. Die Halaf-Gemeinschaften im nördlichen Mesopotamien, die in regelmäßigen Beziehungen zu ihr stehen, nehmen sie seit dem Ende des sechsten Jahrtausends an, wenn sie ihr auch bestimmte Züge der Halaf-Kultur verleihen, die ein typisches Kennzeichen dieses „nördlichen Obeid" sind. Die gesellschaftlichen Veränderungen vollziehen sich hier im übrigen langsamer.

Im südlichen Mesopotamien dagegen werden die gesellschaftlichen und architektonischen Veränderungen immer vielfältiger. In der Obeid-4- (zwischen 4700 und 4200 v. Chr.) und der Obeid-5-Epoche (bis etwa 3700 v. Chr.) findet eine tiefgreifende Wandlung statt, die im Rahmen einer unaufhörlichen Auffächerung schließlich zu einer vielgestaltigen Gesellschaftsform führt. In Eridu, aber auch in Uruk und Tell Uqair, weiter nördlich gelegen, entstehen neue Prestigebauten, deren Anlage den Prinzipien der vorangegangen Zeit folgt, die aber nun immer monumentalere Züge annehmen. Die Höhe der Terrassen und die Abmessungen der Bauten nehmen ständig zu (in Eridu VII erreichen sie 230 Quadratmeter, auf der folgenden Ebene, Eridu VI, dann schon 280 Quadratmeter), die Mauern werden dicker, die Eingänge zahlreicher, die Dekoration reicher. Diese Entwicklung folgt einer ständigen Bevölkerungszunahme. Immer umfangreichere Gruppen nehmen nun an den Gemeinschaftszeremonien teil, was den entsprechenden Gebäuden auch eine Art von sakraler Bedeutung verleiht. Dennoch sind diese keine „Heiligtümer", und man hat darin nie irgendwelche Kultgegenstände gefunden.

Die Keramik der Obeid-Spätstufen wird immer einfacher, was auf eine rasche und standardisierte Herstellung hinweist. Der dafür verwendete grünliche Ton ist charakteristisch, die Dekoration besteht aus geometrischen und floralen Motiven. Menschliche Figürchen aus Terrakotta, die es auch in den früheren Obeid-Epochen schon gab, werden nun in größerer Anzahl an allen Orten Südmesopotamiens gefertigt. Größtenteils weiblich, sind sie zwar Teil der aus Tell es-Sawwan bekannten Tradition, jedoch eigenständig in ihrer Machart. Die winzigen Körper, meist in aufrechter Haltung dargestellt, haben an den Schultern oft plättchenartig aufgesetzte Dekorationen, und die Köpfe mit ihrem verlängerten Schädel und den „kaffeebohnenförmigen" Augen verleihen ihnen ein merkwürdig schlangenhaftes Aussehen.

Zwar ist das südliche Mesopotamien die Keimzelle dieses Wandels der Gesellschaft, aber der gesamte Nahe Osten erlebt, in Bewegung geraten durch die Intensivierung der gegenseitigen Beziehungen, die gleiche Entwicklung. In Mittelmesopotamien lassen die Stätten von Tell Abada oder Tell Maddhur im

HOHER SCHEFFEL
4. Jahrtausend v. Chr.,
Susa, bemalte Keramik
der Susa-I-Periode,
Höhe 28,9 cm,
Durchmesser 16,4 cm
Paris, Musée du Louvre

Die außerordentlich dünnwandige, geglättete Keramik dieser Periode zeigt vielfältige und fein gestaltete Bemalung. Auf diesem Gefäß sind drei in der Region lebende Tierarten wiedergegeben: Stelzvögel aus den Sümpfen, Wüstenhunde und unten ein großer Steinbock aus den Bergen.

HOHER SCHEFFEL
Detail

Hamrin ebenfalls eine Gesellschaftsform erkennen, die zu hierarchischer Gliederung tendiert. In Nordmesopotamien erinnern die dreiteilig angelegten Gebäude mit großem Mittelsaal in Tepe Gaura stark an jene von Eridu. Diese Region, zweifellos Schauplatz reger Handelsbeziehungen, ist auch gekennzeichnet durch die verbreitete Verwendung von Stempelsiegeln, zu deren Bilderwelt neben den weiterhin vorwiegenden Tierdarstellungen nun eine männliche Gestalt kommt, offensichtlich zu deuten als „Herr über die Tiere". Der Einflußbereich der Obeid-Kultur dehnt sich ständig weiter aus; im Norden erreicht er Ostanatolien, im Süden erfaßt er immer weitere Gebiete der Küstenregion am Golf, wo Handelsbeziehungen mit der ansässigen Bevölkerung angeknüpft werden, die zugleich eine sich entwickelnde Küstenschiffahrt belegen.

Die ersten Städte

Die kleinen Bauerndörfer, die jahrtausendelang den alleinigen Lebensrahmen für die Bevölkerung bildeten, beginnen während der jüngeren Obeid-Epoche im südlichen Mesopotamien immer größeren Siedlungen Platz zu machen. In ihnen entsteht eine privilegierte Schicht, deren Angehörige eine gewisse Macht ausüben und Wohlstand erwerben durch die Kontrolle, die sie über den Fluß der Handelswaren ausüben. Aber wenn sich auch eine gewisse Gliederung der Gesellschaft entwickelt, so ist die Hierarchie noch schwach ausgeprägt. Erst in der folgenden, der sogenannten Uruk-Epoche, die den größten Teil des vierten Jahrtausends umfaßt, nimmt diese Hierarchisierung ein Ausmaß an, das den großen Ansiedlungen Untermesopotamiens den Charakter wahrer Städte verleiht.

Die Zeit erhält ihren Namen von Uruk, das im Herzen der großen Schwemmlandebene an den Ufern eines Euphratarmes errichtet wurde. Dieses ehemalige Sumpfgebiet erweist sich als außerordentlich fruchtbar, nachdem es erst einmal durch Ent- und Bewässerungssysteme kultiviert wurde, womit die Ernährung einer in ungewöhnlicher Dichte lebenden Bevölkerung möglich wird. So erlebt Uruk im Laufe des vierten Jahrtausends ein geradezu spektakuläres Wachstum, über dessen erste Phasen, bezeichnet mit früher (3700 bis 3400 v. Chr.) und mittlerer Uruk-Periode (3400 bis 3100 v. Chr.), freilich erst wenig bekannt ist, vor allem was die architektonischen Entwicklungen betrifft. Diese scheinen allerdings noch ganz in der Tradition vorhergehender Zeiten verlaufen zu sein. Daher entsteht auch das in der Schicht VI vom Ende der mittleren Uruk-Periode aufgefundene Gebäude, für das sich die Bezeichnung „Tempel der Stiftmosaiken" eingebürgert hat und das die althergebrachte Dreiteilung aufweist. In eher bescheidener Größe wurde es auf einem Sockel aus Kalksteinen errichtet. Es ist umgeben von einer ebenfalls aus Kalkstein aufgeschichteten Mauer mit Nischen, während das aus Ziegelsteinen errichtete Gebäude selbst eine originelle Dekoration besitzt, die aus kleinen, kegelförmigen, mosaikartig zusammengesetzten Steinstiften in verschiedenen Farben besteht, was seinen Namen erklärt. Diese aufwendige Dekoration legt Zeugnis ab von Rang und Wohlstand jener, die sie veranlaßten. Zu gleicher Zeit werden im übrigen weitere Neuerungen als Hilfsmittel für die zunehmende Geschäftstätigkeit der entstehenden Führungsschicht entwickelt, so etwa dem „Rechnungswesen" dienende Knöpfe und Kugeln und wohl auch schon die zylindrischen Rollsiegel.

Keramik wird nunmehr als reine Gebrauchsware gefertigt und wird immer schmuckloser; es überlebt ausschließlich einfarbig rote oder graue Keramik. Gleichzeitig entsteht jedoch ein neuer Typus von Tonwaren, die man als „Plumpnäpfe" bezeichnet. Dabei handelt es sich um kleine, dickwandige Näpfe mit schräggestellten Rändern, deren einheitliche Machart und große Zahl die Massenproduktion verrät. Dieses an zahlreichen Orten von Anatolien bis zu den Ostgrenzen der iranischen Hochebene gefundene Geschirr bestätigt die Entwicklung eines ausgedehnten Fernhandels in der Uruk-Epoche. Die entspricht zugleich dem wachsenden Bedarf Südmesopotamiens an Bauholz, Stein und Mineralien, woran es ihm von Natur aus mangelt. Daher breitet sich die Uruk-Kultur im gesamten Nahen Osten aus, wobei es in der mittleren Uruk-Epoche schon zu regelrechter Kolonisation kommt, zumindest in Nordsyrien (Habuba Kabira) und Zentralanatolien (Hassek Hüyük, Arslantepe). Anderswo geht es eher um Handelsniederlassungen, wie in Godin Tepe oder auf der iranischen Hochebene und auch in Susa, einer um 4000 v. Chr. begründeten Siedlung zu Füßen der Zagrosberge, wo ebenfalls auf einer großen Terrasse dreiteilige Gebäude errichtet wurden. Selbst Ägypten scheint damals unter dem Einfluß der eine Vorrangstellung einnehmenden Uruk-Kultur gestanden zu haben.

Während der spätesten, der sogenannten jüngeren Uruk-Epoche (zwischen 3100 und 2900 v. Chr.), gipfeln dann die gesellschaftlichen Veränderungen in Mesopotamien seit der jüngeren Obeid-Periode in der Ausbildung einer neuen Gesellschaftsstruktur und Lebensform, der Grundlage der städtischen, in gewissem Umfang bis heute gültigen Zivilisation. Prototyp dafür ist, wie man nun mit Fug und Recht sagen kann, die „Stadt" Uruk. Diese ausgedehnte Ansiedlung bedeckt nunmehr eine Fläche von etwa 250 Hektar, was einer Bevölkerungszahl von 30 000 bis 50 000 Einwohnern entspricht. Diese Entwicklung scheint sich innerhalb relativ kurzer Zeit vollzogen zu haben, und sie steht zweifellos in Verbindung mit der Rolle Uruks als Verwaltungszentrum eines großen und reichen Agrargebiets und der begünstigten geographischen Lage an den Ufern des Euphrat im Mittelpunkt wichtiger Handelswege, deren Netz sich während des vierten Jahrtausends erheblich verdichtete.

Die Stadt ist um zwei großräumige Kernviertel angelegt; das erste im Westteil ist nach dem „Weißen Tempel" benannt, das östlicher gelegene trägt zu dieser Zeit den Namen Eanna. Im letzteren ragt inmitten einer Ummauerung ein auf verschiedenen Ebenen errichtetes eindrucksvolles Ensemble mächtiger Bauten auf. Diese sind alle von gewaltiger Größe und teilweise über achtzig Meter lang. Einige weisen den herkömmlichen dreiteiligen Grundriß auf, andere zeigen neue Architekturformen. So fand sich ein quadratisches Gebäude mit quadratischem Grundriß, eines mit Säulen, ein monumentaler Hof und selbst ein labyrinthartiger Bau. Auch neuartige Baumaterialien finden Verwendung, so Ziegelsteine mit quadratischem Querschnitt oder künstlich aus Gips bereitetes Material. Die Mauern sind gegliedert durch Nischen und Vorsprünge im Wechsel oder mit Mosaiken aus kegelförmigen Stein- oder Tonstiften mit farbigen Köpfen verziert. Traditionell wurden diese Gebäude als Tempel betrachtet, tatsächlich sind sie aber schlichtweg Bestandteile großer Architekturkomplexe aus einander ergänzenden Bauten, die ein immer wieder erneuertes und vergrößertes Ensemble bilden. Die Monumentalität der Gebäude, gruppiert

Seite 42/43
BILDERSCHRIFT-TÄFELCHEN
Ende 4. Jahrtausend v. Chr.,
Irak, Kalkstein,
4,5 x 4,3 cm
Paris, Musée du Louvre

Einer der frühesten, uns bekannten „Buchungsbelege". Die Fläche ist in Kästchen unterteilt, in denen Einkerbungen für Zahlenwerte mit Bildzeichen kombiniert sind.

HOHLKUGEL ZUR AUFBEWAHRUNG UND ZÄHLKNÖPFE
Ende 4. Jahrtausend v. Chr.,
Susa,
leicht gebrannter Ton,
Durchmesser der Kugel 6,5 cm
Paris, Musée du Louvre

Als Hilfsmittel zur Buchhaltung vor der schriftlichen Aufzeichnung drückten solche Tonknöpfe je nach Form und Größe eine bestimmte Zahl und ein bestimmtes Produkt aus. Man bewahrte sie in tönernen, versiegelten Hohlkugeln auf.

PRIESTERKÖNIG
Ende 4. Jahrtausend v. Chr.,
Irak, Abdruck
eines Rollsiegels,
Höhe 6,2 cm
Paris, Musée du Louvre

Die eingravierte Szene zeigt einen Priesterkönig bei der Verrichtung kultischer Handlungen. Dabei reicht ihm ein Diener Ähren als Nahrung für die heilige Herde im Heiligtum der Göttin Inanna.

STATUETTEN VON PRIESTERKÖNIGEN
Ende 4. Jahrtausend v. Chr.,
Irak,
Kalkstein,
Höhe 30,5 und 29,5 cm
Paris, Musée du Louvre

Diese aus dem Vollen geformten
Statuetten zeigen den Priesterkönig nackt – zweifellos eine
rituelle Bedeutung.

**DER PRIESTERKÖNIG
AUF DER LÖWENJAGD**
Detail der Abbildung
gegenüber

um große Höfe und reich dekoriert, läßt vielmehr an eine Palastanlage denken, die damit die älteste überhaupt bekannte wäre.

Gestützt wird diese Annahme durch die nun erkennbare neue Organisationsform der Gemeinschaft. Die Anlage des Baukomplexes von Eanna, der sich durch hohe Mauern von der übrigen Stadt abgrenzt, unterstreicht die zunehmende Hierarchisierung der Gesellschaft und verdeutlicht sie im Stadtbild selbst. Die wachsende Auffächerung der gesellschaftlichen Funktionen, die einhergeht mit verstärkter Spezialisierung in vielen Bereichen, ist ein Hauptmerkmal dieser neuen städtischen Lebensform. Die Stadt ist vor allem Wirtschafts- und Verwaltungszentrum, dessen Bevölkerung größtenteils nicht mehr zur landwirtschaftlichen Produktion beiträgt: Von nun an müssen im wesentlichen die Kleinstädte und Dörfer ringsum die Ernährung sicherstellen. Die Stadt wird bevorzugt als Sitz der Macht und, weil nun eine vielgestaltige Wirtschaft und vielgliedrige Gesellschaft der Verwaltung bedarf, zur Keimzelle des Staates.

Zu einem wesentlichen Zeichen dieser sich entwickelnden Macht (man könnte auch von Herrschaft oder Regierungsgewalt sprechen) wird das Rollsiegel. Sicher schon in der mittleren Uruk-Epoche entwickelt und nach und nach das schon länger, vor allem in Nordmesopotamien verwendete Stempelsiegel verdrängend, dienen diese kleinen, auf der ganzen Oberfläche gravierten Steinzylinder dazu, einen unbestreitbaren Besitznachweis, eine Signatur in Ton einzuprägen. Die zylindrische Form erlaubt eine rasche Prägung bestimmter Flächen durch einfaches Darüberrollen und überdies die Darstellung komplexer Motive. So entstehen vielfältige symbolische Kompositionen, vorwiegend mit kultischer Bedeutung, in denen zugleich die neue Gesellschaftsordnung zum Ausdruck kommt.

Der entscheidende Fortschritt liegt jedoch in der Entwicklung eines Kommunikationssystems, das präzise, zuverlässig und leicht übertragbar ist. Die bisher üblichen Hilfsmittel zum Zählen und Notieren hatten ihre Grenzen erkennen lassen. Die einfachen Knöpfe und später Rechensteine in verschiedenen Formen, die Mengen und bestimmte Güter darstellten, boten nur unzureichend die Möglichkeit, bestimmte Transaktionen festzuhalten. Sie wurden zunächst in Hohlkugeln aus Ton eingeschlossen, die man mit einem Stempelaufdruck versah, um damit die Unversehrtheit des Inhalts und die Korrektheit des damit vollzogenen und dokumentierten Vorgangs zu bestätigen. Damit man zu einer Überprüfung nicht jeweils wieder diese Tonblase aufbrechen mußte, machte man es sich zur Gewohnheit, auf deren Oberfläche selbst den Inhalt (sozusagen in Form einer „Quittung") durch Einkerbungen zu markieren. Die damit überflüssig gewordene Tonblase wurde alsbald verdrängt durch ein Tontäfelchen, das viel einfacher zu handhaben war. Auf diesem neuen „Zeichenträger" nimmt nun die Schrift ihren Anfang. Sie entwickelt sich aus der Verbindung von Einkerbungen mit Zahlenwert mit Bildzeichen, die für einen Gegenstand oder auch eine bestimmte Vorstellung stehen, also aus einer Reihe von Symbolen ohne unmittelbaren Bezug auf die zugrundeliegende Sprache. Einige dieser Bildzeichen sind einfach und leicht zu entziffern, andere wieder sind vieldeutig und nicht zu entschlüsseln. Vom ersten Auftreten an erweist sich diese Schrift als voll entwickeltes semantisches System und klares Ergebnis einer langen intellektuellen Entwicklung.

Unter den über fünftausend schriftlichen Zeugnissen, die in Uruk aufgefunden wurden, ist die Mehrzahl wirtschaftlichen Inhalts. Als Abrechnungen über landwirtschaftliche Erzeugnisse, Tiere und Handelswaren oder als Belege über die Verwaltung von Ländereien oder den Einsatz von Arbeitskräften legen sie Zeugnis ab von einer bereits gut organisierten Geschäftsführung. Andere wieder sind Dokumente einer einsetzenden Theorie über die Weltordnung, worin sich die aufkeimende neue Gesellschaftsordnung ausdrückt. So werden Ranglisten angelegt, in denen Konzepte zusammengefaßt und in Kategorien geordnet werden. Eine dieser Listen führt die Bezeichnungen und Aufgaben bestimmter Berufszweige in hierarchischer Ordnung auf. An die Spitze der gesellschaftlichen Pyramide stellt sie dabei eine Persönlichkeit, deren Titel später die Bedeutung „König" annehmen wird und die im Rang den Häuptern der verschiedenen Kategorien, wie den Priestern und den dann folgenden Handwerkern, vorangeht.

Die offizielle Bilderwelt bestätigt die herausragende Stellung dieser Persönlichkeit, deren Darstellung bereits einem festen Kanon unterworfen scheint. Diese Bilderwelt, zu der auch die Plastik zählt, gewinnt nun neue Dimensionen: Die kleinen Figürchen der Jungsteinzeit weichen großformatigen

STELE MIT PRIESTERKÖNIG AUF DER LÖWENJAGD
Detail; Ende 4. Jahrtausend v. Chr., Irak,
Basalt,
Höhe 78 cm
Bagdad, Irakisches Museum

FRAUENKOPF

Ende 4. Jahrtausend
v. Chr., Uruk,
weißer Kalkstein,
Höhe 20,1 cm
Bagdad, Irakisches Museum

Skulpturen, und zwar vollplastisch oder als Relief. Aus ihrer Gesamtheit, die nun von realistischer Wiedergabe der menschlichen Gestalt geprägt ist, tritt eine bärtige Figur hervor, deren Kopf von einem Band umschlungen oder auch von einer Art Mütze bedeckt ist und die entweder mit einem langen Rock bekleidet oder auch gelegentlich – und dies sicher in Andeutung einer Ritualfunktion – völlig nackt ist. Sie ist dargestellt als Sieger über Feinde, bei der Jagd auf große wilde Tieren oder als Vorsitzender bei gemeinschaftlichen Zeremonien, also stets in Funktionen, welche das Herrschertum bezeugen, worauf auch die Bezeichnung „Priesterkönig" zurückgeht, die dieser Gestalt verliehen wird. Umgeben von einer privilegierten Elite und als Haupt einer Verwaltung, die von nun an über das Machtinstrument der Schrift verfügt, verkörpert der Herrscher die neue Gesellschaftsordnung. Aus der Zivilisation der Städte beginnt sich eine neue Welt zu formen, die hierarchisch gegliedert und monarchistisch ist.

2. Die Städte

In der zweiten Hälfte des vierten Jahrtausends ist die große Schwemmland-ebene des südlichen Mesopotamiens der Schauplatz einer entscheidenden Wandlung der menschlichen Gesellschaft: der Entstehung von Städten. Gleich mehrere nämlich entwickeln sich hier an den Flußarmen von Tigris und Euphrat oder an großen Kanälen, die das Netz der Wasserläufe ergänzen. Sie erleben ein stetiges Wachstum, was wir an Uruk sehen, das zu Beginn des drit-ten Jahrtausends bereits eine Fläche von rund 500 Hektar umfaßt; das ist mehr als die Größe Athens im fünften Jahrhundert oder Roms zur Zeit des Augustus. Hier leben Angehörige verschiedener Völker als Träger einer gemein-samen Kultur zusammen, auch wenn die Hauptakteure der Entwicklung vor allem die Sumerer sind, die Erfinder der Schrift.

Wer aber sind eigentlich diese Sumerer[1], deren Sprache zu keiner der bekann-ten Sprachfamilien gehört? Die Kontinuität der Ausgrabungsergebnisse an den großen Fundorten Untermesopotamiens seit der Obeid-Epoche legt die Ver-mutung nahe, daß es sich dabei um die Abkömmlinge einer hier zumindest schon sehr lange, wenn nicht gar von Anfang an ansässigen Bevölkerung han-delt. Aber die Namen der großen Flüsse und auch der Hauptstädte sind weder sumerisch noch semitisch, was ein Hinweis zu sein scheint auf ein ethnisches Element, das vor den übrigen gelegen und zweifellos eigenständig gewesen sein muß. Damit wären die Sumerer ein fremdes Volk, das erst im Laufe des vierten Jahrtausends in Mesopotamien ansässig wurde. Gleiches gilt für die Akkader, die ihrerseits eine semitische, dem östlichen Zweig der Sprachfamilie angehörige Sprache sprechen und die, von Nordwesten kommend und dem Lauf des Euphrat folgend, in Untermesopotamien eingewandert sein dürften. Jedenfalls wirken die verschiedenen hier nun eng vermischt lebenden Völker zusammen bei der Ausbreitung einer gemeinsamen Kultur als Grundlage der Zivilisation Mesopotamiens.

DAS HEILIGTUM DES SOGENANNTEN „HEILIGEN BEZIRKS"
Mitte 3. Jahrtausend v. Chr.
Palast von Mari/Syrien

Durchgang von der Cella zum großen Mittelsaal.

FEDERGESCHMÜCKTE GESTALT
Frühdynastische Epoche von Sumer,
Tello (ehemals Girsu),
weißer Kalkstein,
18 x 16 cm
Paris, Musée du Louvre

Diese an die Priesterkönige der Uruk-Zeit erinnernde Figur befindet sich vor dem Eingang zu einem Heiligtum, das zwei Schäfte symbolisieren.

Seite 52/53
MYSTISCHE BOOTSFAHRT DES GOTTES EA
Detail; akkadische Dynastie,
Irak,
Abdruck eines Rollsiegels,
Höhe 2,7 cm
Paris, Musée du Louvre

In der mesopotamischen Mytho-logie ist der Gott Ea der Herrscher über das fruchtbarkeitsspendende Süßwasser.

1 Der Name *Sumer* (und damit auch der Begriff *sumerisch*) geht zurück auf das akkadische Wort *Schumeru*, mit dem man im dritten Jahrtausend den südlichen Teil Untermesopotamiens bezeichnete, weshalb der nördliche Teil Akkad hieß und seine Bewohner folglich Akkader. Die Sumerer selbst sprachen einfach von *Kalam* („das Land") und schrieben *Ki.en.gi*, etwa „schilfbeherrschendes Land".

FRAU MIT POLOS
Um 2400 v. Chr.,
Mari, Gips,
Höhe 14,8 cm
Paris, Musée du Louvre

Der Polos, eine hochgetürmte
Frisur bzw. eine diese verhüllende
hohe Kopfbedeckung, war offenbar den Priesterinnen vorbehalten.

Die sumerischen Stadtstaaten (2900 bis 2330 v. Chr.)

Die sumerische Welt besteht in der ersten Hälfte des dritten Jahrtausends aus einigen kleinen, monarchisch geprägten Staaten, jeder um eine oder mehrere Städte gelegen, deren Herrschaftsbereich jedoch kaum über das umliegende agrarische Hinterland hinausreicht. Die südlichsten dieser Stadtstaaten liegen am sumpfigen Küstensaum des Golfs[1], wo sich auch das bedeutende religiöse Zentrum Eridu befindet, dem Gott Enki und Herrn über das für die Fruchtbarkeit unentbehrliche Süßwasser geweiht. Ein wenig weiter nördlich ist Ur die große Metropole der Region, die dank ihres Hafens ihren Wohlstand vor allem der Handelsschiffahrt im Golf und auf dem Euphrat verdankt. Der Kern des sumerischen Gebietes wird im Westen beherrscht von den Städten Uruk und Larsa, im Osten vom Staatsgebiet um Lagasch und Girsu (dem heutigen Tello), das mit dem benachbarten Umma wetteifert. Im Norden ist das Hauptzentrum die heilige Stadt Nippur mit dem großen Heiligtum des Gottes Enlil, dem „König aller Länder"; sie wird zum Ort der Legitimation für alle Herrscher werden, die nach der Vorherrschaft streben. Insgesamt machen (was sich anhand der Auswertung von Namenslisten ermitteln läßt) die Sumerer etwa achtzig Prozent der Bevölkerung dieses Gebietes aus, in der nördlich von Nippur gelegenen und weniger dicht bevölkerten Region von Akkad bilden jedoch die semitischen Akkader die Mehrheit. Die bedeutendste Stadt ist Kisch, sie liegt dort, wo Tigris und Euphrat einander sehr nahe kommen, was ihr eine wichtige strategische Position verleiht. Sie ermöglicht die Kontrolle über die Handelswege nach Norden, über die Holz und Mineralien anlangen und an denen sich die sumerische Kultur ausbreiten wird. Dadurch gewinnt Assur am Tigris an Gewicht und blüht dank des sumerischen Einflusses auf. Ähnlich entstehen in der Landschaft Subir westlich des Tigris, in der heutigen Djezira-Ebene, kleinere Orte und bilden ein Netz um einige wenige größere Städte wie Tell Brak (zweifellos das alte Nagar) oder Tell Khueira.

Am Euphrat geht die Gründung von Mari, die wohl auf das 29. Jahrhundert v. Chr. angesetzt werden kann, ebenfalls auf die Erweiterung des Handels in nordwestlicher Richtung zurück. Die Stadt verfügt auf halbem Weg zwischen Untermesopotamien und Syrien über eine außerordentlich günstige Lage, welche die Kontrolle des gesamten Verkehrs im Tal erlaubt; der Wasserweg scheint regelrecht ausgebaut worden zu sein durch die Anlage eines schiffbaren Kanals zwischen dem Euphrat und seinem Zufluß Habur. Nachdem Mari für etwa ein Jahrhundert aufgegeben worden war, wurde es neu besiedelt und nach mesopotamischem Vorbild neu angelegt und wuchs in den folgenden Jahrhunderten unaufhörlich. Noch weiter nördlich, im Herzen Syriens, erlebte die Stadt Ebla einen glänzenden Aufschwung, vor allem als Kreuzungspunkt von Handelswegen zwischen dem Euphrattal im Osten, Anatolien im Norden und der Mittelmeerküste im Südwesten. Dort war der Hafen von Byblos (oder Gubla in der regionalen semitischen Sprache) entstanden, der regelmäßige überseeische Verbindungen mit Ägypten pflegte, das damals bereits eine bedeutende politische und wirtschaftliche Macht darstellte. Dieser Austausch über große Distanzen wird insbesondere bestätigt durch Steinvasen mit der Kartusche der Pharaonen Chefren und Pepi I. aus dem Alten Reich, die der Herrscher Eblas

---

1 Der Persische Golf, Hauptanschluß Mesopotamiens zum Meer, wird hinfort als das „Untere Meer" bezeichnet, das Mittelmeer im Norden dagegen als das „Obere Meer".

FRAU MIT POLOS

Detail. Um 2400 v. Chr.,
Mari, Gips,
Höhe 14,8 cm

Paris, Musée du Louvre

| Oben links
STATUE DES EBICH-IL

Um 2400 v. Chr.,
Mari, Alabaster,
Höhe 52,5 cm

Paris, Musée du Louvre

Die Statue dieses hohen Würdenträgers
von Mari war der Göttin Ischtar geweiht.
Die Augen sind mit Muschelschale und
Lapislazuli ausgelegt.

| Oben rechts
BETER

Frühdynastische Epoche
von Sumer, Tell Asmar
(ehemals Eschnunna),
Gips,
Höhe 72 cm

Bagdad, Irakisches Museum

Dies ist die größte der bei
einem Depotfund unter dem
Quadratischen Tempel der Stadt
geborgenen Votivstatuen.

Standarte von Ur
Frühdynastische Epoche
von Sumer, Ur;
zwei zusammengehörende Holztafeln mit Mosaik aus Muschelschale, Lapislazuli und Karneol,
Höhe je 20,3 cm
London, British Museum

Auf der „Friedenstafel“ (oben) ist ein zeremonielles Bankett unter Vorsitz des Herrschers dargestellt, auf der „Kriegstafel“ (unten) der siegreiche König von Ur an der Spitze seines Heeres.

Seite 62/63
Standarte von Ur
Detail der „Kriegstafel“

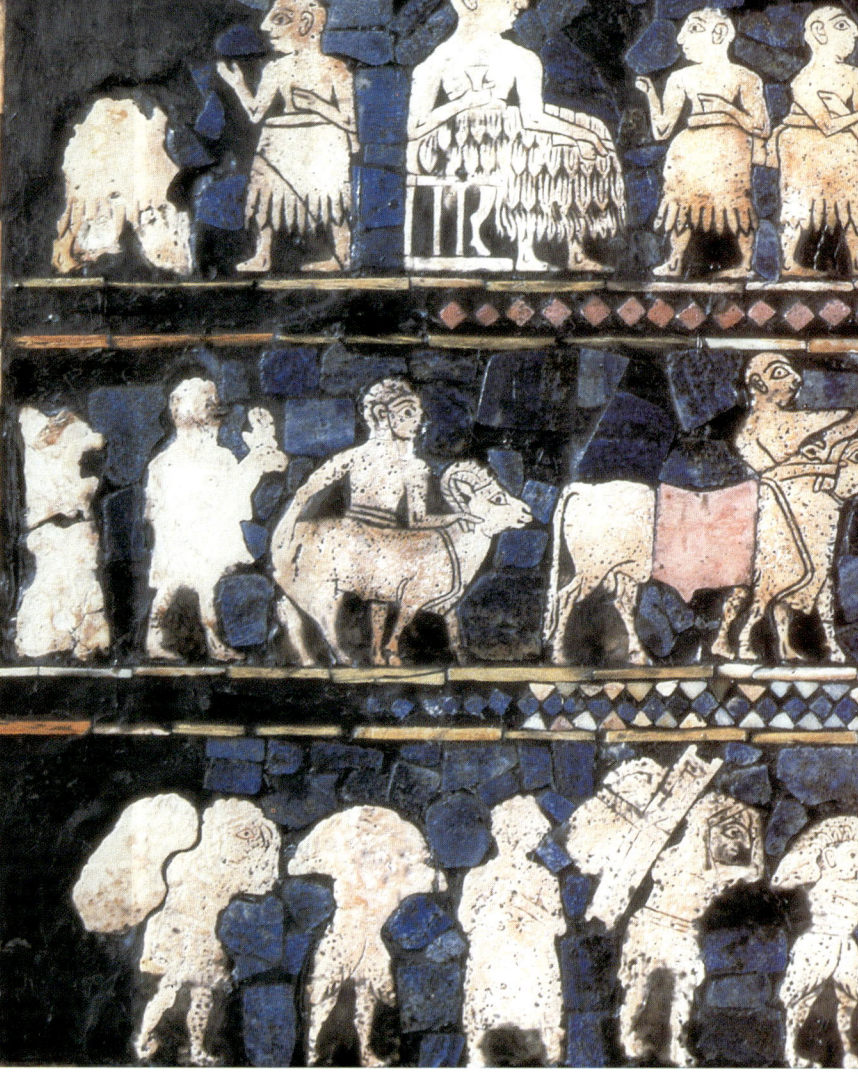

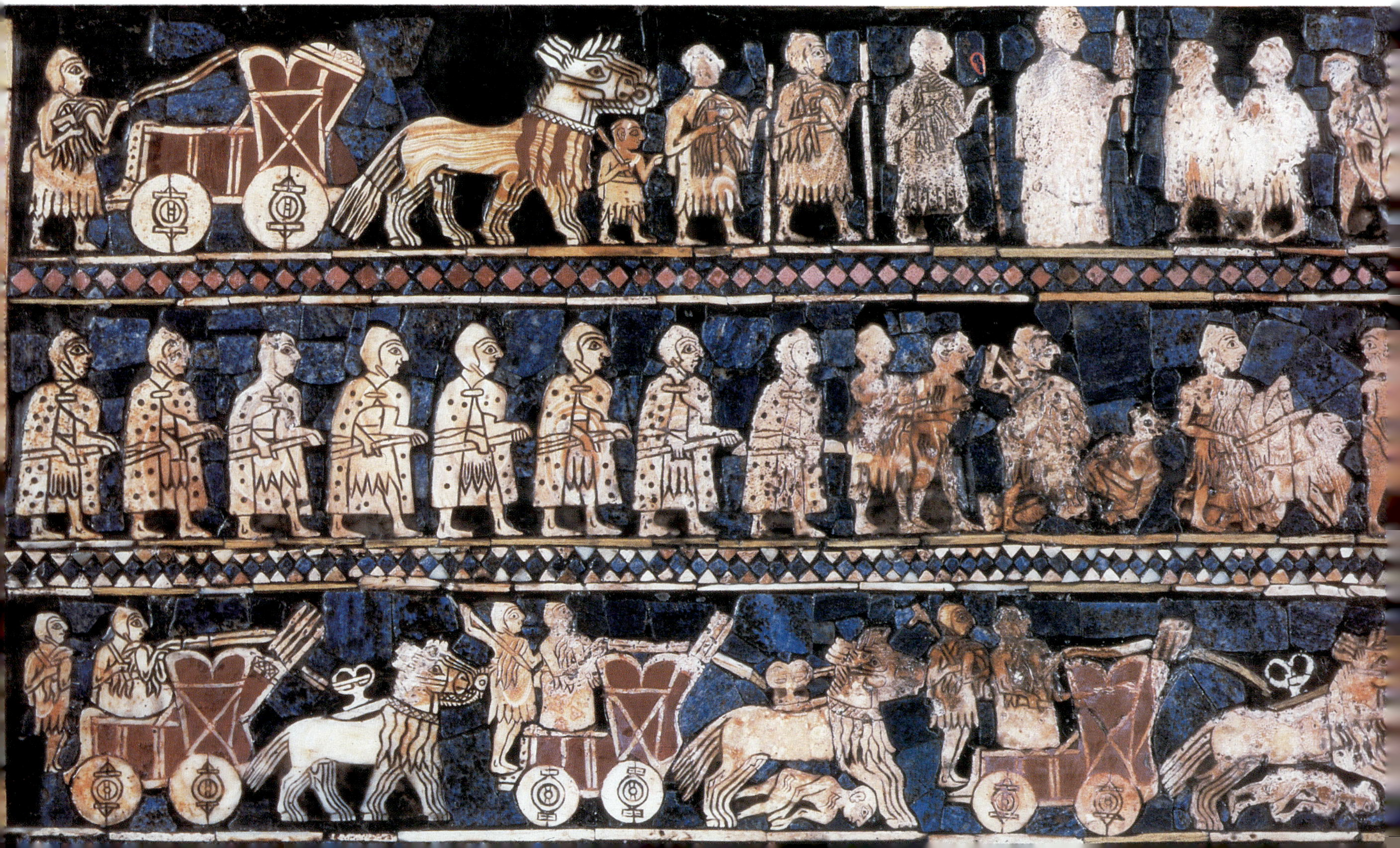

als Geschenk erhielt. Die Bevölkerung von Ebla, wie die von Mari, drückt sich vorwiegend in semitischer Sprache[1] aus, lebt aber friedlich zusammen mit einer schon vorher hier ansässigen Urbevölkerung; wir haben hier die gleiche Situation wie in Untermesopotamien.

Die zweite Hauptachse des mesopotamischen Handels ist nach Osten gerichtet, nach Persien hin. Sie folgt dem Weg durch das Tal des Tigris-Hauptzuflusses Dijala, dem bevorzugten Zugang ins Herz der mächtigen Zagrosberge. Am Eingang des Tales entstehen rasch reiche Städte wie Eschnunna oder Tutub (das heutige Chafadsche), und umgehend breitet sich hier die sumerische Kultur aus. Eine andere, weiter südlich gelegene Route führt zur Ebene der Susiana (von den Sumerern Elam, „Hochland", genannt), einer Art von Anhängsel an Mesopotamien zu Füßen des iranischen Hochplateaus, deren Hauptstadt Susa ist. Diese schon über tausendjährige Stadt erlebt abwechselnd Perioden mit starkem mesopotamischen Einfluß und solche der Entwicklung einer eigenständigen, auf die regionale Bevölkerung gestützten Kultur. An der Wende zum dritten Jahrtausend herrscht eine proto-elamitisch genannte autonome Regionalkultur vor mit einer eigenen Schrift, die jedoch zweifellos von der sumerischen beeinflußt ist. Um etwa 2700 v. Chr. jedoch erlischt diese Kultur, und Susa wird erneut in die sumerische Welt einbezogen.

Die zahlreichen Stadtstaaten der mesopotamischen Welt scheinen insgesamt nach dem gleichen Muster regiert worden zu sein. An ihrer Spitze stand ein

1 Die marische Sprache bildet, zusammen mit dem Akkadischen, die ostsemitische Sprachgruppe, während das Eblaitische die älteste Sprache der westsemitischen Gruppe ist.

Herrscher im Namen der Stadtgottheit, als deren Vertreter er bei den Menschen galt. Er trug zu dieser Zeit entweder den Titel *En*, was schlicht „der Herr" hieß und zugleich religiöse Bedeutung hatte (für Uruk ist das seit frühester Zeit belegt in der Verbindung mit der ursprünglichen Funktion des Priesterkönigs), oder *Lugal*, wörtlich „großer Mann" und wohl zunächst Bezeichnung für den militärischen Anführer, oder schließlich *Ensi*, was für „Fürst" und später „Statthalter" stand.

Der Herrscher stützt zwar seinen Herrschaftsanspruch auf seine bevorzugte Stellung gegenüber der Gottheit, sucht sich aber bald der religiösen Abhängigkeit zu entziehen. Daher entsteht in jeder großen Stadt ein Palast als Ausdruck der sich entwickelnden weltlichen Macht. Hier erfährt die für die mesopotamische Welt charakteristische Ziegelarchitektur eine kraftvolle Entfaltung. Zwei derartige Anlagen fand man in Kisch, eine in Eridu und eine weitere in Eschnunna. Der Palast A in Kisch, der bisher nur in Teilen ausgegraben wurde, bietet mit seinem monumentalen, auf einen Platz gehenden Eingang, zwei Baukörpern, die wohl einen Empfangssaal und Nebenräume enthielten, und einem Obergeschoß, vermutlich mit den Wohnräumen des Herrschers, ein gutes Beispiel für die „offizielle" Architektur dieser Epoche. Große Paläste wurden auch in den Städten des Nordens, Mari und Ebla, erbaut. Die Städte selbst wurden größtenteils zum Schutz vor Nomadenüberfällen oder, was noch wahrscheinlicher ist, für Auseinandersetzungen unter den rivalisierenden Nachbarstädten mit mächtigen, gut bewehrten Mauern befestigt.

WEIHETÄFELCHEN

Mitte 3. Jahrtausend v. Chr.,
aus dem Ninchursag-Tempel
in Susa, Alabaster,
14 x 13 cm
Paris, Musée du Louvre

**Die Beherrschung der Naturkräfte
findet ihre Bestätigung im
kultischen Bankett als Ausdruck
zivilisierten Lebens.**

Trotz des Aufstiegs der weltlichen Macht bewahrten auch die Tempel ihren hohen religiösen und kulturellen Rang und zugleich auch ihre erhebliche wirtschaftliche Bedeutung, denn sie besaßen große Ländereien, die von einem *Sanga*[1] verwaltet wurden. In Chafadsche hat der von einer doppelten ovalen Mauer umgebene Haupttempel die Form einer Zitadelle. Hinter der äußeren Mauer liegt ein Eingangshof mit einem großen Gebäude, das sicher für das Tempelpersonal bestimmt war; die innere Mauer öffnet sich auf einen zweiten Hof, der von Neben- und Lagergebäuden umgeben ist und zum Heiligtum der Gottheit führt, das auf einer Terrasse steht. Nur die für den Gottesdienst bestimmten Priester und der Herrscher haben dazu Zugang.

Obwohl bei der Ausgrabung der verschiedenen Heiligtümer keine einzige Statue oder sonstige Darstellung einer Gottheit gefunden wurde, belegen die Texte, daß es sie gab. Darstellungen von Menschen sind dagegen zahlreich; sie zeigen Angehörige der Herrscherfamilie, Würdenträger, Priester und Schreiber. In den Tempeln zu ewiger Anbetung aufgestellt, bilden diese Beterfiguren – Beterinnen sind selten, vorwiegend sind es Priesterinnen – eine wahre Porträtgalerie, wobei die Wiedergabe in der ersten Zeit eher stereotyp ist, gegen Ende der Epoche aber zunehmend realistischer wird. Dabei kontrastieren die bei einem Depotfund im quadratischen Tempel von Eschnunna zutage geförderten Statuen, deren eckige Körper zurücktreten gegenüber den übermäßig großen, wie ekstatisch wirkenden

1 Der sumerische Ausdruck *Sanga*, der im Akkadischen zu *Schangu* wird, bezeichnet den „Hauptverwalter des Tempels", der auch für die Organisation der Zeremonien zuständig ist.

Augen, zu denen von Mari, die (wie etwa jene des Schreibers Ebich-Il) das Bemühen um eine sensible Darstellung verraten.

In den Tempeln wurden auch kleine Steinplatten als Weihegaben an den Wänden aufgehängt, wozu man sie in der Mitte durchbohrte. Sie sind als Reliefs und häufig in zwei Streifen bearbeitet, die sich thematisch gegenüberstehen: Im unteren Feld ist die irdische Welt dargestellt mit gejagten oder auch gezähmten Tieren, im oberen der Götterdienst mit kultischen Banketten oder Ausgießungsriten und der Darbringung von Opfergaben, grundlegenden Aktivitäten kulturellen Lebens. Diese Gegenüberstellung von Natur und Kultur ist eine symbolische Inszenierung der eigentlichen Weltordnung.

Auf ähnliche Weise ist die sogenannte „Standarte von Ur" angelegt (ebenso wie ein nur bruchstückhaftes Gegenstück aus Mari). Als Doppelkomposition zu den Themen Krieg und Frieden zeigen die beiden Holztafeln, bei denen aus Muschelscheiben gefertigte Figuren mit Asphalt auf einem Grund aus Lasursteinen, Lapislazuli und Karneol befestigt wurden, lange Reihen von Menschen. Die beiden Seitenfronten eines kleinen Holzkastens gehörten zu den luxuriösen Grabbeigaben, die in einer großen Begräbnisstätte aus dem 26. Jahrhundert v. Chr. gefunden wurden. Sie war mitten in der Stadt Ur angelegt worden, unweit des Heiligtums des Mondgottes Nanna, der Schutzgottheit der Stadt, und umfaßte mehr als tausend Gräber, von denen etwa fünfzehn wahre Monumentalanlagen sind mit einer gewölbten Grabkammer oder einer Gruft aus Steinen oder Ziegeln, zu denen eine Rampe hinaufführt. Drei von ihnen konnten anhand der dort aufgefunden Rollsiegel als Ruhestätte der Könige Meskalamdug und Akalamdug sowie der Königin Puabi, der Gemahlin des ersteren identifiziert werden. In den meisten Gräbern waren jedoch mehrere, ja sogar mehrere Dutzend Personen beigesetzt: Soldaten, Diener, Hofdamen begleiteten so den Herrscher oder hohen Würdenträger auch im Tode. Solche Menschenopfer, sofern es sich um solche handelt, sind jedoch in der Geschichte Mesopotamiens eine einmalige Ausnahme.

Die reichen Grabbeigaben von Ur legen, während dieses dritten Jahrtausends, neben vielen anderen Fundstücken Zeugnis ab von außerordentlichen Fortschritten bei den kunsthandwerklichen Techniken, insbesondere der Metallbearbeitung, ebenso von einer starken Entwicklung des Fernhandels: Gold, Silber und Kupfer stammen aus den Bergen Anatoliens, Zinn (das man zusammen mit Kupfer für die Herstellung von Bronze benötigt) vom Rand des iranischen Hochplateaus, Lapislazuli aus Afghanistan und Karneol aus Indien. Das Bedürfnis einer wachsenden Oberschicht nach sichtbarer Bestätigung des Ranges belebt die weitreichenden Handelsbeziehungen, die einhergehen mit kulturellem Austausch. Eine sumerische Erzählung mythologischen Inhalts schildert diese weitreichenden Verbindungen; sie ist den Taten eines frühen Herrschers von Uruk namens Enmerkar gewidmet. Als Nachfolger seines Vaters Meskiangascher, über den der Text berichtet, daß er „ins Meer eingedrungen" sei und „die Berge bestiegen" habe (was also heißt, daß er den Einflußbereich Sumers über Meer und Gebirge ausdehnte), sucht sich Enmerkar, Erbauer der Stadtmauer von Uruk und bestrebt, die Tempel seiner Stadt zu verschönern, den Zugang zu wertvollen Materialien wie Gold, Silber, Lapislazuli und Karneol zu sichern. Also knüpft er Verbindungen an zum Herrscher des Reiches von Aratta – von Sumer getrennt durch sieben Gebirge, womit man es auf der iranischen Hochebene vermuten

Votiv-Streitkolben Mesilims
Frühdynastische Epoche von Sumer, Tello (ehemals Girsu), gesprenkelte Breccie,
Höhe 19 cm,
Durchmesser 16 cm
Paris, Musée du Louvre

Als Wahrzeichen der sumerischen Königsmacht ist der Streitkolben mit dem löwenköpfigen Adler geschmückt, der über sechs Löwen triumphiert.

Votiv-Streitkolben Mesilims
Detail

DIE GEIERSTELE

Detail der Geschichts-Seite.
Frühdynastische Epoche von
Sumer, Tello (ehemals Girsu),
Kalkstein,
180 x 130 cm
Paris, Musée du Louvre

**Diese Stele erinnert an den Sieg
Eannatums von Lagasch über die
Stadt Umma.**

kann – und verlangt dessen Unterwerfung. Die Verhandlungen ziehen sich hin
und verlangen ein häufiges Kommen und Gehen von Abgesandten, welche die
königlichen Botschaften übermitteln. Um die Zuverlässigkeit dieser Botschaften zu gewährleisten und möglicher Vergeßlichkeit vorzubeugen, soll Enmerkar
die in Tontäfelchen eingeritzte Schrift erfunden haben.

Tatsächlich ist die Schrift in Mesopotamien schon mehrere Jahrhunderte vor
der Regierungszeit Enmerkars zu finden, denn die ersten Belege dafür reichen
am Fundort Uruk bis etwa 3300 v. Chr. zurück. Dennoch entwickelt sie sich zu
Beginn des dritten Jahrtausends zu einem phonetischen System, das sich auf
„Keilschrift"[1] genannte Schriftzeichen stützt, welche nun die bisherigen Bildzeichen ablösen, aus denen sie hervorgehen. Die schriftlichen Dokumente vervielfachen sich, größtenteils beziehen sie sich auf Wirtschaftsvorgänge. Aber es
entstehen auch schon die ersten literarischen Texte (Tempelhymnen, Sammlungen von Weisheitssprüchen, einige mythologische Erzählungen), deren Entzifferung jedoch bis heute schwierig ist wegen der archaischen Formulierungen.
Auch finden sich bereits eine erhebliche Anzahl königlicher Inschriften, im
wesentlichen kurze Widmungen auf Votivgaben in den Heiligtümern der großen Gottheiten. Diese Dokumentation erlaubt, so ungleichmäßig und begrenzt
sie auch sein mag, die verbindliche Identifizierung einiger Herrscher, die während der beiden ersten Drittel des dritten Jahrtausends, der Zeit der „archaischen Dynastien", an der Spitze der wichtigsten Stadtstaaten standen.

1 Die linearen Umrisse der Bildzeichen werden ersetzt durch ihre Zusammensetzung aus kleinen nagel- oder schmal keilförmigen Einprägungen, worauf die Bezeichnung „Keilschrift" zurückgeht.

Die früheste derartige Erwähnung bezieht sich auf einen König von Kisch namens Mebaragesi, dessen Name sich auf dem Fragment einer Vase aus dem 27. Jahrhundert findet. Sie bestätigt im übrigen die Angaben der „Sumerischen Königstafel", einer Zusammenstellung vom Beginn des zweiten Jahrtausends, in der es heißt, Mebaragesi habe „als Kriegsbeute die Waffen Elams heimgeführt". Sein Sohn Agga geriet, seinerseits zum König von Kisch aufgestiegen, in Streit mit dem König von Uruk, Gilgamesch, dem dritten Nachfolger des Enmerkar gemäß dieser Liste, in der es heißt: „Kisch wurde besiegt, das Königtum wurde nach Eanna [= Uruk] übertragen." Als herausragender Herrscher wurde Gilgamesch zu einer legendären Figur, zum Helden des bedeutendsten literarischen Werkes der mesopotamischen Geschichte. Im folgenden Jahrhundert erringen die Könige von Ur eine Vorrangstellung im sumerischen Gebiet; das sind zunächst die beiden oben erwähnten, im Herzen ihrer Stadt beigesetzten, und dann, von 2550 v. Chr. an, Mesanepada und seine Nachfolger, welche die heute so genannte Erste Dynastie von Ur bilden. Zur gleichen Zeit aber erweitert ein König von Kisch namens Mesilim seinen Einflußbereich nach Süden bis Abad und Lagasch, dessen Streit mit der Nachbarstadt Umma er schlichtet.

Der Staat Lagasch, für einige Zeit der Herrschaft dieses Mesilim unterworfen, liegt im Südosten des sumerischen Gebiets und erstreckt sich westlich des Tigris bis zur Golfküste, wo er einen Hafen besitzt. Diese Lage an der Einmündung der von Susa und dahinter der iranischen Hochebene kommenden Route begründet seinen Wohlstand, setzt ihn aber zugleich gelegentlichen Überfällen durch die Elamiter aus. Um 2500 v. Chr. gründet hier der *Ensi* Ur-Nansche eine Dynastie: die bei weitem am besten dokumentierte der archaischen Zeit. Seine Gründertätigkeit, die sich besonders auf Neuanlage oder Wiederherstellung großer Heiligtümer erstreckt, wird gepriesen auf einer Reihe von Votivtafeln, die mit Reliefs von Zeremonienszenen geschmückt sind. Auf der größten von ihnen trägt der Herrscher einen Korb mit Ziegelsteinen und sitzt im Kreise seiner Familie und umgeben von Würdenträgern einem rituellen Bankett vor. Eine Inschrift erwähnt den Handel mit Dilmun, einem Herrschaftsgebiet, das sich über die Inseln im Golf (insbesondere Bahrain) erstreckt und auf dessen Schiffen Bauholz und kostbare Materialien nach Sumer gelangen.

Beherrscht wird die Geschichte Lagaschs während dieser Ersten Dynastie jedoch vom ständigen Konflikt mit dem benachbarten Umma. Nachdem sich die Situation zu Ungunsten von Lagasch entwickelt hatte, führte Ur-Nansches Enkel Eannatum um 2450 v. Chr. einen siegreichen Feldzug gegen Umma, dezimierte die feindlichen Streitkräfte und stellte die alte Grenze wieder her. An einer den Grenzverlauf kennzeichnenden Stelle ließ er eine Siegessäule errichten, die sogenannte „Geierstele", die ihn an der Spitze seiner marschierenden Truppen im Schutze des Gottes Ningirsu zeigt. Die Inschrift verkündet: „Niemals sollen die Menschen von Umma diese Grenze Ningirsus überschreiten! Niemals sollen sie diese Böschung und den Graben davor verändern, niemals diese Stele versetzen! Wenn das geschieht, wird das große Netz Enlils, des Königs des Himmels und der Erde, in dessen Namen die Eide geschworen werden, sich über Umma werfen!" Indem er der Niederwerfung Ummas Siege über die Städte Uruk und Ur sowie Elam und vielleicht sogar Mari anfügt, führt Eannatum den Staat Lagasch auf den Höhepunkt seiner Macht.

DIE GEIERSTELE
Detail der mythologischen Seite

Die besiegten Feinde sind im großen Netz des Gottes Enlil gefangen.

GESETZESKEGEL DES URUKAGINA

Frühdynastische Epoche von
Sumer, Tello (ehemals Girsu),
Terrakotta,
Höhe 27 cm, Durchmesser 15 cm
Paris, Musée du Louvre

Auf diesen Terrakottakegeln wurde
ein königlicher Erlaß verbreitet, in
dem die Senkung der Steuern und
die Beseitigung „der Mißbräuche
alter Tage" verkündet wurde.

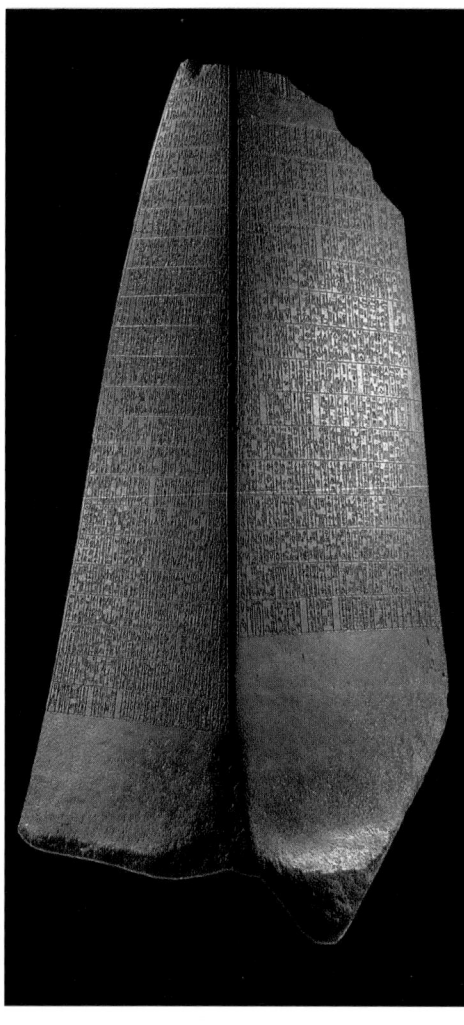

OBELISK DES MANISCHTUSCHU

Dynastie von Akkad,
Mesopotamien,
Diorit,
Höhe 140 cm
Paris, Musée du Louvre

Die Inschrift berichtet vom Kauf von
Ländereien des Königs und von
deren Verteilung an seine Offiziere.

Die auf der Geierstele auf ewig eingegrabenen Drohungen verhindern dennoch
nicht ein neues Aufflackern des Streits. Das führt dazu, daß trotz der Siege
Entemenas um 2400 v. Chr. und des „Freundschaftsvertrages", den dieser mit
dem König von Uruk schließt, der Niedergang Lagaschs sich bereits abzeichnet.
Um dem entgegenzutreten, betreibt ein Usurpator namens Urukagina eine
Politik verwalterischer und gesellschaftlicher Reformen und läßt seine Erlasse
auf Tonkegeln „veröffentlichen"[1]. Aber diese Bemühungen um eine Erneuerung kommen zu spät. Lagasch wird um 2340 v. Chr. von Lugalsaggesi, dem
energischen Herrscher von Umma, erobert, der sich nach der Einnahme der
bedeutendsten Städte des sumerischen Gebiets in der heiligen Stadt Nippur
zum „König des Landes" krönen läßt: „Da der Gott Enlil, Herr über alle Länder, Lugalsaggesi das Königtum des Landes verliehen hat […] und vom Sonnenaufgang bis zum Sonnenuntergang alle Lande seinem Gesetz unterliegen,
vom Unteren Meer über Tigris und Euphrat bis zum Oberen Meer, sorgte er in
seinem Namen für sichere Straßen. Von Sonnenaufgang bis Sonnenuntergang
lebten alle Lande in Frieden, und dem Volke war Freude beschieden."

Das akkadische Reich (2334 bis 2193 v. Chr.)

Die Vereinigung der großen Städte Südmesopotamiens durch den sumerischen Herrscher Lugalsaggesi leitet einen Prozeß ein, der gegen Ende des
24. Jahrhunderts vor unserer Zeitrechnung unausweichlich geworden war.
Denn die herkömmliche politische Organisation auf der Grundlage des Stadt-
staates verträgt sich wegen der Zerstückelung, mit der sie sich verbindet, immer
weniger mit dem wachsenden Bedarf an Grundversorgungsmitteln aufgrund
des Bevölkerungs- und Wirtschaftswachstums der Region. Eine direktere Kontrolle über die Versorgungsquellen wird erforderlich, umso mehr, als diese oft
weit entfernt sind. So muß man etwa Holz oder Mineralien, an denen es
Mesopotamien völlig mangelt, aus den Bergen der Levante oder Anatoliens her-
anschaffen oder von den südlichen Küsten des Golfs.
Ebla verdankt seiner Kontrolle über die Handelswege des Nordens seinen
Wohlstand ebenso wie seinen begünstigten Beziehungen zu den anderen
großen Städten der semitischen Welt wie Mari und Kisch. Hier entwickelt
sich eine eigenständige Kultur, auch wenn diese nicht wenige Einflüsse der
mesopotamischen erkennen läßt. Insbesondere wird, ebenso wie in Mari, die
Keilschrift zur Niederschrift der lokalen Sprache übernommen. Umfassende
Archive werden im königlichen Palast angelegt, dem politischen und wirtschaftlichen Zentrum, wo der Herrscher von Tausenden Mitarbeitern und
Dienern umgeben ist. Diese Palastarchive belegen, daß Ebla im 24. Jahrhundert
v. Chr. unter Igrisch-Halam, Irkab-Damu und vor allem unter Ischar-Damu zur
Hauptstadt eines mächtigen Staates wird, der die ganze Region bis zum Euphrat
beherrscht und zu einer immer stärker werdenden Bedrohung für den Außen-
handel Mesopotamiens wird.
Die wachsende Konkurrenz Eblas ist ein entscheidender Faktor für die
Entstehung einer festeren und zentralisierteren politischen Struktur in Untermesopotamien. Die von Lugalsaggesi errichtete Herrschaft ist ein Ausdruck dieser Entwicklung; sie ist zwar nur von kurzer Dauer, denn der sumerische König

1 Dies ist die erste öffentliche Verkündung königlicher „Gesetze", die man kennt.

wird seinerseits wieder vom Akkader Sargon besiegt – aber dieser Machtwechsel behindert keineswegs die in Gang gekommene Vereinigung, sondern setzt ihr einen neuen politischen Rahmen. Die Zeit der Stadtstaaten neigt sich ihrem Ende zu.

Die Herkunft Sargons bleibt vom Geheimnis umhüllt. Späterer Überlieferung zufolge soll er die Frucht der unerlaubten Liebesbeziehung einer hohen Priesterin gewesen sein, die ihn gleich nach der Geburt in einem Weidenkorb den Wassern des Euphrat anvertraut haben soll (vergleichbar dem biblischen Moses). Von einem Gärtner gefunden und aufgezogen, soll er dann zunächst zum Mundschenken[1] des Königs von Kisch, der großen Metropole des Landes Akkad mit einer semitischsprachigen Mehrheit, aufgestiegen sein. Sargon[2] verläßt dann jedoch Kisch und begründet seine eigene Hauptstadt, Akkad (Agade)[3]. Sein Sieg über Lugalsaggesi, den er an den Eingang zum Heiligtum des Gottes Enlil in Nippur ketten läßt, verschafft ihm die Herrschaft über das ganze südliche Mesopotamien. Nun übernimmt er selbst den Titel „König des Landes", den er seinen bisherigen Titeln „König von Akkad" und „König von Kisch" hinzufügt. Zur Sicherstellung seiner Macht läßt er die Mauern der großen sumerischen Städte abreißen und setzt dort als Statthalter (*Ensi*) „Söhne Akkads" ein, die begleitet werden von Beamten und Soldaten.

KÖNIGLICHE SIEGESSÄULE

Dynastie von Akkad,
Tello (ehemals Girsu),
Kalkstein,
34,5 x 28,5 cm
Paris, Musée du Louvre

1 Hoher Würdenträger an den Königshöfen des frühen Nahen Ostens.
2 Der Name Sargon, die biblische Form des akkadischen Scharrum-Kin (Scharrukin), was „legitimer König" heißt, verweist gerade wegen der betonten Beifügung darauf, daß er ein Usurpator war.
3 Die Lage der Stadt Akkad konnte bis heute nicht bestimmt werden; sie dürfte in der Nähe des heutigen Bagdad gelegen haben.

Aber der politische und militärische Ehrgeiz Sargons bleibt nicht auf Untermesopotamien beschränkt. Nordsyrien, eine Schlüsselregion für den Fernhandel, deren Straßen mehr und mehr durch die wachsende Macht Eblas bedroht
sind, wird sein Hauptziel. Dessen Eroberung ist in einer der Inschriften des
akkadischen Herrschers festgehalten: „Sargon verneigte sich in Tutul im
Gebete vor dem Gotte Dagan. [Dieser] gab ihm das obere Land [mit] Mari,
Jarmuti, Ebla bis zum Zedernwald und den Silberbergen[1].“ Seine Herrschaft
umfaßt auch die Djezira-Ebene, was die akkadischen Archive im regionalen
Zentrum von Tell Brak, der ehemaligen Stadt Nagar, belegen. Es scheint, daß
er selbst auf der anatolischen Hochebene eingegriffen hat, um dort einer Kolo-
nie mesopotamischer Kaufleute beizustehen, die sich in der Stadt Puruschanda
niedergelassen hatten und durch lokale Konflikte bedroht waren. Im Südosten
dehnt Sargon seine Herrschaft über Susa und das Gebiet von Elam aus, durch
das der Hauptverkehr zu Lande vom iranischen Hochland her und aus Mittelasien läuft. Aber selbst aus noch weiter entlegenen Ländern – Meluhha (das
heutige Industal), Magan (Oman) oder Dilmun (Bahrain und die Golfinseln)
genannt – entladen Schiffe ihre kostbare Fracht am „Gestade von Akkad“.
Eine königliche Inschrift faßt den ganzen Umfang der akkadischen Eroberun-
gen zusammen: „Der Gott Enlil machte, daß niemand Sargon, dem König des

1 Die alte Stadt Tutul entspricht dem heutigen Tell Bia nahe am Zusammenfluß von Euphrat und Balich. Zedernwald und Silberberge beziehen sich
wohl auf die an Holz und Mineralien reichen Bergketten des Amanus in Syrien und Taurus in Anatolien.

Landes, gleichkam. Enlil gab ihm das Obere Meer [Mittelmeer] und das Untere Meer [den Golf] […] Auch Mari und Elam neigten sich vor Sargon, dem König des Landes." Auch wenn man, vor allem in den Randgebieten, sicher nicht von einer beständigen territorialen Kontrolle über die hinzugewonnenen Regionen ausgehen kann, so machte doch die große Gesamtausdehnung eine zentralistischer ausgerichtete Staatsorganisation unerläßlich, wenn die Herrschaft von Dauer sein sollte. Die Königsmacht wurde gestärkt und die Treue ihrer Repräsentanten gesichert durch die Verleihung vorher enteigneter oder gekaufter Ländereien. Von nun an verbindet ein persönliches Abhängigkeitsverhältnis den Herrscher und die Bevölkerung.

Sargon bemüht sich jedoch, bestimmte sumerische Institutionen beizubehalten, auch wenn er sie unter seine Kontrolle bringt; so bestimmt er eine seiner Töchter zur Hohepriesterin des Gottes Nanna in Ur, wo sie den sumerischen Namen Enheduanna annimmt. Die Überlieferung bewahrt ihren Namen als den einer bedeutenden Dichterin, Verfasserin zahlreicher religiöser Hymnen, von denen eine Reihe der Göttin Inanna gewidmet sind. Wenn sich auf diese Weise auch die sumerische Kultur erhielt, so wurde doch die sumerische Sprache in allen offiziellen Dokumenten bis in die Städte des Südens ersetzt durch das Akkadische (zu jener Zeit das Alt-Akkadische). Die Schrift wird genormt, Maße und Gewichte werden vereinheitlicht. Zum ersten Mal bildet der gesamte mesopotamische Raum eine Einheit; aber diese Einheit ist brüchig. Die alten sumerischen Städte beugen

ROLLSIEGEL MIT ABDRUCK

Dynastie von Akkad,
Mesopotamien,
grüner Jaspis,
Höhe 2,7 cm
Paris, Musée du Louvre

Dargestellt ist die mythische
Bootsfahrt des Gottes Ea.

**KÖNIGSKOPF (NARAMSIN
ODER SARGON?)**

Dynastie von Akkad, Ninive,
Kupfer,
Höhe 36,6 cm
Bagdad, Irakisches Museum

**KÖNIGSKOPF (NARAMSIN
ODER SARGON?)**

Detail |

sich nur unwillig der neuen Herrschaft, die sich unter Infragestellung ihrer Traditionen etabliert. Schon gegen Ende der Regierungszeit Sargons kommt es zu Revolten, die unter der Herrschaft seiner beiden Söhne, die aufeinander folgen, weiter zunehmen.

So muß Rimusch, der nach dem Tode seines Vaters 2278 v. Chr. Akkads Thron besteigt, die Erhebungen mehrerer sumerischer Städte niederschlagen, vor allem die von Ur und Lagasch. Er erweist sich ebenfalls siegreich gegenüber den Königreichen im iranischen Hochland, stellt die akkadische Herrschaft über Elam wieder her und führt von seinen Kriegszügen reiche Beute an Gold, Kupfer und Sklaven heim. 2269 v. Chr. folgt ihm Manischtuschu, der die Feldzüge seines Bruders fortsetzt, dabei auf das iranische Hochplateau selbst vordringt und das „Untere Meer" mit seinen Schiffen überquert. Damit gelangt er zu den „Silberminen" und zu den Lagerstätten des schwarzen Dioritgesteins[1], aus dem er Porträtstatuen von sich gestalten läßt. In den königlichen Werkstätten entstehen seit Sargons Zeit monumentale Bildwerke, die der neuen Ideologie des Herrschertums entsprechen. Diese höfische Kunst findet ihren Niederschlag vor allem in Siegessäulen und in lebensgroßen Königsstatuen, die der Verherrlichung des Herrschers dienen.

Aber auch ein anderes künstlerisches Betätigungsfeld hat sich seit den Anfängen der städtischen Epoche beständig weiterentwickelt: das der Rollsiegel. Die Kunst der Siegelschneider steht in akkadischer Zeit auf dem Höhepunkt und breitet eine ganze Palette vorwiegend mythologischer Themen aus. Alle bedeutenden Angehörigen des Götterhimmels finden sich hier, begleitet von symbolischen Attributen wie Wogen, Flammen, Waffen oder Ruder, die ihnen künftig verbindlich zugeordnet werden. Der politischen Einheit entspricht die Festlegung einer vereinheitlichten Götterwelt, in der die verschiedenen Gottheiten, ursprünglich Schutzgötter der großen Städte, ihren Platz in einer hierarchischen Ordnung finden.

Mit der Thronbesteigung durch Manischtuschus Sohn Naramsin 2254 v. Chr. wird der akkadische Staat zu einem wahren Imperium. Der neue Herrscher ist zunächst um Konsolidierung der akkadischen Herrschaft durch militärische Unternehmungen bestrebt, deren eine, in Nordsyrien, er abschließt mit der Plünderung der Städte Ebla und Armanum, und nach deren Beendigung er sich rühmen kann als Beherrscher „des Landes von Elam bis Marhaschi und des Landes von Subartu bis zum Zedernwald". Wie seine Vorgänger muß er jedoch auch den wiederholten Aufständen der großen Städte begegnen. Ein allgemeiner Aufruhr zwingt ihn sogar zu neun aufeinanderfolgenden Schlachten zur Sicherung seiner Herrschaft. Die Unabhängigkeitsbestrebungen der sumerischen Städte sind jedoch nicht die einzigen Bedrohungen für den Bestand des akkadischen Staates. Zum Hauptproblem wird zusehends der wachsende Druck der halbnomadischen Bevölkerung an den Rändern des Reiches. Das gilt vor allem für die semitischsprachigen Amoriter in den Steppen westlich des Euphrat, aber auch für die Gutäer und Lulubäer, die im Osten das mittlere Zagrosgebirge bevölkern. Es ist ein Sieg über Satuni, den König der Lulubäer, den die große Siegesstele Naramsins feiert, die den triumphierenden König an der Spitze seiner Truppen in einer bewaldeten Berglandschaft zeigt. Die naturalistische Behandlung der

---

1 Die „Silberminen" konnten noch nicht identifiziert werden; Diorit kam vorwiegend aus den Bergen Omans, damals Magan (oder Makan) genannt.

Landschaft und der Realismus der Menschendarstellung, der sich schon in den Statuen vorangegangener Herrscher abzuzeichnen begann, sind eine bemerkenswerte Entwicklung gegenüber ähnlichen Werken der archaischen Zeit. Erstmals finden sich hier auch Gestirne symbolisch dargestellt; ihnen reckt sich Naramsin entgegen, der eine hörnergeschmückte Helmkrone trägt, wie sie bisher den Göttern vorbehalten war.

Auch die schriftlichen Zeugnisse bestätigen eine solche Vergöttlichung des Herrschers noch zu seinen Lebzeiten. Die Schreiber stellen dem Namen Naramsin das Zeichen für Gott voran. Er wird „Gott von Akkad" genannt, und man schwört in seinem Namen Eide. Die akkadische Macht ändert ihre Natur: Indem sie göttliches Wesen für sich beansprucht, kann die Monarchie nur noch universell sein und sich bis zu den Grenzen der zivilisierten Welt erstrecken. Diesen Anspruch bestätigt der Titel „König der vier Regionen", den sich Naramsin zulegt und der sich, da hier „Regionen" mit „Weltgegenden" zu übersetzen ist, auf die Gesamtheit der Welt bezieht.

Dennoch muß schon unter Naramsins Sohn Scharkali-Scharri, der ihm 2217 v. Chr. folgt, der universelle Anspruch aufgegeben werden. Eine Zeitlang noch kann der neue Herrscher dem Ansturm der Amoriter und Gutäer standhalten, aber dann muß er ihm nachgeben. Alle in den letzten eineinhalb Jahrhunderten eroberten Gebiete gehen wieder verloren, und die akkadische Dynastie überlebt nur noch wenige Jahrzehnte, indem sie sich auf ihre Hauptstadt zurückzieht. Die neue Auffassung von Herrschaft, die sich hier entwickelt hat, wird sich jedoch als fruchtbar erweisen: Das akkadische Reich wird zum Modell, dem die künftigen Herrscher in Mesopotamien nacheifern werden.

Die Dritte Dynastie von Ur (2112 bis 2004 v. Chr.)

Nach dem Zusammenbruch des Reiches von Akkad, dem die Gutäer den Gnadenstoß versetzen, erweist sich die von den Eroberern aus den Bergen über die mesopotamische Ebene ausgeübte Herrschaft rasch als rein formal. Die großen Städte im Süden, die weniger stark betroffen waren als das Land Akkad, können sich bald ihrer Kontrolle entziehen, und der sumerische Staat von Lagasch gewinnt als erster seine Selbständigkeit wieder. Hier wird um 2150 v. Chr. eine neue Dynastie begründet, die auf eine Neubelebung der sumerischen Kultur hinarbeitet und als erstes Zeichen dafür die Wiederherstellung der altüberlieferten Heiligtümer in Angriff nimmt.

Diese Bewegung verstärkt sich unter der Regierung Gudeas, der um 2125 v. Chr. zur Macht gelangt. Zur Hauptstadt scheint Girsu geworden zu sein, wo Gudea lebt, umgeben von seinem Verwaltungsapparat. Er betreibt gegenüber den anderen sumerischen Städten eine Politik der Allianzen und Einflußnahme, belebt wieder die Fernhandelswege und sichert so neu gewonnenen Wohlstand. Über die Golfrouten im Süden und die Straßen Syriens im Norden werden erneut Holz und Steine transportiert, unerläßliche Materialien für den Wiederaufbau, dem sich Gudea verschrieben hat. Etwa fünfzehn Tempel werden so wieder errichtet; an erster Stelle das große, dem Stadtgott Ningirsu geweihte Eninnu-Heiligtum. Mächtige Tonzylinder halten in Keilschrift den langen Bericht[1] über den auf göttliche Inspiration zurückgehenden Entschluß

SIEGESSÄULE NARAMSINS
Dynastie von Akkad, Susa,
Kalkstein,
200 x 105 cm
Paris, Musée du Louvre

SIEGESSÄULE NARAMSINS
Detail

---

1 Dies ist das ausführlichste sumerische Schriftzeugnis, über das wir verfügen.

zum Bau und dessen ritualisierte Durchführung fest. Nach der Fertigstellung der Anlage, eines umfangreichen Weihebezirks, begeht man in feierlicher Zeremonie den Einzug des Gottes in seine Stätte, in Begleitung der zu seinem Dienst Bestellten und im Beisein der anderen Großen der sumerischen Götterwelt. Und es heißt: „Die Ehrfurcht vor dem Tempel erfüllt das ganze Land; das Staunen, das er erregt, dringt sogar in die Fremde; der Glanz des Eninnu umhüllt wie ein Mantel die Welt."

Als Herrscher von tiefer Frömmigkeit pflegt Gudea, dessen Name „der Berufene" bedeutet, ganz persönliche Verbindungen mit den Göttern seiner Stadt, indem er viele Statuen von sich selbst anfertigen läßt, die er ihren Heiligtümern weiht. In den königlichen Werkstätten zumeist aus dem harten Dioritgestein gemeißelt, das aus dem entlegenen Lande Magan kommt, zeigen sie ihn mit gefalteten Händen in betender Haltung. Viele dieser Standbilder rühmen die Durchführung großer staatlicher Baumaßnahmen durch Gudea. Als Ausfluß göttlicher Macht sind diese Maßnahmen ein Vorrecht des Königs, der oberster Bauherr insbesondere für die großen weltlichen und religiösen Gebäude ist, ein wahrer Baukönig und damit auch der Architekt des geordneten städtischen Raumes; mehr noch aber ist er der „Ernährerkönig", Herr über die Gewässer und Gewährleister der Fruchtbarkeit, von welcher der Wohlstand des Landes abhängt.

Trotz seines bedeutsamen Wirkens überdauert der Staat Lagasch kaum die Regierungszeit Gudeas. Aber die anderen sumerischen Städte, mitgerissen von dieser Bewegung der Neubelebung, besinnen sich ebenfalls wieder auf ihre alte Kultur. 2116 v. Chr. setzt sich Utuchengal, König von Uruk, an die Spitze eines allgemeinen Aufstands und kann die Herrschaft der Gutäer abschütteln. Der Gutäerkönig Tirigan „warf sich Utuchengal zu Füßen, und dieser setzte den Fuß auf seinen Nacken. Er errichtete das Königtum in Sumer aufs Neue". Der Herr von Uruk unterwirft sich ganz Untermesopotamien; aber von 2112 v. Chr. an vertreibt ihn Ur-Nammu, vielleicht sein Sohn, den er selbst zum *Schagin*, das heißt Militärgouverneur, von Ur ernannt hatte. Als Begründer der Dritten Dynastie von Ur läßt sich Ur-Nammu alsbald in Nippur zum „König von Sumer und Akkad" krönen. Er tritt auch das politische Erbe des akkadischen Reiches an, wobei er jedoch der sumerischen Sprache und Kultur den Vorrang einräumt. Das Land gelangt wieder zu Frieden und Wohlstand unter dem Schutz der sumerischen Gottheiten, zu deren Ruhm, neben ihren neu erstandenen Tempeln, gewaltige Stufentürme errichtet werden, die sogenannten Zikkurats. Ein Justizwesen (basierend auf der Veröffentlichung einer Sammlung von Rechtssprüchen, dem „Gesetzbuch Ur-Nammus", der ältesten Gesetzessammlung Mesopotamiens, möglicherweise erst zur Zeit von dessen Sohn Schulgi zusammengestellt) wird im gesamten Reich eingeführt. Der Arme, die Waise, die Witwe wird vor der Gewalt der Mächtigen beschützt: „Ich gebe nicht den, der nur ein Schaf hat, in die Hand dessen, der einen Ochsen besitzt", bekräftigt der Herrscher in seinem Vorwort zum Gesetzbuch.

Ur gewinnt seine frühere Stellung als großer Handelshafen zurück, und seine Macht ist unvergleichlich. Neu angelegt von Ur-Nammu, wird die Stadt von einem großen Kanal durchzogen und ist durch breite Straßen erschlossen. Die Stadtmauer wird im Westen längs des Euphrat neu errichtet. Zahlreiche Tempel unterschiedlicher Größe sind in der Stadt verstreut, in der Mitte liegt der auf einer weitläufigen Terrasse errichtete geweihte Bezirk. Dort erhebt sich ein

UNBESCHRIFTETE STATUE GUDEAS
Detail. Zweite Dynastie von Lagasch, Tello (ehemals Girsu), Diorit,
Höhe 107 cm
Paris, Musée du Louvre

SITZSTATUE GUDEAS
Zweite Dynastie von Lagasch, Tello (ehemals Girsu), Diorit,
Höhe 46 cm
Paris, Musée du Louvre

großer, E-Hursag („Häuserberg") genannter Palast in enger Nachbarschaft zu einem Ensemble großartiger religiöser Bauten, zu denen das Heiligtum des Stadtschutzgottes Nanna und das Giparku, der Wohnsitz seiner Hohepriesterin, zählen. Überragt wird dieser Bezirk von der Zikkurat aus drei übereinander gesetzten hohen Terrassen, die über eine dreiläufige Monumentaltreppe erreichbar sind; ein Tempel bekrönt seine Spitze. Dieser eindrucksvolle Bau ist, wie die gesamte mesopotamische Monumentalarchitektur, aus Ziegelsteinen in regelmäßigen Lagen errichtet, die untereinander mit Asphalt verbunden sind.

Die Stadt Ur und mit ihr das Staatswesen, um dessen Wiederaufstieg sie bestrebt ist, erreicht ihre Blüte während der langen Regierungszeit Schulgis, der seinem Vater 2094 v. Chr. nachfolgt. Die ersten Jahre widmet dieser der Sicherung seiner Macht und der Fortführung des von Ur-Nammu begonnenen Wiederaufbauwerkes. Aber vom achtzehnten Regierungsjahr an verfügt Schulgi durch die Aufstellung eines stehenden Heeres über die Möglichkeiten zu militärischen Operationen und diplomatischen Aktivitäten. Dadurch kann er die Grenzen seines Reiches ausdehnen und ihm im Norden Assur und Urbilum (Arbela), Kernland des künftigen Assyrien, sowie Susa im Osten einverleiben.

Die große Elamiterstadt Susa am Fuße der iranischen Hochebene lag seit der archaischen Epoche im sumerischen Einflußbereich und hatte die sumerische Kultur und Keilschrift übernommen. Unter akkadische Herrschaft geraten, wurde Susa nach dem Fall dieses großen mesopotamischen Reiches erobert durch den letzten Herrscher einer elamitischen Dynastie, Dynastie von Awan genannt, die ihre Unabhängigkeit im Herzen des Zagrosgebirges hatte behaupten können. Dieser König namens Pusur-Inschuschinak war ein Zeitgenosse Ur-Nammus. Er führte in Susa neben der akkadischen Keilschrift eine neue Schrift ein, das sogenannte „lineare Elamitisch", ein Zeugnis für die Zweisprachigkeit, die in dieser „Kreuzungsstadt" herrschte. Susa erlangte erneut seine einträgliche Rolle als wichtige Zwischenstation für die Handelswege zwischen Mesopotamien und dem iranischen Hochplateau und von da aus bis ins Industal, wo die ebenfalls die Schrift meisternde Harappa-Kultur in voller Entfaltung steht. Die Lage der Stadt an der Einmündung der Straßen, auf denen Zinn herangeschafft wird, verleiht ihr eine solche strategische Bedeutung, daß die neue sumerische Macht von Ur sie unter ihre Kontrolle bringen will. Daher bemächtigt sich Schulgi ihrer und bemüht sich anschließend, die neue Ostgrenze durch Verträge mit den angrenzenden iranischen Staaten zu sichern.

Im Bestreben um die Stabilität seines Reiches, das inzwischen fast wieder den gleichen Umfang hat wie unter den akkadischen Königen, baut Schulgi eine zentralisierte Verwaltung auf, indem er die Erfassungsstellen, über die eine enge Kontrolle des wirtschaftlichen Lebens erfolgt, vermehrt. Es werden große Sammel- und Verteilerzentren angelegt, in denen nach jeweiligen Kategorien die zu besteuernden[1] Güter eingelagert werden. So ist beispielweise das Zentrum Pusrisch-Dagan zuständig für Großvieh, und es wird eine regelrechte Verteilerkette organisiert, damit die entsprechend festgelegten Bestände an die Tempel, die Beamten oder das Königshaus gelangen. Für die wichtigsten Städte werden Statthalter ernannt, *Ensi*, zumeist aus den örtlichen Herrscherfamilien stammend. Sie unterliegen jedoch einer engen Kontrolle durch die Militärkommandanten,

---

1 Es gab damals zwei Hauptsteuern: die sogenannte *Bala*, die monatlich in den Kernprovinzen des Reiches erhoben wurde, also in Sumer und Akkad, und die *Gun-mada* für die Randgebiete.

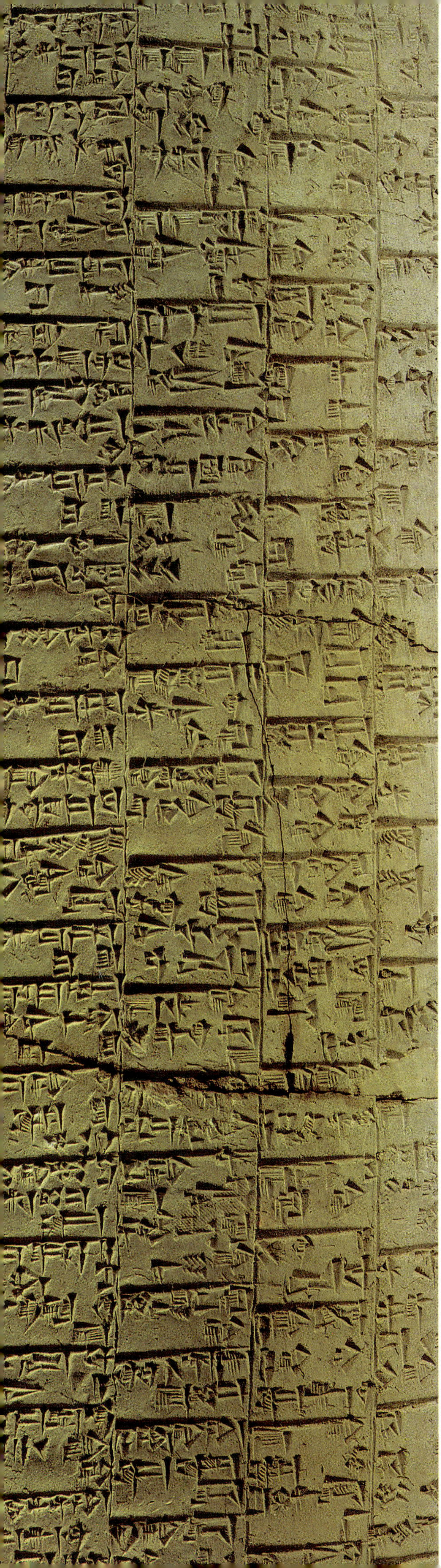

Schriftzylinder Gudeas
Detail. Zweite Dynastie von Lagasch,
Tello (ehemals Girsu),
Ton,
Höhe 60 cm
Paris, Musée du Louvre

Die sumerische Inschrift berichtet von der Errichtung des dem Gott Ningirsu geweihten Eninnu-Tempels.

Als „Architekt mit Plan" bezeichnete Statue Gudeas
Detail: Grundriß der Mauer um das Eninnu. Zweite Dynastie von Lagasch, Tello (ehemals Girsu),
Diorit,
Höhe 93 cm
Paris, Musée du Louvre

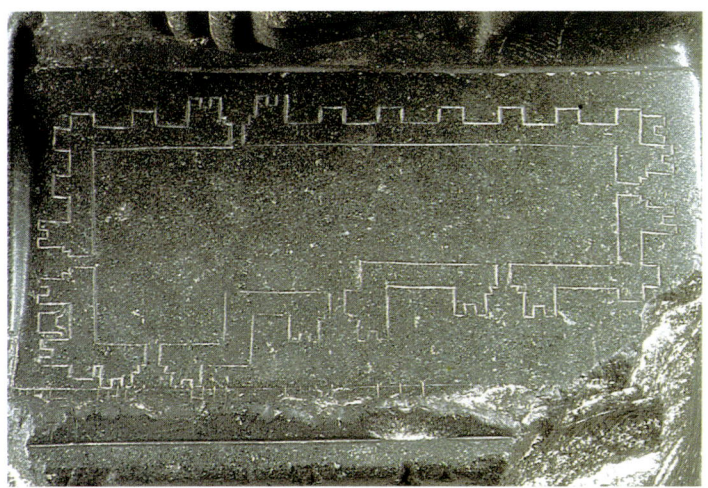

Schagin, die unmittelbar dem Herrscher von Ur unterstellt sind. Zudem wird ein bemerkenswert ausgeklügeltes Kommunikationssystem entwickelt, das sich auf zahlreiche Stationen für die königlichen Boten stützt.
Diese Zentralisierungsbemühungen und die damit einhergehenden intensiven wirtschaftlichen Aktivitäten werden belegt durch eine entsprechende Fülle von Tontafeln, zumeist buchhalterischen und juristischen Inhalts. Sie lassen sowohl eine Vereinheitlichung auf dem Gebiet der Schrift als auch beim Kalender erkennen, der bisher noch Unterschiede zwischen den Städten aufwies. Sie setzen aber auch eine spürbare Zunahme von Schreiberstellen voraus und damit eine systematische Unterrichtung im Schreiben. All das trägt bei zu einer kulturellen Vereinheitlichung, bei der die vielfältigen Hinterlassenschaften, über die das Reich von Ur verfügt, miteinander verschmelzen. Begleitet wird sie von einem Aufblühen der sumerischen Literatur mit Hymnen zu Ehren der großen Gottheiten und zum Ruhme des Herrschers. Wie schon vorher bei Naramsin geschehen, läßt sich auch Schulgi, im übrigen ein hochgebildeter Mann, noch zu Lebzeiten zum Gott erklären, was der Ausdruck höchst denkbarer Machtfülle ist.
Am Ende von nicht weniger als achtundvierzig Regierungsjahren hinterläßt Schulgi ein Reich, dessen Organisation in vielen Bereichen vorbildlich ist und

dessen Bestand auf lange Zeit gesichert scheint, auch wenn die Bedrohungen von außen in seinen letzten Jahren sich vervielfacht hatten. Denn es ist nur natürlich, daß der außerordentliche Wohlstand, der innerhalb der Grenzen dieses Reiches herrscht, die Begehrlichkeit jener Völker weckt, die in seinem Umkreis leben: Elamiter im Osten, Churriter im Norden und Amoriter im Westen. Dies umso mehr, als der übrige Nahe Osten gegen Ende dieses dritten Jahrtausends eine allgemeine Krise erlebt. Der Druck auf die mesopotamischen Grenzgebiete in Steppen und Bergen wächst daher in der Regierungszeit der beiden Söhne Schulgis, zunächst Amarsin und dann Schusin, der seinem Bruder 2037 v. Chr. nachfolgt, unaufhörlich. Beide müssen sich beständig wehren gegen die Eindringlinge und deren bewaffnete Überfälle. Daher wird zwischen Tigris und Euphrat an der Stelle, wo sich die beiden Flüsse am nächsten kommen, eine Mauer zum Schutz vor den Amoritern errichtet.

Der Zerfall des Reiches setzt nach der Thronbesteigung Ibbisins ein, der 2028 v. Chr. seinem Vater Schusin folgt. Urs Macht verringert sich von Jahr zu Jahr, während die anderen großen Städte, eine um die andere, ihre Unabhängigkeit zurückerlangen. Vom zehnten Jahr seiner Regierung an beherrscht Ibbisin im Grunde nur noch Ur selbst und das unmittelbare Umland. Inzwischen war um die Mitte des Jahrhunderts im Zagrosgebirge ein Bund von kleinen elamitischen Fürstentümern entstanden. Zum Königreich Schimaschki geworden, erlebte er einen raschen Aufstieg, und schon bald wurde ihm zunächst Anschan auf dem Hochplateau und dann Susa einverleibt. Kindattu, König von Schimaschki und Elam, nutzt das in Mesopotamien herrschende Chaos, marschiert in das Gebiet ein und belagert 2004 v. Chr. Ur. Die alte sumerische Stadt wird von dem Elamiter eingenommen und geplündert, und ihr letzter Herrscher Ibbisin wird gefangen genommen und ins ferne Anschan gebracht, wo er stirbt.

Assur und die amoritischen Königreiche
(2004 bis 1792 v. Chr.)

Während sich in Mesopotamien die städtische Lebensform im Laufe des dritten Jahrtausends zu einem einheitlichen Staatswesen imperialen Zuschnitts fortentwickelte, verharrten die Regionen der Levante von Palästina (dem alten Land Kanaan) bis Nordsyrien noch im Stadium der Stadtstaaten. Die größtenteils von einer Bevölkerung mit westsemitischer Sprache bewohnten Städte wurden zumeist auf natürlichen Erhebungen angelegt und mit Mauern umgeben, vor allem in Kanaan. Wirtschaftlich ausgerichtet sind diese Städte vor-

Die große, zur ersten der drei
übereinanderliegenden Terrassen
hinaufführende Treppe.

wiegend nach Ägypten hin, jener Großmacht, die ganz in der Nähe die Minen
des Sinai ausbeuten läßt und Vorposten bis nach Kanaan eingerichtet hat.
Mit Ägypten pflegt auch die große Hafenstadt Byblos, weiter im Norden auf
einem zwei natürliche Häfen schützenden Felsvorsprung angelegt, enge mari-
time Beziehungen. Dorthin exportiert sie Zedernholz, für die Mumifizierung
benötigte Harze, Olivenöl und Wein. Ebenso bestehen Handelsverbindungen
mit Syrien, insbesondere Ebla, und zweifellos weiter bis Mesopotamien. In der
reichen Stadt wurden Palastanlagen und religiöse Bauten errichtet, insbesondere
der Tempel der Stadtschutzgöttin Baalat Gebal, der „Dame von Byblos", deren
Berühmtheit bis nach Ägypten gelangte, wo sie mit der dortigen Göttin Hathor
gleichgestellt wurde. Dennoch ist trotz dieser Handelsbeziehungen sowohl in
Byblos als in ganz Kanaan den dortigen Mächten die Schrift noch unbekannt.
Nach 2300 v. Chr. wird die ganze Levante von einem Niedergang erfaßt, dessen wenig bekannte Gründe wahrscheinlich sowohl auf Umwelt- wie auf wirtschaftliche Faktoren zurückgehen und in jedem Fall auf einen erheblichen
Rückgang der Handelstätigkeit, der wiederum zusammenhängt mit der
Schwächung und schließlich dem Untergang des Alten Reiches in Ägypten. Tat-
bestand ist jedenfalls bis zum Ende des Jahrtausends ein erheblicher Rückgang
der städtischen Bevölkerung. Die Städte werden großenteils aufgegeben, manche von ihnen zerstört. Diese Zerstörungen, auf die man von Palästina bis Syrien
trifft, werden gewöhnlich in Verbindung gebracht mit Bevölkerungsbewegun-
gen der Amoriter. Ihr beschleunigtes Eindringen in Mesopotamien begleitet den
Zerfall des Reiches von Ur unter dessen letztem Herrscher Ibbisin in den letzten Jahren des dritten Jahrtausends.
In jeder der großen Städte werden nun lokale Herrscherdynastien gegründet,
die sich den jetzt wieder zerstückelten mesopotamischen Raum teilen. In vielen
Fällen sind es amoritische Anführer, welche die Macht an sich reißen, was eine
weit gediehene Integration in einer mehr und mehr semitisch geprägten
Umwelt belegt, in der sich das Akkadische als Umgangssprache durchsetzt. Die
mächtigste dieser neuen Dynastien wird 2017 v. Chr. in Isin von Ischbi-Erra
gegründet, einem aus Mari stammenden Semiten, der von Ibbisin zum Statthalter im Norden Sumers bestellt worden war und sich nach und nach der
Herrschaft Urs entzogen hatte. Auch wenn sie nur über ein weitaus bescheide-
neres Gebiet geboten, führten die Herrscher von Isin die Traditionen des Reiches dennoch fort und nahmen den Titel „König von Sumer und Akkad" an.
Das Sumerische verliert mehr und mehr seine Bedeutung als Umgangssprache
und wird zur Sprache der Gebildeten und Priester. Zu jener Zeit werden die
meisten bedeutenden Werke der sumerischen Literatur in ihre endgültige Form

„Gründungsnagel" des Schulgi

Dritte Dynastie von Ur, Susa,
Kupfer,
Höhe 25 cm
Paris, Musée du Louvre

**Berggott, zwei gehörnte Tiere
fütternd**

15. Jhdt. v. Chr., Assur
Kalkstein,
Höhe 122 cm
Berlin, Vorderasiatisches Museum

gebracht oder neu aufgeschrieben. Auch die „Sumerische Königstafel" wird neu verfaßt und erlaubt nun, die neue Dynastie in die tausendjährige Folge mesopotamischer Herrscher einzureihen. Die tatsächliche Vorherrschaft der Stadt Isin über Untermesopotamien erreicht ihren Höhepunkt unter ihrem fünften König Lipit-Ischtar (1934 bis 1924 v. Chr.). In seine Regierungszeit fällt die Errichtung des Enigsisa, des „Hauses des Gerechtigkeit", und die Veröffentlichung eines „Gesetzbuches", ganz unmittelbar beeinflußt durch das von Ur-Nammu und einer der letzten großen, in Sumerisch abgefaßten Texte.
Gegen Ende seiner Herrschaft sieht sich jedoch auch Lipit-Ischtar wieder den Expansionsgelüsten einer anderen sumerischen Stadt ausgesetzt, nämlich derer von Larsa, weiter südlich gelegen und gleichfalls von einer Amoriterdynastie beherrscht. Ihr fünfter König Gungunum (1932 bis 1906 v. Chr.) erweist sich als ein gefürchteter Kriegsheld, dessen Feldzüge ihn bis nach Elam führen, wo die Dynastie von Schimaschki im 20. Jahrhundert v. Chr. abgelöst wurde von jener Sukkalmachs, deren Mitglieder als „oberste Regenten" sowohl über Anschan wie Susa herrschen. Vor allem aber entreißt Gungunum dem König von Isin die Herrschaft über Ur, dessen Hafen weiterhin der Schlüssel für den Schiffsverkehr über den Golf ist. So gelangt nun Larsa zu großem Wohlstand, und seine Bedeutung wird unterstrichen durch den Ruhm seines religiösen Zentrums, des E-Babbar („Strahlendes Haus") genannten Tempels des Sonnengottes Schamasch. Gungunums Nachfolger sehen sich durch das Bestreben, sich die Vorherrschaft über Untermesopotamien zu bewahren, jedoch in endlose Kriege mit dem konkurrierenden Isin verstrickt. Das wiederum nutzt der elamitische Herrscher des östlich des Tigris gelegenen Königreichs Emutbal, Kutur-Mapuk, um seinen Sohn Waradsin auf den Thron von Larsa zu setzen. Diesem folgt sein Bruder Rimsin, dessen überaus lange Regierungszeit (1822 bis 1763 v. Chr.) die letzte wirtschaftliche und kulturelle Blütezeit Sumers hervorbringt und bald durch politische Einheit (für welche die Eroberung Isins 1794 v. Chr. eine wichtige Voraussetzung ist) abgesichert sein wird.
Auch im Norden Mesopotamiens war zu Beginn des 20. vorchristlichen Jahrhunderts eine eigenständige Dynastie lokaler Herkunft zur Herrschaft gelangt, und zwar in Assur. Diese auf einem Felsvorsprung über dem Tigristal an jener Stelle errichtete Stadt, wo der Zugang zu einer fruchtbaren Hügellandschaft durch die natürliche Festung des Zagrosgebirges geschützt ist, war seit dem dritten Jahrtausend ein wichtiger Ort an einer der großen Handelsstraßen, die Mesopotamien mit Syrien und Anatolien verbinden. Das führte zu ihrer Einbeziehung in die Herrschaftsbereiche der Dynastien zunächst von Akkad und dann von Ur. Die Errichtung einer unabhängigen Dynastie scheint das Werk eines gewissen Pusur-Assur gewesen zu sein, der ebenso wie seine ersten Nachfolger einen akkadischen Namen trägt. Die seltenen Inschriften aus ihrer Zeit in Keilschrift bezeugen das Auftreten einer assyrischen Sprache, die freilich nur eine Dialektabwandlung des Alt-Akkadischen ist. Diese ersten Herrscher eines sich allmählich entwickelnden frühen assyrischen Staatswesens gründen ihre Macht auf bevorzugte Beziehungen mit den Priestern des Stadtgottes Aschschur (Assur), als dessen *Ischiakkum*[1], das heißt „Stellvertreter", sie sich fühlen und bezeichnen. Diese politische und kulturelle Stellung verbindet sich mit der durch die Herrscher organisierten Neubelebung der Handelsverbindungen. Bald beginnen die

1 Der assyrische Titel *Ischiakkum* ist abgeleitet vom sumerischen *Ensi*.

FALKEN-PEKTORALE
Anfang 2. Jahrtausend v. Chr.,
Byblos, Nachbildung einer
ägyptischen Arbeit,
Gold und Silber,
12 x 20,5 cm
Paris, Musée du Louvre

FALKEN-PEKTORALE
Detail

Seite 92/93
KAPPADOKISCHE SCHRIFTTAFEL
Detail; Ende 20. Jhdt. v. Chr.,
Kanesch,
Ton,
Höhe 6,3 cm
Paris, Musée du Louvre

In Keilschrift niedergeschriebenes
Urteil, gefällt von den Richtern des
Karum von Kanesch.

großen Familien Assurs ein ausgedehntes Netz von Handelsniederlassungen zu gründen, das vor allem nach Anatolien hin ausgerichtet ist.

Denn auch auf der anatolischen Hochebene sind, wie im gesamten Nahen Osten, im Laufe des dritten Jahrtausends Stadtstaaten entstanden. Sie haben sich um einen befestigten Mittelpunkt entwickelt und werden regiert von „Fürsten", die zu „Großfürsten" werden, wenn sie einige solcher Territorien in ihrer Hand vereinigen. Alle verdanken im wesentlichen ihren Wohlstand der Ausbeutung von Mineralvorkommen, an denen die Gegend reich ist. Die Metallverarbeitung erreicht hier bereits früh hohen Stand, was durch die Grabbeigaben in fürstlichen Grabstätten, wie etwa jener von Alaça Hüyük, belegt ist. Wegen des Überflusses an Kupfer in Anatolien nimmt hier die Herstellung von Bronze[1] einen bevorzugten Platz ein. Sie wird jedoch rasch abhängig von der Einfuhr von Zinn, einem zur damaligen Zeit recht seltenen Metall, dessen Hauptlagerstätten sich außerdem genau am anderen Ende des damaligen Orients befinden, nämlich an den Ausläufern des iranischen Hochlands. Aufgrund seiner zentralen Lage wird Mesopotamien zur natürlichen Drehscheibe für seinen Transport, und daher lassen sich bereits zu Zeiten Sargons mesopotamische Kaufleute in Puruschanda im Herzen Anatoliens nieder. Von diesem Handel profitierte das ganze zentralanatolische Hochland, bewohnt von einer Bevölkerung, die man als Hatti oder Hethiter bezeichnete, und Städte wie Kanesch oder Hattusa (Hattusas) erfreuten sich großen Wohlstands.

Die während der Zeit der Krise, welche das Ende des dritten Jahrtausends kennzeichnet, unterbrochenen Handelsbeziehungen zwischen Mesopotamien und Anatolien lebten zu Beginn des zweiten Jahrtausends wieder auf dank der Initiative assyrischer Kaufleute, die eine komplexe Organisation aufbauten. *Karum* genannte Niederlassungen (deren Zweigstellen hießen *Wabartum*) wurden in den wichtigsten Städten gegründet; sie lagen an den Straßen, denen die Karawanen dieser Kaufleute folgten. Diese Eselskarawanen verlassen Assur zweimal jährlich, beladen mit Zinn aus dem Osten und mit in Untermesopotamien gewebten Stoffen. Sie kehren aus Anatolien zurück mit Silber und Gold, Metallen von hohem Wert, die schon damals im Welthandel die Rolle von Geld spielten. Die Funktionsfähigkeit des Systems wird verstärkt durch die Zusammenfassung von Transporten und Transaktionen unter einer Leitung, die beim *Karum* von Kanesch liegt, dem alle anderen Niederlassungen unterstellt sind. Diese befinden sich normalerweise in einem eigenen Viertel, zumeist in der Unterstadt, gemäß den „Eide" genannten Vereinbarungen, die mit den jeweiligen Stadtherren getroffen wurden. Die assyrischen Kaufleute wohnen dort nach ihren eigenen Sitten, pflegen aber mit der einheimischen Bevölkerung freundliche Beziehungen, die auch Ehen nicht ausschließen. Sie legen für ihre wirtschaftlichen Erfordernisse nötige umfangreiche Keilschriftarchive an, und diese führen zum Einzug der Schrift in Anatolien.

Gegen Ende des 19. Jahrhunderts v. Chr. erschüttern jedoch erneut heftige Auseinandersetzungen die Region, und die assyrischen Handelsniederlassungen werden brutal zerstört. Das geschwächte Assur fällt in die Hand fremder Eroberer: zunächst in die Naramsins, des Herrschers von Eschnunna, und dann in jene von Samsi-Addu (Schamschi-Adad), des Sohnes eines amoritischen Anführers aus der Gegend des mittleren Euphrat.

---

1 Bronze ist eine Legierung aus etwa 90 Prozent Kupfer und 10 Prozent Zinn, wobei dieses vom dritten Jahrtausend an das ursprünglich verwendete giftige Arsen ersetzte.

Hammurabi und der Aufstieg Babylons
(1792 bis 1595 v. Chr.)

Die Welt des Nahen Ostens, fand dennoch zu neuem Wohlstand zurück, insbesondere durch den Neuaufbau eines weiten Netzes von Handelsbeziehungen, die darauf basierten, daß Wirtschaft und Rohstoffe der jeweiligen Regionen einander ergänzten. Zwar hatten die mächtigen mesopotamischen Staaten ihren Platz einem Mosaik kleiner Königreiche räumen müssen, die in beständige Auseinandersetzungen miteinander verstrickt waren, doch auf kulturellem Gebiet kommt es zu Beginn des zweiten Jahrtausends zu großer Vereinheitlichung. Überall hat sich die Verwendung der Keilschrift durchgesetzt, und das Akkadische ist die allgemein verwendete Diplomatensprache.

In diesem zu neuer Blüte gelangenden Nahen Osten gewinnt die Levante zunehmende Bedeutung, weil sie eine Drehscheibe im Herzen der Handelsverbindungen ist und obendrein begünstigt wird durch den erneuten Aufstieg Ägyptens unter den Pharaonen des Mittleren Reiches. Insbesondere die Städte an der Mittelmeerküste profitieren von der Wiederaufnahme des Handelsverkehrs mit Ägypten, was sich vor allem an Byblos zeigt, das zu seinem früheren Wohlstand zurückfindet. Hier werden neue Heiligtümer errichtet, so der „Obeliskentempel", der auf einer Terrasse erbaut wird und dem man einen Opferhof mit Götter-Steinmalen (Bethylen) voranstellt. Der Königsfriedhof bewahrt in seinen unterirdischen Gewölben einen reichen Schatz von Grabbeigaben, darunter insbesondere Schmuck und kostbares Geschirr aus Ägypten, aber auch lokale Erzeugnisse in ägyptisierendem Stil. Weiter im Norden blüht die Stadt Ugarit[1] auf, die unweit der Küste am Eingang zu einer fruchtbaren Ebene liegt. Auf ihren Märkten treffen sich Kaufleute aus allen Weltgegenden, von denen manche selbst aus dem minoischen Kreta kommen, wo sich zu dieser Zeit eine höfische Kultur entwickelt, die in manchen Zügen mit der des Vorderen Orients vergleichbar ist. Diese weitreichenden Verbindungen legen zugleich Zeugnis ab von den erheblichen Fortschritten der Hochseeschiffahrt.

Die Machtergreifung durch amoritische Dynastien in den meisten großen Städten der Levante und auch in zahlreichen Städten Mesopotamiens konnte sich auf diese Steigerung des Handels nur günstig auswirken. Ugarit, aber auch die Städte in Innersyrien wie Qatna oder (um die heutige Bezeichnung zu verwenden) Aleppo, die Hauptstadt des Königreiches von Jamchad, die Ebla als regionale Metropole abgelöst hat, werden allesamt regiert von Herrschern amoritischer Abkunft. Das gilt auch für Mari, das nach dem Fall des akkadischen Reiches seine Unabhängigkeit unter der sogenannten Schakkanakku-Dynastie[2] wiedergewonnen hatte, ehe dann wieder Jachdun-Lim, Sohn eines amoritischen Stammesführers aus der Region des mittleren Euphrats, gegen Ende des neunzehnten Jahrhunderts v. Chr. sich seiner bemächtigt. Damit wird Mari für zwei Jahrzehnte Hauptstadt eines mächtigen Königreiches, das die gesamte Region bis zum Balich beherrscht. Doch kaum zwei Jahre nach dem Tode Jachdun-Lims fällt die Stadt in die Hände eines anderen amoritischen Eroberers namens Samsi-Addu (Schamschi-Adad).

Auch dieser ist der Sohn eines amoritischen Stammeshäuptlings aus dem Gebiet am mittleren Euphrat, der sich zum König von Ekallatum, einer Stadt am Tigris nördlich von Assur, aufgeschwungen hatte. Samsi-Addu selbst, der seinem Vater auf den Thron gefolgt war, wird kurz darauf aus Ekallatum vertrieben durch Naramsin, den König von Eschnunna. Für einige Zeit nach Babylon in Mittelmesopotamien geflüchtet, erobert er jedoch alsbald Ekallatum zurück und bemächtigt sich dann Assurs, wo er dreiunddreißig Jahre lang auf dem Thron sitzen wird. Nach der Eroberung von Mari vereinigt er schließlich ganz Nordmesopotamien. Als Herrn von Ekallatum setzt er seinen ältesten Sohn Ischme-Dagan ein, als den von Mari seinen jüngeren Sohn Jaschma-Addu, denen er damit den Schutz der beiden entferntesten Punkte des ausgedehnten Königreiches von Obermesopotamien anvertraut. Er selbst hingegen errichtet seine Hauptstadt im Herzen der nördlichen Ebene, an einem Ort, den er in Schubat-Enlil umtauft; das bedeutet „Wohnsitz des Gottes Enlil", womit er sich unter den Schutz des großen sumerischen Gottes begibt, der die Macht verleiht. Nach Westen hin werden Vereinbarungen geschlossen mit den wichtigsten syrischen Herrschern, und für eine gewisse Zeit werden sogar wieder Handelsniederlassungen in den Städten Anatoliens errichtet. Mit einer gewissen Berechtigung also kann sich Samsi-Addu *Schar Kischati* nennen, „König der Gesamtheit".

Dennoch wird dieser Staat mit seinem Universalitätsanspruch nicht einmal seinen Nachfolger überleben. Denn sein Sohn Ischme-Dagan kann nicht lange dem Herrscher Elams widerstehen, dessen Heere nach der Zerstörung Eschnunnas ganz Assyrien verwüsten und Schubat-Enlil einnehmen. Am Euphrat war inzwischen bereits Mari erobert worden von Simri-Lim, einem Neffen des alten Kö-

---

1 Ugarit wurde an der Stelle von Ras Schamra errichtet, das bereits seit dem achten Jahrtausend v. Chr. besiedelt war.
2 Der Ausdruck Schakkanakku, wörtlich „die Statthalter", ist abgeleitet von *Schagin*, der Bezeichnung für die Militärgouverneure der Dritten Dynastie von Ur.

Ischtar, ist aber in Babylonisch, einer lokalen Abart des Akkadischen, geschrieben und soll „der Verkündigung des Rechts im Lande, der Ausrottung von Unrecht und schlechten Sitten und der Vermeidung der Unterdrückung des Schwachen durch den Starken" dienen. Seine schriftliche Verkündigung auf monumentalen Stelen soll, wie es im Eingangstext heißt, es jedem ermöglichen, selbst die Verfügungen zu lesen, die sich auf seinen Fall beziehen. Zweihundertzweiundachtzig typische Streitfälle, über die in letzter Instanz der König selbst sich die Entscheidung vorbehält, sind hier aufgeführt. Sie umfassen alle wesentlichen Aspekte des gesellschaftlichen Lebens, und für jeden ist ein Rechtsgrundsatz angeführt, der den Rahmen für eine Entscheidung darstellt. Das große Königreich des Hammurabi, dessen einheitliche Verwaltungsorganisation den lokalen Autoritäten nur mit Mühe aufgezwungen werden kann, ist vor allem das Werk eines einzigen Mannes und überlebt daher seinen Begründer nicht. Schon unter seinem Sohn Samsu-Iluna, der den Thron 1749 v. Chr. besteigt, geht eine starke Wirtschaftskrise einher mit einer Erhebung der Städte. Der Süden Mesopotamiens entzieht sich der Kontrolle Babylons, und die dortigen Städte entvölkern sich. Der Niedergang der Region verbindet sich mit einem Erlöschen der Handelsbeziehungen im Golf, die eine Folge des Untergangs der Induskultur ist. Die Herrschaft der babylonischen Könige beschränkt sich hinfort auf Mittelmesopotamien und das mittlere Euphrattal bis Terqa. In dieses geschwächte Reich dringen nun Angehörige von Bevölkerungsgruppen ein, die aus dem Zagrosgebirge stammen: die Kassiten. Und als 1595 v. Chr. der Hethiterkönig Murschili I., der aus der anatolischen Hochebene heruntersteigt, um Aleppo zu erobern, zu einem Kriegszug entlang des Euphrattales bis nach Babylon aufbricht und den Sturz der Dynastie des Hammurabi herbeiführt, richtet sich ein kassitischer Anführer namens Agum-Kakrim in der Stadt ein und eröffnet eine neue Epoche.

3. Völker und Reiche

Während die Amoriter die Herrschaft in den wichtigsten Städten Mesopotamiens und Syriens antreten, spielen sich in den nördlichen Regionen andere Völkerbewegungen ab. Alle diese Völker verschiedener Herkunft werden sich nach und nach in die kulturelle Welt des Nahen Ostens eingliedern und dann zu bestimmenden politischen Mächten werden. Die Churriter waren schon vor langer Zeit in den bergigen Randgebieten im Norden Mesopotamiens ansässig geworden. Um 2100 v. Chr. gründen sie dort kleine unabhängige Staaten, deren bedeutendster jener von Urkisch ist (heute Tell Mosan), dem religiösen Zentrum ihres Hauptgottes Kumarbi. Die Churriter, deren Sprache sich von allen anderen in dieser Zeit gesprochenen unterscheidet, werden sich im Laufe der folgenden Jahrhunderte in zahlreichen Städten Mesopotamiens und Nordsyriens niederlassen.

In Anatolien wiederum haben sich, zweifellos vom Ende des dritten Jahrtausends an, verschiedene Völkergruppen des indoeuropäischen Sprachenzweigs angesiedelt, deren Dialekte einander nahestanden: die Hethiter im mittelanatolischen Hochland, die Luwier im Süden der Halbinsel und die Palaer im Nordwesten. Nach einem ersten Ansatz zu politischer Einheit Mittelanatoliens der Könige von Kussar im 18. Jahrhundert v. Chr. verwirklichte diese ein hethitischer Herrscher um 1650 v. Chr. Er begründete seine Hauptstadt in Hattusa, das durch seine Lage eine Art natürliche Zitadelle im Herzen des Hochplateaus ist, und nannte sich nach dieser Hattusilis, „der Mann von Hattusa". Im Bestreben, sich die Route nach Süden zu sichern, die der Schlüssel zum Fernhandel war, eroberte er die kilikische

Seite 106/107

DAS ISCHTARTOR

Detail der Fassade; Zeit
Nebukadnezars II., Babylon,
glasierte Ziegel

Berlin, Vorderasiatisches Museum

GRÜNDUNGSNAGEL

Um 2100 v. Chr., Tell Mosan
(ehemals Urkisch),
Bronze und Kalkstein,
12,2 x 8,5 cm

Paris, Musée du Louvre

Ein „Nagel" in Löwenform schützt
die älteste, uns bekannte
Keilschrifturkunde in Churritisch.

DAS LÖWENTOR

Neues Hethiterreich, äußere
Mauer von Hattusa

Hattusa (Bogazköy/Türkei)

Löwen bewachen den Zugang zur
Oberstadt, in der sich die Tempel
der Hethiterhauptstadt erheben.

STATUE DES KÖNIGS IDRIMI
Anfang 15. Jhdt. v. Chr., Tell
Atschana (ehemals Alalach),
Kalkstein und Basalt,
Höhe 103,5 cm
London, British Museum

Ebene und drang dann in Syrien ein, wo er sich mehrerer Städte bemächtigte. Sein Nachfolger Mursilis (Murschili) I. vollendet die Eroberung Syriens durch die Einnahme der Regionalhauptstadt Aleppo. In einem kühnen Zug dringt er dann, nachdem er erst einmal am Euphrat angelangt ist, bis nach Babylon vor. Damit wird im anatolischen Hochland eine neue Macht begründet.

Die Machtergreifung neuer Völker (1595 bis 1365 v. Chr.)

Die Einnahme Babylons durch Mursilis I. im Jahre 1595 v. Chr. führt zum Sturz der Amoriterdynastie, die hier seit drei Jahrhunderten regierte. Und wieder ist es eine Dynastie fremder Herkunft, nämlich eine kassitische, die sie ablöst. Aber wenn auch der kassitische Adel die hohen politischen und militärischen Stellen im Königreich besetzt, bleibt die Verwaltung doch babylonisch. Genau wie ihre amoritischen Vorgänger zu Beginn des Jahrtausends werden auch die Kassiten von der babylonischen Kultur rasch assimiliert, verleihen ihr aber gleichzeitig neues Leben. Denn unter ihrer Herrschaft werden die Haupttexte der mesopotamischen Tradition zusammengetragen und in kanonische Form gebracht. Alte Heiligtümer werden wiederhergestellt, und neue entstehen. So läßt der um 1415 v. Chr. herrschende König Karaindas im heiligen Bezirk von Uruk einen kleinen, der Göttin Inanna geweihten Tempel errichten, dessen Dekoration aus modellierten, gebrannten Ziegeln – eine Reihe von Gottheiten mit Vasen in den Händen, aus denen sich ein fortlaufender Wasserstrom ergießt – eindeutig in der mesopotamischen Tradition steht. Im 14. Jahrhundert v. Chr. wird eine neue Königsstadt unweit der Nordgrenze des Reiches nach Assyrien errichtet, das gerade eine Zeit des Wiederaufstiegs erlebt. Dur-Kurigalzu, also „Kurigalzus Festung" zu Ehren des Kassitenherrschers genannt, der sie anlegen ließ, entsteht um einen ausgedehnten Palast und ein Heiligtum, die von einer hohen Zikkurat überragt werden. Dennoch bleibt Babylon die große religiöse und kulturelle Metropole, wo die Priesterschaft Marduks ihren Gott feiert, der an der Spitze der Götterwelt steht; in dieser neuen Rolle wird er im mythologischen Bericht Enuma Elisch besungen, der im 12. Jahrhundert v. Chr. aufgeschrieben wurde und in dem es heißt:

> *Marduk, Herrscher über die Götter,*
> *dessen Reich glänzend und der selbst unwandelbar ist,*
> *dessen Wort von Dauer und dessen Ordnung unumstößlich ist:*
> *Kein Gott kann ändern, was sein Mund verkündet.*

Dieses Figürchen wurde als Talisman getragen, um das Wohlwollen des dargestellten Gottes zu erlangen.

Während sich unter der Schirmherrschaft des Gottes Marduk die Kassitenregenten darum bemühen, den Glanz Babylons fortdauern zu lassen, vereinigen sich im Norden im Laufe des 16. Jahrhunderts churritische Fürstentümer zur Begründung des Staates Mitanni. Dieses neue Königreich, dessen Bevölkerung größtenteils churritisch, dessen herrschende Adelsschicht aber indoeuropäischer Herkunft ist, erlebt eine rasche Ausdehnung und erstreckt sich bald vom Zagrosgebirge bis zum Mittelmeer. Im Osten fällt Assur unter seine Gewalt, in Syrien aber steht es den Ansprüchen des wiedererstarkten Ägypten gegenüber, das nachdrücklich die Vorherrschaft in dieser Region anstrebt. Die Pharaonen der 18. Dynastie nämlich wollen sich im 15. Jahrhundert die

Kontrolle über die Reichtümer der Levante sichern. Unter der Regierung von Thutmosis III. rücken die ägyptischen Armeen sogar bis zum Euphrat vor. Aber die gegnerischen Staaten ziehen schließlich ein Bündnis und die Teilung der Region vor, um gemeinsam der Bedrohung aus dem Norden zu begegnen, die durch den Wiederaufstieg des Hethiterreiches ausgelöst wird.

Dort gelangt um 1370 v. Chr. in Hattusa ein energischer Herrscher namens Schuppiluliuma auf den Thron. Nach Wiederherstellung der militärischen Schlagkraft der Hethiter knüpft er an die Syrienpolitik seiner Vorgänger an, und unter Ausnutzung der Schwäche Ägyptens, zu jener Zeit vom Reformpharao Echnaton regiert, gelingt es ihm in drei Feldzügen, Nordsyrien dem Mitanni-Herrscher Tuschratta zu entreißen. Dessen von dynastischen Konflikten erschütterter Staat bricht rasch zusammen, während Assyrien unter Assuruballit I., der 1365 v. Chr. seine Herrschaft antritt, wieder zu völliger Selbständigkeit zurückfindet.

Der Aufstieg Assyriens (1365 bis 934 v. Chr.)

Die Regierung Assuruballits I. verbindet sich mit den Anfängen des politischen und militärischen Aufstiegs Assyriens. Der neue Herrscher besetzt einen Teil von Mitanni, knüpft diplomatische Beziehungen mit dem Pharao an und greift selbst in Babylon zur Beilegung dynastischer Auseinandersetzungen ein. Der Niedergang der südlichen Metropole, die schon unter dem erheblichen Rückgang des Handels im Golf zu leiden hatte, auch wenn dafür ein gewisser Ausgleich durch die

FELSHEILIGTUM

13. Jhdt. v. Chr.

Yazilikaya/Türkei

Die Reliefs zeigen einen Zug
der Gottheiten des hethitischen
Götterhimmels.

Beziehungen zu Ägypten erfolgte, wird durch das Erstarken der assyrischen Macht beschleunigt. Unter Adadnirari I. (1307 bis 1275 v. Chr.) und Salmanassar I. (1274 bis 1245 v. Chr.) wird die Eroberung Mitannis durch Assyrien vollendet, was diesem die Kontrolle der Handelswege nach Syrien und Anatolien verschafft. Es wird eine assyrische Verwaltung unter einem Statthalter eingerichtet, ein Teil der Bevölkerung wird umgesiedelt und der Grundbesitz an Assyrer übertragen. Es kommt zur Ausbildung einer regelrechten Reichsorganisation unter der Schirmherrschaft des Gottes Assur, der nun auch kriegerische Züge trägt.

Im Westen ist der Konflikt um die Vorherrschaft in der Levante um diese Zeit erneut ausgebrochen; hier stehen sich die hethitischen und die ägyptischen Herrscher feindlich gegenüber. Sethi I. und Ramses II., die beiden großen Pharaonen der Neunzehnten Dynastie, nehmen die Politik der Ausdehnung in Asien wieder auf, und ihre Armeen bedrohen beständig Syrien. Durch die Schlacht von Kadesch um 1285 v. Chr. gelingt es dem Hethiterkönig Muwatalli II., das weitere Vordringen Ramses' II. zu verhindern, während dann Hattusilis III., beunruhigt durch die wachsende Macht Assyriens, es vorzieht, mit dem Pharao einen Vertrag zu schließen, der die Teilung der Levante besiegelt. Sein Sohn Tutchalija IV., der den Thron um 1250 v. Chr. besteigt, ist der letzte große Hethiterherrscher. Seine Hauptstadt Hattusa, aus der uns bedeutende Keilschrifturkunden erhalten blieben, erfährt durch ihn eine bedeutende Erneuerung. Der monumentale Figurenschmuck an den Toren und der Zitadelle und ebenso im Felsheiligtum Yazilikaya unweit der Stadt zeigt starke syrische und vor allem churritische Einflüsse.

RAS SCHAMRA, DAS EHEMALIGE UGARIT
Die in Syrien nahe der Mittelmeerküste gelegene Stadt war um zwei
Mittelpunkte angeordnet: den
großen Königspalast und die Akro-
polis, auf der sich die Tempeltürme
des Baal und des Dagan erhoben.

STELE DES BLITZESCHLEUDERNDEN BAAL
15./13. Jhdt. v. Chr., Ras Schamra
(ehemals Ugarit),
Kalkstein,
142 x 50 cm
Paris, Musée du Louvre

Aus der Lanze des Gottes Baal
wachsen Pflanzenzweige als Symbol
der Fruchtbarkeit – gewährleistet
durch Gewitter und Regen, die Baal
beherrscht.

In Syrien, das die Hethiter von ihren befestigten Plätzen Aleppo und Karkemisch am Euphrat aus unter fester Kontrolle haben, erlebt auch die Stadt Ugarit einen bedeutenden Aufschwung. Denn sie zieht Nutzen aus ihrer bevorzugten Lage am Kreuzungspunkt der Landwege in den Nahen Osten und der Schiffahrtsrouten über das östliche Mittelmeer, insbesondere aber auch aus der Nähe zur „Kupferinsel" Zypern. Hier werden nicht weniger als acht verschiedene Sprachen gesprochen und fünf unterschiedliche Schriftsysteme angewandt. In einem davon, das zwar von der Keilschrift abgeleitet, aber schon alphabetisch ist, wird die örtliche Sprache niedergeschrieben; es entsteht eine umfangreiche Literatur, in der die zur damaligen Zeit in der Levante vorherrschenden mythologischen Vorstellungen ihren Niederschlag finden.

Da die hethitische Vorherrschaft in Syrien den assyrischen Ausbreitungsbemühungen nach Norden einen Riegel vorschiebt, richten sich diese nach Süden, auf Babylonien zu. Als Antwort auf einen Angriff des Kassitenherrschers Kaschtiliasch IV. bemächtigt sich Tukulti-Ninurta I. (Sohn Salmanassars I., 1244 bis 1208 v. Chr.) der Stadt Babylon, die er plündern und in Brand setzen läßt. Ein Teil der Bevölkerung wird deportiert, darunter zahlreiche Schreiber, die eine erhebliche Menge von Schrifttafeln mit sich führen. Die Zerstörung Babylons hat somit die endgültige Eroberung Assyriens aufgrund der alten mesopotamischen Kultur zur Folge.

Die Kassitendynastie kann sich niemals wieder völlig von dieser Niederlage erholen und steht nun an der Spitze eines wirtschaftlich geschwächten Staatswesens, das obendrein zersplittert ist durch eine Verwaltungsorganisation, die auf dem

OPFERSCHALE MIT JAGDSZENE
14./13. Jhdt. v. Chr., Ras
Schamra (ehemals Ugarit),
Gold,
Durchmesser 18,8 cm
Paris, Musée du Louvre

**BETER MIT EINEM GEISSLEIN
ALS OPFERGABE**
12. Jhdt. v. Chr., Susa,
Gold,
Höhe 7,5 cm
Paris, Musée du Louvre

traditionellen System der Landverteilung an hohe Würdenträger basiert. Diese Land- oder Lehensvergabe, die festgehalten ist auf Steinstelen, den sogenannten *Kudurru*, mit den Symbolen ihrer Schutzgötter, ist die Grundlage für ausgedehnten Grundbesitz einer kleinen Oberschicht, was die stete Gefahr der Zerstückelung in sich birgt. Den Gnadenstoß versetzt dem Reich der Elamiterkönig Schutruk-Nachunte[1], der 1158 v. Chr. an der Spitze seiner Armee den Fluß Ulai überschreitet. Babylonien wird erneut verwüstet, und seine glanzvollen Städte werden geplündert. Der elamitische Herrscher läßt neben der Statue des Gottes Marduk auch bedeutende Denkmäler der mesopotamischen Geschichte wie die Siegessäule des Naramsin und die Stele mit den Gesetzen des Hammurabi nach Susa schaffen, um damit das Ende der kassitischen Macht zu besiegeln.

Dem Zusammenbruch Babyloniens war im Verlauf der vorhergehenden Jahrzehnte der anderer bedeutender Reiche vorangegangen, an deren erster Stelle das hethitische zu nennen ist. Durch eine wirtschaftliche und politische Krise erschüttert, geht es um etwa 1200 v. Chr. unter in einer Epoche, während der Anatolien von durchziehenden Völkern verwüstet wird. Zu ihnen zählen die sogenannten „Seevölker", deren Vordringen längs der Küsten des östlichen Mittelmeers erst an den Grenzen Ägyptens zum Halten gebracht werden kann. Das in der Levante durch das Ende des Hethiterreiches und den Rückzug Ägyptens nach dem Durchzug der Seevölker entstandene Machtvakuum wird nur

1 Gründer der elamitischen Dynastie der Schutrukiden, die jener der Igihalkiden folgt; deren bedeutendster Herrscher, Untasch-Napirischa, gelang Ende des 14. Jahrhunderts v. Chr. der Wiederaufstieg der elamitischen Macht. Die Errichtung einer neuen Hauptstadt an der Stelle von Tschugha Zanbil sollte dies symbolisieren.

SARKOPHAG ESCHMUNASARS II.

5. Jhdt. v. Chr., Sidon,
Basalt,
119 x 256 cm

Paris, Musée du Louvre

Dieser aus Ägypten importierte
Sarkophag des Königs von Sidon
trägt eine Inschrift in phönizischer
Lautbuchstabenschrift.

unzureichend aufgefüllt durch das Entstehen einer ganzen Reihe kleinerer Staatswesen. Einige werden gegründet von in der Region neuen Völkern, wie den
Phrygiern in Anatolien und den Philistern in Kanaan, während andere, wie die
neuhethitischen Königreiche im syrisch-anatolischen Raum oder die phönizischen
Städte an der Mittelmeerküste, frühere kulturelle Traditionen fortführen. Etwa
um diese Zeit siedeln sich dann auch die Hebräer im Lande Kanaan an. Die Bibel
berichtet von ihren wiederholten Auseinandersetzungen mit den Philistern und
der Begründung eines israelitischen Königtums am Ende des 11. Jahrhunderts
v. Chr. in der Stadt Jerusalem, die ihrerseits mindestens bis ins dritte Jahrtausend
zurückreicht. Dieses vereinigte Königreich gelangt unter Salomon (970 bis 931
v. Chr.) zu einem Höhepunkt, ehe es in zwei Staaten zerfällt, nämlich das Königreich Israel um Samaria und das Königreich Juda mit Jerusalem als Hauptstadt.
Die Aramäer, ein weiteres, schon in den assyrischen Annalen des 13. Jahrhunderts
v. Chr. erwähntes, der westsemitischen Sprachgruppe zugehöriges Volk, werden zu
einer ähnlich bedeutenden Macht wie ein Jahrtausend vor ihnen die Amoriter.
Durch ihre allmähliche Eroberung der innersyrischen und mesopotamischen
Ebenen erweisen sie sich als zunehmende Bedrohung für die assyrischen und
babylonischen Königreiche. Der energische assyrische König Tiglatpilesar I.
(1115 bis 1077 v. Chr.) kann sie für eine gewisse Zeit aufhalten, indem er nicht

weniger als achtundzwanzig Feldzüge gegen sie führt und dabei erstmals mit seiner Armee den Euphrat überschreitet. In Babylon kann der neue, aus der Stadt Isin stammende Herrscher Nebukadnezar I. (1124 bis 1103 v. Chr.) der alten Stadt wieder etwas Glanz verleihen. An den Ufern des Ulai besiegt er den elamitischen König, zieht seinerseits in Susa ein und kann im Triumphzug die Statue des Marduk in sein Heiligtum von Babylon zurückführen. Aber die glanzvolle Herrschaft Nebukadnezars findet keine Fortsetzung, und Babylonien wird für viele Jahrhunderte seinem unausweichlichen Ende entgegendämmern. Assyrien seinerseits, dessen Handelsbeziehungen durch die Ausbreitung der aramäischen Stämme unterbrochen wurden, wird schrittweise zurückgedrängt auf sein ursprüngliches Kerngebiet zu Füßen des Zagrosgebirges.

Die assyrische Eroberung des Orients
(934 bis 745 v. Chr.)

Erst am Ende des 10. Jahrhunderts v. Chr., als die Aramäer sich bis vor die Mauern von Ninive vorgewagt haben, beginnt der Wiederaufstieg Assyriens. Unter den einander folgenden Herrschern Assurdan II. (934 bis 912 v. Chr.), Adadnirari II. (911 bis 891 v. Chr.) und Tukulti-Ninurta II. (890 bis 884

| Oben links
KUDURRU MIT DEM BILDNIS GULAS

Kassitendynastie, Mesopotamien,
schwarzer Kalkstein,
36 x 20 cm
Paris, Musée du Louvre

Gula, die Göttin der Heilkunde, ist hier umgeben von den Symbolen der großen mesopotamischen Gottheiten.

| Oben rechts
KUDURRU MIT DEM BILDNIS GULAS
| Detail

STATUE ASSURNASIRPALS II.

Assyrisches Reich, Nimrud
(ehemals Kalchu),
Kalkstein,
Höhe 106 cm
London, British Museum

Der assyrische König hält hier
die Insignien der Königsmacht
in den Händen.

**KÖNIGE BEI EINER
OPFERUNGSZEREMONIE**
Assyrisches Reich, Nimrud
(ehemals Kalchu),
glasierte Ziegel,
Höhe 30 cm
London, British Museum

v. Chr.) wird die wirtschaftliche und militärische Macht des Königreichs wiederhergestellt, und Assyrien ist zu neuem Kampf mit den Aramäern fähig, von denen es einige Stammeshäuptlinge zu Tributzahlungen zwingen kann.

Die Thronbesteigung Assurnasirpals II. (883 bis 859 v. Chr.), des Sohnes Tukulti-Ninurtas II., wird zu einem entscheidenden Wendepunkt in der Geschichte des assyrischen Reiches. Jahr für Jahr zieht der König an der Spitze seiner Truppen ins Feld, um die Kontrolle über die östlichen Fernhandelswege wiederzugewinnen und zu sichern. 877 v. Chr. dringt er bis zum Mittelmeer vor und belegt die Küstenstädte mit schwerem Tribut. Assurnasirpal führt seine Feldzüge mit großer Grausamkeit, die er auch betont in seinen Inschriften festhalten läßt; es geht ihm dabei darum, Schrecken zu verbreiten und so die Herrschaft des noch durchaus zerbrechlichen assyrischen Imperiums auf Dauer zu sichern. Die Tributzahlungen und Steuern, die alljährlich bei den unterworfenen Völkern eingetrieben werden, verschaffen Assyrien beträchtlichen Reichtum. Der kommt zum Ausdruck in einem kühnen Bauprojekt: In Kalach, dem heutigen Nimrud, einem kleinen Flecken nördlich von Assur und damit den westlichen Zielen näher, auf die der Ehrgeiz Assyriens gerichtet ist, entsteht eine neue Hauptstadt. Von einer sieben Kilometer langen Mauer geschützt, wird die Stadt überragt von einer Zitadelle mit einer ausgedehnten und durch Tempel ergänzten Palastanlage.

FELDLAGER DER ASSYRISCHEN ARMEE
Assyrisches Reich, Nimrud
(ehemals Kalchu),
Gips,
Höhe 90 cm
London, British Museum

Diese wird zum Modell für alle künftigen assyrischen Paläste und ist unterteilt in zwei Bereiche, deren Bauten mit gleichem Grundriß jeweils um einen Hof gruppiert sind: den *Babanu*, nach außen geöffnet, als Sitz der königlichen Verwaltung, und den *Bitanu* mit den Privaträumen des Herrschers. Verbunden sind sie durch den großen Thronsaal, in dem, umrahmt von prunkenden Dekorationen in Malerei und Relief, welche die Kriegs- und Jagdtaten des Königs rühmen, die offiziellen Audienzen stattfinden.

Assurnasirpal II. stirbt vor Beendigung der Bauarbeiten, die sein Sohn und Nachfolger Salmanassar III. (858 bis 824 v. Chr.) zum Abschluß bringt. Dieser setzt die Expansionspolitik seines Vaters fort und verschafft dem Reich einen nie vorher erreichten Aufschwung. So erobert er 855 v. Chr. das zu beiden Seiten des oberen Euphrat gelegene aramäische Fürstentum Bit Adini. Dessen Hauptstadt Til Barsip wird, umgetauft in Kar-Salmanassar, Sitz eines assyrischen Statthalters. Nachdem er so seine Macht am Euphrat befestigt hat, setzt Salmanassar III. sein Vordringen nach Westen fort, bei dem ihm allerdings 853 v. Chr. bei Karkar eine umfassende Koalition der levantinischen Staaten unter Führung des aramäischen Herrschers von Damaskus, Hadad-Ezer (Benhadad) erfolgreich entgegentritt. Mit Babylon, dessen Ansehen erhalten blieb, unterhält Salmanassar nachdrücklich freundschaftliche Beziehungen und kommt sogar

KÖNIG SALMANASSAR III.
AN DEN QUELLEN DES TIGRIS
Detail; assyrisches Reich,
Palast von Balawat,
Bronzetafel,
Höhe 27 cm
London, British Museum

dem dortigen König Marduk-Sakirschumi anläßlich einer gegen ihn von seinem Bruder angezettelten Erhebung zu Hilfe. Bei seinem Tode hinterläßt Salmanassar ein erheblich vergrößertes assyrisches Reich. Aber gerade diese Ausdehnung steigert auch die Anfälligkeit: Dynastische Konflikte mehren sich, und die Macht der bedeutenden Statthalter wächst.

Salmanassars Sohn Schamschi-Adad V. (823 bis 811 v. Chr.) wahrt aber nicht nur den Zusammenhalt des Reiches, sondern erweitert es sogar um das nach vierjährigem Krieg bezwungene Babylonien. Die Herrschaft des Assyrerkönigs reicht nun vom Golf bis zum Mittelmeer, wie dies eineinhalb Jahrtausende zuvor für Akkad gegolten hatte. Aber Schamschi-Adad stirbt früh, und sein Sohn Adadnirari III. (810 bis 783 v. Chr.) ist zu jung, um selbst zu regieren. Dies übernimmt fünf Jahre lang die Königinmutter Sammuramat, die bei den griechischen Autoren zur legendären Semiramis wird. Nur mit Mühe ist die königliche Macht im gesamten Reich aufrechtzuerhalten, denn manche Provinzstatthalter beginnen sich wie Regionalfürsten zu gebärden. Unter Adadniraris III. und seinen drei Söhnen erlebt Assyrien einen gewissen Niedergang.

ASSYRISCHER WÜRDENTRÄGER
Detail; assyrisches Reich,
Palast des Assurnasirpal,
Relief mit Spuren
von Bemalung
Nimrud/Irak

Die Vorherrschaft Assyriens (745 bis 612 v. Chr.)

Nach dem Tode des letzten Sohnes Adadniraris III. reißt ein Usurpator, der sich den Namen Tiglatpilesar III. (744 bis 727 v. Chr.) zulegt, den Thron an sich. Nach der Umwandlung des assyrischen Heeres in eine regelrechte Berufsarmee setzt er zur Eroberung der Levante an und besiegt 743 v. Chr. eine Koalition der

König Assurbanipal auf seinem Streitwagen

Detail; assyrisches Reich,
Ninive,
Alabastergips,
Höhe 162 cm

Paris, Musée du Louvre

Oben rechts
Sargon II. empfängt einen Würdenträger

Assyrisches Reich,
Palast von Chorsabad
(ehemals Dur-Scharukkin)
Alabastergips,
Höhe 330 cm

Paris, Musée du Louvre

ZUG VON TRIBUTLEISTENDEN

Assyrisches Reich, Chorsabad
(ehemals Dur-Scharukkin),
Alabastergips,
Höhe 162 cm
Paris, Musée du Louvre

Die Anführer tragen als Zeichen
der Unterwerfung ein Modell ihrer
Stadt in der Hand.

**DIENER TRAGEN DEN WAGEN
KÖNIG SARGONS II.**

Assyrisches Reich,
Palast von Chorsabad
(ehemals Dur-Scharukkin),
Alabastergips,
Höhe 286 cm
Paris, Musée du Louvre

**EINNAHME DER STADT LAKISCH
DER ARMEE SANHERIBS**

Assyrisches Reich, Ninive,
Gips,
167,6 x 190,5 cm
London, British Museum

SIEGESFESTMAHL DES KÖNIGS ASSURBANIPAL

Assyrisches Reich, Ninive,
Alabastergips,
Höhe 55 cm
London, British Museum

Der König sitzt mit seiner
Gemahlin im Garten des Palastes.
Der Kopf des besiegten
Elamiterkönigs wurde an einem
Baum aufgehängt.

**LAGER VON ASSURBANIPAL
DEPORTIERTER ELAMITER**

Assyrisches Reich, Ninive,
Alabastergips,
Höhe 41 cm
Paris, Musée du Louvre

**EINE DEPORTIERTE ELAMITERFAMILIE
WIRD VON EINEM SOLDATEN BEWACHT**
Detail; assyrisches Reich, Ninive,
Alabastergips,
Höhe 162 cm
Paris, Musée du Louvre

DEPORTIERTE ELAMITER
Detail; assyrisches Reich, Ninive,
Alabastergips,
Höhe 162 cm
Paris, Musée du Louvre

neuhethitischen Königreiche unter Führung Sardurs II., Königs von Urartu, eines seit dem neunten vorchristlichen Jahrhundert im Herzen der Berge Ostanatoliens entstandenen Reiches. Dann fallen vor ihm nacheinander die wichtigsten syrischen Staaten: erst Arpad, dann Unki und schließlich 732 v. Chr. Damaskus. Dabei geht es nun nicht mehr um die Eintreibung jährlich wiederkehrender Tributzahlungen, sondern um eine echte Annexion. Die eroberten Gebiete werden Provinzen des Reiches, ihre Befriedung wird gesichert durch die Umsiedlung großer Bevölkerungsteile. Um die Kontrolle der lokalen Mächte zu gewährleisten und die Umwandlung in Lehensbesitz bestimmter Familien auszuschließen, wählt der Herrscher seine Statthalter fortan unter den *Scha-reschi* aus, den Eunuchen, die völlig abhängig von der königlichen Macht sind. Nur Babylonien kann sich erneut einer Sonderregelung erfreuen: 729 v. Chr. erkennt Tiglatpilesar seine Stellung als eigenes Königreich an und zieht der völligen Annexion die Form einer Doppelmonarchie vor.

Diese Politik führt sein Sohn Salmanassar V. (726 bis 722 v. Chr.) fort, auch in Bezug auf die assyrische Expansion nach Westen. Im Jahre 723 v. Chr. beginnt er mit der Belagerung von Samaria, der Hauptstadt des Königreichs Israel; aber die Stadt fällt erst nach zwei Jahren, als schon Sargon II. (721 bis 705 v. Chr.) die Macht in Assyrien an sich gerissen hat. Dieser besiegt zunächst bei Karkar eine levantinische Koalitionsarmee und erobert dann auch Gaza, diese strategisch wichtige Hafenstadt am Mittelmeer, trotz deren ägyptischer Unterstützung. Er wagt sich selbst „aufs Meer hinaus" bis nach Zypern, wo sich sieben Inselfürsten seiner Tributforderung fügen. Im Norden dieses Riesenreiches, das sich nun bis an die Grenzen Ägyptens ausdehnt, beherrschen zwei Staaten Anatolien, die eine beständige Bedrohung für die assyrischen Handelsbeziehungen darstellen: in Mittelanatolien das geeinte und wohlhabende Reich des phrygischen Königs Midas (um hier gleich den griechischen Namen zu benutzen), in Ostanatolien Urartu, das sich schon seit einem Jahrhundert als entschlossener Gegner Assyriens gezeigt hat. Nach der Einnahme von Karkemisch 717 v. Chr. wendet sich Sargon II. gegen Rusa I., König von Urartu, den er 714 v. Chr. in einem Blitz-krieg niederwirft. Ein Bericht über diesen achten Feldzug des Königs schildert in Form eines Briefes an den Gott Assur die Einnahme und Plünderung der heiligen Stadt Musasir. Der Phrygierkönig Midas hält es danach für geboten, einen Freundschaftsvertrag mit Sargon II. abzuschließen.

Der große Eroberer erweist sich zugleich als begabter Organisator: Er reorga-nisiert die Armee, indem er die entscheidenden Waffengattungen der Reiterei und der Streitwageneinheiten verstärkt, und errichtet von einem Ende des Königreichs bis zum anderen ein Netz von Straßen und Niederlassungen, um die Übermittlung königlicher Botschaften zu beschleunigen. Außerdem läßt er nördlich von Ninive eine neue Hauptstadt erbauen, zu seinen Ehren Dur-Scharukkin genannt, „Sargonsburg". Vor seinem Tod 705 v. Chr. während eines Feldzugs nach Anatolien wird allerdings nur die Zitadelle fertiggestellt; die ist einbezogen in die Mauer der Stadt, welche einen prächtig dekorierten Palast und eine Zikkurat besitzt.

Die Leiche des gefallenen Herrschers bleibt jedoch unauffindbar, und da sein Sohn Sanherib (704 bis 681 v. Chr.) das als böses Vorzeichen empfindet, beschließt er, Dur-Scharukkin aufzugeben (das für immer unvollendet bleibt), und wählt Ninive als Hauptstadt. „Die von der Göttin Ischtar geliebte Metro-pole" wird daraufhin vergrößert und mit einer mächtigen Mauer umgeben. Außerdem wird ein umfassendes Bewässerungssystem angelegt, um sowohl die Stadt selbst als auch die sie umgebenden landwirtschaftlichen Gebiete mit Wasser zu versorgen. Im Herzen der Stadt läßt Sanherib einen „Palast ohne-gleichen" errichten, überreich dekoriert mit Malereien und Reliefs, die sich durch einen zunehmenden Realismus auszeichnen, besonders in der typischen Darstellung unterworfener Völker. Man schreibt Sanherib auch die Anlage eines königlichen Parks zu, in dem sich zahlreiche exotische Gewächse fanden. Sanherib muß um die Aufrechterhaltung der Einheit des Reiches kämpfen, die immer wieder durch Erhebungen bedroht wird. Im Jahre 701 v. Chr. dringt er in Palästina ein, wo er Lakisch erobert; vor Jersualem, der Hauptstadt König Hiskias von Juda, scheitert er dagegen. Die größten Probleme stellen sich ihm jedoch in Babylonien, wo sein ältester Sohn, der assyrische Thronfolger, regiert. Als dieser ermordet wird, ist die assyrische Reaktion unerbittlich. Sanherib belagert Babylon, das ihm fünfzehn Monate lang Widerstand zu leisten vermag, im November 689 v. Chr. aber fällt. Im Widerspruch zur bisher traditionellen Ehrfurcht der Assyrer vor der heiligen Stadt des Südens verfügt der König ihre systematische Zerstörung, läßt sogar Kanäle graben, um sie zu überschwemmen und ihre Erde über das ganze Imperium zu verteilen.

Das Ende der Herrschaft Sanheribs ist gekennzeichnet durch Machtkämpfe unter seinen Söhnen, er selbst wird ermordet. Der vom Vater als Nachfolger aus-ersehene Assarhaddon (680 bis 669 v. Chr.) kann sich schließlich, tatkräftig

KÖNIG ASSURBANIPAL AUF DER LÖWENJAGD

Assyrisches Reich, Ninive, Alabastergips, *165 x 114,3 cm* London, British Museum

Die Jagd als Ersatz kriegerischer Taten ist das beherrschende Thema der Darstellungen in den Palästen.

GRÜNDUNGSTAFELN

Assyrisches Reich,
Palast von Chorsabad
(ehemals Dur-Scharukkin),
Gold, Silber und Kupfer
(goldene 4,8 x 3,4 cm,
silberne 11,8 x 6 cm,
kupferne 19,3 x 12,1 cm)
Paris, Musée du Louvre

**Auf diesen Tafeln ist die
Errichtung des Palastes von
Chorsabad festgehalten.**

unterstützt von seiner Mutter, der Aramäerin Nakia, gegen seine Brüder durchsetzen. Aber der neue Herrscher, der nun die Geschicke des mächtigen Assyrerreiches in der Hand hält, hat mit erheblichen gesundheitlichen Problemen zu kämpfen. Als erstes entschließt er sich zum Wiederaufbau Babylons, um sich so die Gunst der Götter zu sichern. Die braucht er auch, um den neuen Bedrohungen entgegentreten zu können, die auf das Reich zukommen. Denn aus den nördlichen Steppen herandrängende Völker, die Kimmerier und die Skythen, unternehmen beständig Angriffe in Anatolien, denen die Königreiche Urartu und Phrygien nicht widerstehen können. Assarhaddon gelingt durch militärische und diplomatische Maßnahmen die Sicherung der Nordgrenze des Reiches, dann greift er in der Levante ein, um die Abhängigkeit der dortigen Vasallenstaaten wiederherzustellen. Das assyrische Hauptziel ist jedoch inzwischen Ägypten, mit dem der Konflikt schon seit einem halben Jahrhundert schwelt. Daher unternimmt Assarhaddon dorthin 671 v. Chr. einen großen Feldzug, bei dem er sich als Befreier des Landes aufführt, das zu dieser Zeit von einer nubischen Dynastie regiert wird. In drei aufeinanderfolgenden Treffen schlägt der Assyrer die Armee des Pharaos Taharka und zieht am 11. Juli des Jahres in Memphis ein. Als er sich ein weiters Mal nach Ägypten zur Unterdrückung einer dort ausgebrochenen Erhebung begibt, stirbt Assarhaddon in Charran am 1. November 669 v. Chr. Die Thronbesteigung seines Sohnes Assurbanipal (668 bis 629 v. Chr.), vorbereitet durch einen vom ganzen assyrischen Volkes schon 672 v. Chr. auf seine Person geschworenen Eid, vollzieht sich ohne wesentliche Schwierigkeiten. 667 v. Chr. wird Ägypten zurückerobert, und drei Jahre später marschiert die assyrische Armee den Nil bis nach Theben hinauf. Zur gleichen Zeit führt Assurbanipal am anderen Ende seines Reiches einen Feldzug gegen den Elamiterkönig Teumman. Während dieser 653 v. Chr. endgültig besiegt wird, nutzt der Pharao Psammetich I. die Bindung der assyrischen Armee in Elam, um im gleichen Jahr Ägypten von der Fremdherrschaft zu befreien und dort die Saïtendynastie zu begründen. Das assyrische Reich hat nun die Grenzen seiner militärischen und verwalterischen Möglichkeiten erreicht. Denn erstens vermag es Ägypten nicht zurückzuerobern und zweitens kündigt die Erhebung in Babylonien im folgenden Jahr bereits den kommenden Zusammenbruch eines Reiches an, das am Ende seiner Kräfte angelangt ist. Die assyrische Macht erschöpft sich in einem langjährigen Bürgerkrieg, und Babylon kann erst nach zweijähriger Belagerung wiedererobert werden.

Als ein letzter Beweis für den Glanz Assyriens entsteht in Ninive ein Palast für Assurbanipal mit großartigem Reliefschmuck zum Ruhme des Herrschers, der vom außerordentlichen, unter seiner Regierung erreichten Rang der assyrischen Kunst kündet. Im Bemühen um die Bewahrung wichtiger Zeugnisse der mesopotamischen Kultur läßt der König für seine Palastbibliothek die Werke einer tausendjährigen Gelehrsamkeit zusammentragen, indem er sich aus Babylon Abschriften fehlender Texte beschafft. Da jedoch die Bedrohungen des Reiches ständig anwachsen, vor allem infolge des Drucks durch iranische Völker – Kimmerier im Norden und Meder im Osten –, enden die offiziellen Urkunden mit dem Jahr 639 v. Chr. Der assyrische Staat geht seinem unausweichlichen Ende entgegen.

Nach Assurbanipals Tod flackern die dynastischen Auseinandersetzungen erneut auf. Im Osten kann der medische König Kyaxares unter seiner Herrschaft die beiden schon seit mehreren Jahrhunderten im Lande ansässigen iranischen Völker der Meder und Perser vereinen und gegründet auf der Hochebene einen ausgedehnten Staat, der die Nachfolge des von Assurbanipal ausgelöschten Elam antritt. Zugleich bemächtigt sich im Süden 616 v. Chr. Nabupolassar, König der Chaldäer[1], Babylons. Beide Herrscher machen sich, zunächst unabhängig voneinander, an die Eroberung Assyriens. Als 614 v. Chr. Assur unter dem Ansturm der Meder fällt, treffen sich dort Kyaxares und Nabupolassar zum Abschluß einer Allianz. Im Sommer 612 v. Chr. belagern sie gemeinsam Ninive, und nach drei Monaten muß sich die Stadt, die einst die Welt erzittern ließ, ihnen ergeben. Von diesem Schlag erholt sich Assyrien nie wieder, und die Sieger teilen sich die Beute: der Babylonier Nabupolassar erhält Mesopotamien, der Meder Kyaxares Elam, und das saïtische Ägypten kann sich die Kontrolle über Palästina und Syrien sichern.

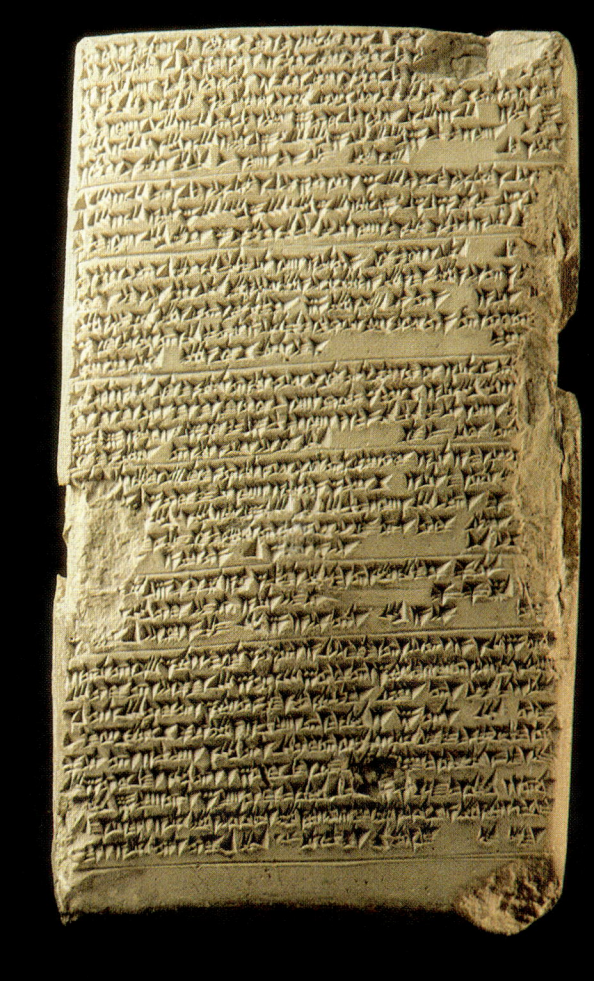

DIE ESAGIL-TAFEL

Seleukidenzeit, Kopie des 3. Jhdts. v. Chr. eines Dokuments aus dem 6. Jhdt., Ton, *Höhe 18 cm*

Paris, Musée du Louvre

Hier sind die Abmessungen des großen Heiligtums von Babylon und des legendären „Turms von Babel" festgehalten.

Das neubabylonische Reich (612 bis 539 v. Chr.)

Nach dem Zusammenbruch Assyriens sieht sich der Chaldäerkönig in Babylon als Erbe des großen Reiches, zu dessen Zusammensturz er beigetragen hatte. Der alternde Nabupolassar beauftragt seinen Sohn, den künftigen Nebukadnezar II., den Ägyptern die reichen Provinzen der Levante zu entreißen. Im Laufe des Jahres 605 v. Chr. erobert dieser das den Euphratübergang

---

1 Die Chaldäer oder Kaldu, ein Volk unbekannter Herkunft, waren zu Beginn des ersten vorchristlichen Jahrtausends im Süden Babyloniens ansässig geworden.

PROZESSIONSWEG IN BABYLON
Neubabylonisches Reich;
Wiederherstellung
Babylon/Irak

PALAST NEBUKADNEZARS II.
Neubabylonisches Reich;
Wiederherstellung
des Eingangstors
Babylon/Irak

MODELL DER ZIKKURAT VON BABYLON
Neubabylonisches Reich, Babylon
Berlin, Vorderasiatisches Museum

DAS ISCHTARTOR
Neubabylonisches Reich,
glasierte Ziegel,
Höhe 9 m
Berlin, Vorderasiatisches Museum

sichernde Karkemisch und besiegt dann ein ägyptisches Heer bei Hama. Im September kehrt er nach Babylon zurück und läßt sich dort nach dem Tod seines Vaters krönen.

Der Herrschaftsbereich Nebukadnezars I. ist weitaus größer als das von früheren babylonischen Königen regierte Gebiet. Aber die ausgeübte Macht bleibt brüchig, insbesondere in der Levante mit ihren häufigen, von den saïtischen Pharaonen begünstigten Revolten. Die Weigerung Jerusalems zur Entrichtung des jährlichen Tributs führt 597 v. Chr. zur Besetzung der Stadt und dann nochmals 587 v. Chr., jeweils verbunden mit der Wegführung Tausender Juden und ihres Königs nach Babylon. In der verwüsteten Stadt „verbrannten sie das Haus Jahwes, das Haus des Königs und alle Häuser von einiger Bedeutung". Unter der Herrschaft Nebukadnezars II. erlebt Babylon den Höhepunkt seines Glanzes. Die an beiden Ufern des Euphrat gelegene Stadt wird vergrößert und erneuert. Eine doppelte Mauer umgibt sie nun, überragt von hohen Türmen und durchbrochen von acht gewaltigen Toren, jedes, mit Ausnahme des Königstors, unter dem Schutz einer Gottheit. Neben dem mit glasierten Ziegeln reich geschmückten Ischtartor erhebt sich der weitläufige, von der Stadt durch eine eigene Mauer getrennte Königspalast. Im Osten, dem Palast entlang, führt die Prozessionsstraße vom Ischtartor zum Heiligtum des Gottes Bel-Marduk, genannt

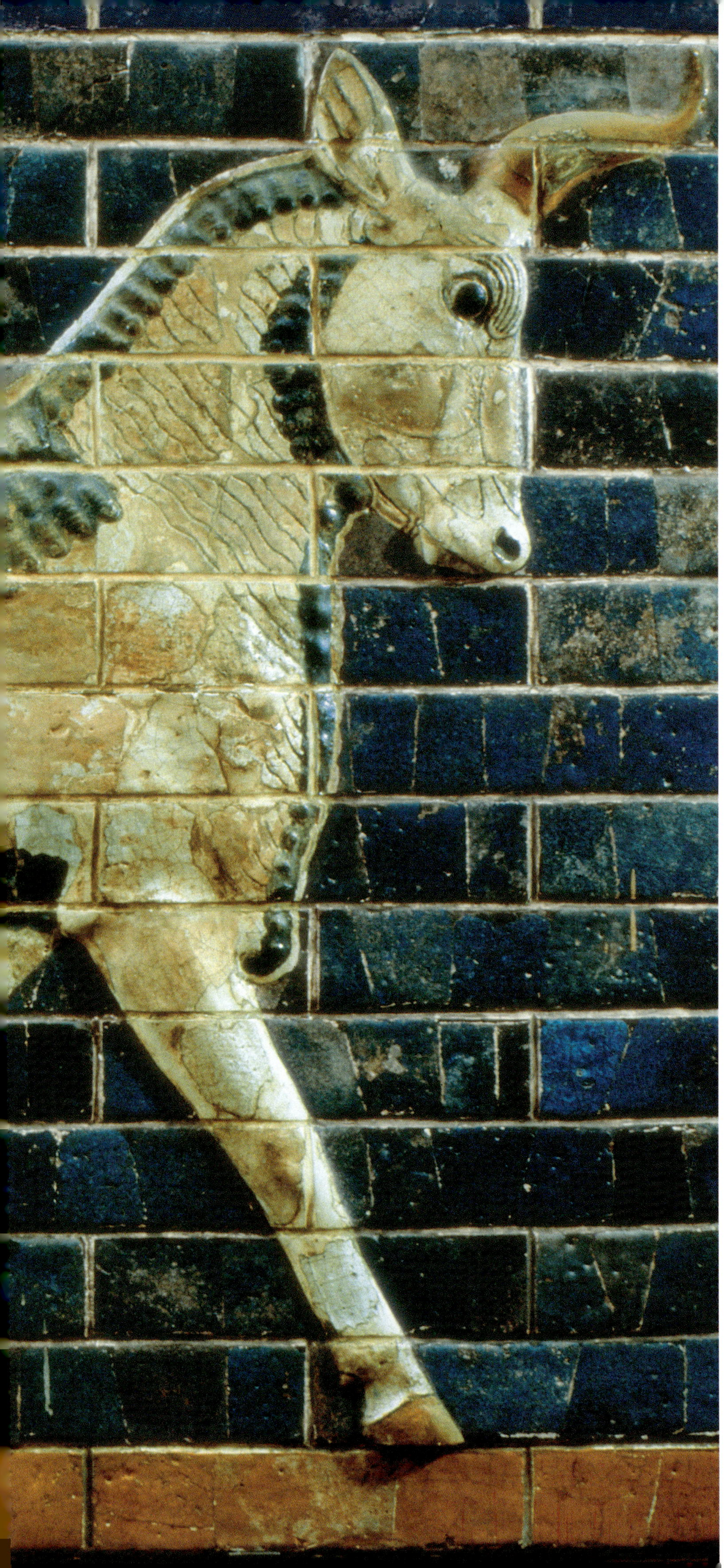

Stier

Neubabylonisches Reich, Babylon;
Ischtartor,
glasierte Ziegel
Istanbul, Archäologisches Museum

Gehörnter Drache

Neubabylonisches Reich, Babylon,
Ischtartor,
glasierte Ziegel
Istanbul, Archäologisches Museum

Gehörnter Drache und Stier sind die Wappentiere der großen babylonischen Gottheiten Marduk und Ischtar.

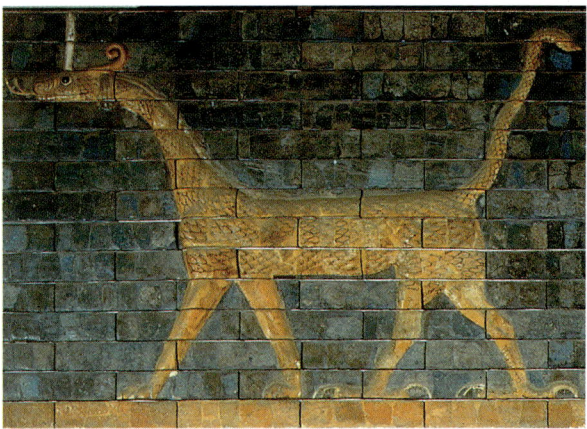

Esagil (Esangila), „Haus mit dem erhöhten First". Hier wurde am babylonischen Neujahrsfest Akitu die Mardukstatue entlanggetragen. Der Bau wird überragt von der benachbarten siebenstufigen Zikkurat *Etemenanki*, dem „Fundament des Himmels und der Erde" – dem biblischen Turm zu Babel.

Nach dem Tode Nebukadnezars II. 562 v. Chr. kommt es in Babylonien rasch zum Niedergang. Drei Herrscher folgen einander innerhalb von nur sechs Jahren, während die mit Babylon verbündeten Meder unaufhörlich ihr Reich vergrößern, insbesondere aufgrund der Eroberung Urartus und Kappadokiens. Nabonid, der 556 v. Chr. auf den Thron Babylons gelangt, ist ein atypischer Herrscher, dem es nicht gegeben ist, einen Wiederaufstieg zu bewirken. Hartnäckig will er der babylonischen Priesterschaft die Vorrangstellung des Mondgottes Sin aufzwingen, dessen Hohepriesterin seine Mutter war. Weite Teile des babylonischen Adels lehnen ihn ab, weswegen er sich für zehn Jahre ins Exil in der Oase Teima in Nordarabien zurückzieht und für diese Zeit seinen Sohn Belsazar als Regenten einsetzt. Während dieser Zeit erwächst im Osten, im alten Lande Elam, inzwischen von Persern besetzt, eine neue Macht heran. Unter der Dynastie der Achämeniden, zu Beginn des siebten vorchristlichen Jahrhunderts von Achämenes gegründet, wird das neue Land Parsa endgültig unter Kyros II., der 559 v. Chr. dessen König wird, geeint. Damit setzt eine unglaublich rasche Expansion ein. 550 v. Chr. stürzt Kyros den Mederkönig Astyages, seinen Lehnsherrn, und erweitert damit auf einen Schlag seinen Einflußbereich bis ins Herz Anatoliens. Drei Jahre später unterwirft er den Rest Anatoliens, indem er sich das wohlhabende Königreich Lydien nach einem Sieg über dessen König Kroisos (Krösus) bei Pteria einverleibt. Nun wendet sich der Perserkönig dem Osten zu, bringt das ganze iranische Hochland in seine Hand und dringt bis nach Mittelasien vor. In allen eroberten Gebieten stützt sich Kyros auf die Landesaristokratie und achtet sorgfältig auf die Wahrung derer Traditionen. Dabei ist er so erfolgreich, daß er, als er sich zum Angriff auf Babylon entschließt, dort mit zahlreichen Anhängern rechnen kann, die froh sind, sich Nabonids entledigen zu können. Die zahlenmäßig unterlegene babylonische Armee wird am Tigris besiegt, und Kyros kann am 23. Oktober 539 v. Chr. kampflos in die alte Stadt einziehen.

Das Reich der Perser (539 bis 330 v. Chr.)

Mit der Eroberung Babylons und seines Reichsgebiets können sich die Achämenidenherrscher als Wahrer des gesamten mesopotamischen, ja insgemein nahöstlichen Erbes fühlen. Dem fügt dann Kambyses II., der seinem Vater Kyros II. 530 v. Chr. nachfolgt, durch die Inbesitznahme des Niltals noch das ägyptische hinzu.

Nach seinem Tod (522 v. Chr.) bricht ein erbitterter Bürgerkrieg unter den verschiedenen Zweigen des Achämenidenhauses aus. Darius I. (522 bis 486 v. Chr.) geht daraus als Sieger hervor und muß zunächst zahlreiche Aufstände niederschlagen, welche die Einheit des Reiches bedrohen, ehe er dessen Ostgrenze bis an den Indus vorschieben kann. Zur Stärkung der Einheit dieses Riesenreiches unternimmt er dann eine tiefgreifende Verwaltungsreform, deren wichtigstes Vorgehen die Gliederung in Provinzen ist, an deren Spitze er die Satrapen beruft, alle aus der unmittelbaren Umgebung des Großkönigs. Darius läßt seine eigene Hauptstadt Persepolis vierzig Kilometer südlich von jener des

STIERKOPF-KAPITELL

Persisches Achämenidenreich,
Susa,
Kalkstein,
Höhe 552 cm
Paris, Musée du Louvre

Dieses Kapitell bekrönte eine der sechsunddreißig, zwanzig Meter hohen Säulen des großen Säulensaals im Palast des Königs Darius I. in Susa.

ZWEI MENSCHENKÖPFIGE, GEFLÜGELTE LÖWEN

Persisches Achämenidenreich,
Susa,
glasierte Ziegel,
120 x 117 cm
Paris, Musée du Louvre

Audienz bei König Xerxes I.

Persisches Achämenidenreich,
Persepolis, Relief
der Schatzkammer

Teheran/Iran, Museum

Kyros erbauen, während er das alte Susa, zentraler gelegen, zum Sitz der Reichsverwaltung bestimmt. Für den Bau gewaltiger Paläste mit großen Säulensälen in Susa und Persepolis läßt man aus allen Provinzen des Reiches Materialien, Handwerker und Künstler kommen. So entsteht eine Mischkunst, in der sich mesopotamische, ägyptische und griechische Einflüsse verbinden.

Das Scheitern der Eroberung Griechenlands während der medischen Kriege markiert die Grenzen der persischen Expansion. Hinzu kommt, daß nach der Regierungszeit Xerxes' I. (486 bis 465 v. Chr.) die Monarchie durch Hofintrigen geschwächt wird. Die riesige Landmacht geht dem allmählichen Niedergang entgegen, bis Alexander von Mazedonien ihr den Todesstoß versetzt. Zwischen 334 und 331 v. Chr. dreimal gegen die Heere Darius' III. siegreich, übernimmt Alexander die Herrschaft über das gewaltige Reich und tritt das Erbe der Achämenidenkönige an. Er stirbt 323 v. Chr. in Babylon. Mit der Ausbreitung der hellenistischen Kultur, der später die römische Zivilisation folgen wird, beginnt eine neue Epoche. Es entsteht eine neue Welt, die schließlich durch den Islam, der sich in vielen Bereichen als Erbe der uralten Traditionen des frühen Nahen Ostens erweist, geeint wird.

4. Schrift und Wissen

BILDERSCHRIFT-TÄFELCHEN

Ende 4. Jahrtausend v. Chr.,
Südmesopotamien,
Ton,
5,2 x 7,8 cm
Paris, Musée du Louvre

**Die Verbindung eines Menschen-
kopfes mit einer Schüssel und einer
Weizenähre drückt die gelieferte
Getreidemenge für eine bestimmte
Arbeitsleistung aus.**

D ie frühesten schriftlichen Dokumente, die bekannt sind, entstanden um 3300 v. Chr. an einem Ort im südlichen Mesopotamien, der später zur Stadt Uruk werden sollte. Als Frucht einer langen kulturellen Entwicklung, welche die menschliche Gesellschaft aus der Steinzeit herausführt, geht die Erfindung der Schrift einher mit dem Entstehen von Städten und der Begründung einer auf Gemeinschaftlichkeit fußenden, gegliederten und geordneten Gesellschaftsform. Anfänglich beruhend auf einem geschlossenen System von Bildzeichen, von denen jedes einen Gegenstand oder einen Begriff darstellte, begann sich die Schrift von einer Darstellung von Dingen zu einer Darstellung von Lauten weiterzuentwickeln (etwa um 3000 v. Chr.). Dieser Übergang zur Lautwiedergabe wurde zweifellos erleichtert durch eine Veränderung der Bildzeichen, die nun zusammengesetzt wurden aus nagel- oder keilförmigen Elementen, worauf die Bezeichnung „Keilschrift" zurückgeht. Von da an wurde Sprache mit ihrem Wortschatz, aber auch mit ihrer grammatischen Struktur, niedergeschrieben. Es wird aber immer bei einem gemischten System bleiben, bei dem jedem Keilschriftzeichen sowohl Laut- als auch Bildwerte zugeordnet werden.

**FRÜHES
KEILSCHRIFTTÄFELCHEN**

Frühdynastische Epoche
von Sumer,
Tello (ehemals Girsu),
Ton,
7,8 x 7,8 cm
Paris, Musée du Louvre

**Aus einem Tempel
stammender
Abrechnungsbeleg über
Schafe und Ziegen**

**BARTFÖRMIGES TÄFELCHEN
MIT KEILSCHRIFT**
Frühdynastische Epoche
von Sumer, Umma,
Gold,
8,5 x 6,7 cm
Paris, Musée du Louvre

Die Entwicklung der Schrift

Die älteste, schriftlich festgehaltene Sprache ist das Sumerische, also die Sprache der vermutlichen Erfinder der Schrift; dann folgten das Akkadische und später zwei daraus hervorgegangene Dialektformen: das Babylonische und das Assyrische. In Keilschrift wurden dann aber auch die anderen im Nahen Osten verbreiteten Sprachen niedergeschrieben, so das Elamitische, Churritische, Eblaitische und Hethitische. Während die akkadische Keilschrift zum bevorzugten Instrument im diplomatischen und Handelsverkehr wurde, entstanden im zweiten Jahrtausend vereinfachte Schriften, die sogenannten Alphabete, die nur über eine begrenzte Anzahl von Schriftzeichen verfügten, von denen jedes einen bestimmten Lautwert ausdrückte. Dieses alphabetische Grundmuster entstand im Raum der Levante am Schnittpunkt von Bereichen, die vom ägyptischen Hieroglyphensystem einerseits und vom mesopotamischen Keilschriftsystem andererseits beeinflußt waren; seine Formen gehen teils auf das Erste (Sinai-Alphabet), teils auf das Letzte (Keilschriftalphabete aus Ugarit) zurück. Am Ende des zweiten Jahrtausends blieb davon nur noch das lineare konsonantische phönizische Alphabet übrig, aus dem sich dann die Hauptalphabete der Region entwickelten: das hebräische, aramäische und sogar griechische Alphabet. Im ersten Jahrtausend werden sie dann zu ernsthaften Konkurrenten für die Keilschrift, was insbesondere für das Aramäische gilt, das aufstieg zur offiziellen Sprache und Schrift im assyrischen, babylonischen und persischen Reich, die einander im vereinten Nahen Osten folgten. Nach der Eroberung Alexanders des Großen setzte sich dann das griechische Alphabet in einer Welt durch, die auf dem Weg zur Hellenisierung war, während die Keilschrift, nun der Wahrung religiöser und wissenschaftlicher Traditionen vorbehalten, immerhin in ihrem südmesopotamischen Geburtsland noch bis zum zweiten Jahrhundert n. Chr. überlebte.

Die Wissensvermittlung

Während einer langen, sich über drei Jahrtausende erstreckenden Entwicklung wurde die Kunst der Schrift stets von den Schreibern weitergegeben. Als Instrument der Macht, aber auch des Wissens, blieb die Kenntnis der Schrift immer nur einer kleinen Zahl von Menschen vorbehalten. „Von allen Berufen der Menschen, die es auf der Erde gibt und denen der Gott Enlil ihren Namen gab, ist keiner schwieriger als der des Schreibers", meinte ein Schreiber zu seinem Sohn, der in die Fußstapfen des Vaters treten sollte. Dieses schwierige, aber auch höchst angesehene Metier erfordert eine lange und strenge Ausbildung, die sich größtenteils im Haus eines Meisters abspielt, das den sumerischen Namen E-duba, „Haus der Schrifttafeln" trägt. Je nach dem Umfang der erworbenen Kenntnisse und seiner gesellschaftlichen Herkunft kann der junge Schreiber dann „öffentlicher Schreiber", Verwaltungsmitarbeiter eines Tempels oder auch Schreiber am Hofe werden. Diese großen Institutionen bedürfen einer zusehends wachsenden Zahl von Schreibern mit zunehmend spezialisierten Aufgaben. In ihrem Umfeld entwickeln sich dann auch Stätten der Aufbewahrung, wie Bibliotheken und Archive, wo sich Informationen und Wissen anhäufen, was wiederum deren Entwicklung begünstigt.

Manche Schreiber, darunter die am besten ausgebildeten, widmen sich besonders der Aufbewahrung und Vertiefung von Informationen und Kenntnissen,

GRÜNDUNGSTÄFELCHEN IN KEILSCHRIFT

Detail; Zweite Dynastie von Lagasch, Tello (ehemals Girsu), Steatit,
9,3 x 6,7 cm
Paris, Musée du Louvre

Dieses Täfelchen erinnert an die Erbauung des Enninu-Tempels Gudeas, des Herrschers von Lagasch.

GRÜNDUNGSTAFEL

Erste Dynastie von Babylon, Mesopotamien,
Kalkstein,
28 x 8,7 cm
Paris, Musée du Louvre

**INSCHRIFT IN LINEAREM
PHÖNIZISCHEM ALPHABET**
Detail; 5. Jhdt. v. Chr., Sidon,
Basalt,
119 x 256 cm
Paris, Musée du Louvre

Oben
**INSCHRIFT IN LINEAREM
ARAMÄISCHEM ALPHABET**
Detail; 7. Jhdt. v. Chr.,
Neirab,
Basalt,
93 x 34 cm
Paris, Musée du Louvre

**KEILSCHRIFTTÄFELCHEN
MIT UMHÜLLUNG**
Dritte Dynastie von Ur,
Mesopotamien,
Ton,
4,3 x 6,7 cm
Paris, Musée du Louvre

„Vertraulicher"
Buchhaltungsbeleg,
erkennbar an der
versiegelten
Umhüllung

KEILSCHRIFT-ALPHABET
14. Jhdt. v. Chr., Ras Schamra
(ehemals Ugarit),
Ton,
5,5 x 6 cm
Paris, Musée du Louvre

Dieses Bruchstück listet die
Zeichen eines Keilschriftalphabets
auf, das in Ugarit entwickelt wurde
und in dem die Sprache der Stadt,
das Ugaritische, niedergeschrieben wurde.

die freilich im Nahen Osten dieser Zeit stets einem konkreten Zweck dienen. Aufgabe dieser „Schriftgelehrten", Ummanu genannt, ist es, Botschaften zu erkennen, zu verzeichnen und auszulegen, die sich auf den Lauf der Dinge in der Welt beziehen. Denn so, wie die Gedanken nun schriftlich ausgedrückt werden können, kann auch die Welt begriffen werden durch natürliche Zeichen, die sich dem Menschen durch das Lesen erschließen. Solche Hinweise, aus denen sich das Schicksal der Menschen und Völker ablesen läßt, sind sehr unterschiedlicher Art: Sie entstammen in erster Linie dem Hauptinstrumentarium der Wahrsagerei wie der Beschau von Tiereingeweiden oder der Beobachtung der Bewegung der Sterne, beziehen aber auch alle besonderen und ungewöhnlichen Erscheinungen im täglichen Leben mit ein. Sie alle, ebenso wie ihre vermuteten Folgen, werden nun sorgfältig festgehalten in Form von Listen der Vorhersagen, die später regelmäßig kopiert werden und zu ganzen Sammlungen auf dem Gebiet der Eingeweideschau und der Astrologie führen. So entsteht aus der Anhäufung notierter Beobachtungen ein kasuistisches System der Auslegung von Zeichen, aber auch von Problemlösungen. Die gesammelten Fallbeispiele werden nach wesentlichen Gesichtspunkten zusammengestellt, und zwar so, daß es möglich wird, anhand von Vergleichen Schlüsse abzuleiten auch für Vorkommnisse, die bisher noch nicht aufgetreten waren. Dieser

ROLLSIEGEL DES SCHREIBERS KALKI MIT ABDRUCK (GANZ OBEN)

Dynastie von Akkad, Mesopotamien, gefleckter Diorit,
Höhe 3,3 cm
London, British Museum

STELE DES SCHREIBERS TARCHUNPIJAS

8. Jhdt. v. Chr., Marasch (ehemals Gurgum), Basalt,
74,5 x 28,5 cm
Paris, Musée du Louvre

kasuistische Ansatz führt dann zu regelrechten Abhandlungen über bestimmte Bereiche, in denen die spekulative Denkweise anwendbar ist, so etwa Mathematik, Medizin und Justizwesen. So sind die „Gesetzbücher" in Wahrheit Sammlungen von Rechtsfällen mit den entsprechenden Urteilen. Diese Abhandlungen, eine Fortführung der schon frühzeitig eingeführten Systematisierung des Geschriebenen durch die Anlage großer lexikalischer Listen, bezeugen deutlich das Bestreben um eine klare logische Ordnung des Weltgeschehens.

So kommt es in den Bereichen, die sich als wissenschaftlich einstufen lassen, zur systematischen Entwicklung grundlegender Kenntnisse. Insbesondere auf dem Gebiet der Mathematik führen die Erfordernisse der Buchhaltung zur Einführung zweier Zahlensysteme (eines vorherrschenden Sexagesimal- und eines Dezimalsystems) sowie von Tafeln zur Erleichterung von Rechenoperationen (für Multiplikationen, Ziehen von Quadrat- und Kubikwurzeln und die entsprechenden Umkehrungen). Vom Ende des dritten Jahrtausends an wird ein Stellenwertsystem eingeführt, bei dem durch einen Leerraum das Fehlen einer Einheit ausgedrückt wird, bis das vom Ende des ersten Jahrtausends an durch ein Zeichen für Null geschieht. Neben diesen Rechentafeln gibt es eine andere bedeutende Gruppe von Dokumentationen, nämlich Darlegungen von Problemen nebst ihren Lösungen, die teils für sich, teils nach Themen zusammengefaßt abgehandelt werden. Sie belegen insbesondere die Beherrschung von Gleichungen zweiten Grades, der Berechnung von Flächen und Inhalten aufgrund von Längenangaben und sogar die Kenntnis des Pythagoräischen Lehrsatzes. Auf dem Gebiet der Astronomie werden, abgesehen von der Einführung eines in Mesopotamien begründeten, auf dem Mondjahr beruhenden Kalenders, Zusammenstellungen von Beobachtungen des Laufs der Himmelskörper veröffentlicht, die besonders Finsternisse und das Verschwinden von Planeten erfassen, um daraus astrologische Schlüsse zu ziehen. Dabei unterscheidet man

ASTROLOGISCHER KALENDER
Seleukidenzeit,
Südmesopotamien,
Ton,
9,5 x 17 cm
Berlin, Vorderasiatisches Museum

Einige der Hauptgestirne
und Sternzeichen sind
hier durch ihre Symbole
wiedergegeben.

zwei Gruppen von Gestirnen: die Fixsterne, am Himmelszelt „befestigt" und sich mit diesem bewegend und zu Sternbildern gruppiert, und die Wandersterne wie Mond, Sonne, die fünf damals bekannten Planeten, die Kometen und die Sternschnuppen. Sechsundsechzig Sternbilder und Einzelgestirne sind beispielsweise in einer umfangreichen Zusammenstellung über auf die Himmelswelt bezogene Vorhersagen namens Mul-apin aufgeführt. Sie sind drei „Himmelswegen" entlang, den drei Hauptgöttern Anu, Enlil und Ea zugeordnet, während achtzehn Sternbilder, dem Jahreslauf der Sonne entsprechend, den Tierkreis bilden. Erst im fünften Jahrhundert v. Chr. werden letztere auf zwölf reduziert, gemäß den zwölf Monaten, die wir beibehalten haben. Die Anhäufung von regelmäßig gesammelten Informationen führt zur Erkenntnis der beständigen Wiederkehr bestimmter Phänomene und Konstellationen am Sternenhimmel und erlaubt schließlich deren Vorhersage. Es entwickelt sich eine regelrechte astronomische Wissenschaft, und die Möglichkeiten der Berechnung werden so weit verbessert, daß die „Himmelsmechanik" präzise erfaßt werden kann, wovon die angefertigten Tabellen zum täglichen Gestirnstand (Ephemeriden) zeugen.

Auf dem Gebiet der Medizin hingegen sind die Behandlungsmethoden weitgehend empirisch geprägt, also auf Erfahrung beruhend, und auch noch stark von

Magie gekennzeichnet. Das Eingreifen eines Arztes, Asu genannt, wird oft verbunden mit der Tätigkeit des Aschippu, eines Exorzisten, der das Böse bekämpfen und austreiben soll, das sich als Strafe für ein Vergehen oder aufgrund eines Fluches des Körpers des Kranken bemächtigt hat. Der Asu kann zurückgreifen auf Diagnoseberichte, in denen bestimmte allgemeine und örtliche Symptome aufgeführt mit Prognosen zum Krankheitsverlauf und therapeutische Maßnahmen. Zu eher magischen Behandlungsmethoden tritt die Anwendung von natürlich gewonnen Heilmitteln, die tierischen, mineralischen, vor allem aber pflanzlichen Ursprungs sind. In regelrechten Arzneibüchern ist die Gesamtheit dieses empirisch erworbenen pharmakologischen Wissens listenförmig erfaßt und von entsprechenden Hinweisen für die Zubereitung und Anwendung begleitet.

Das in Mesopotamien entwickelte Wissen ist weitgehend empirisch geprägt. Es ist auf konkrete Lösungen für anstehende Probleme ausgerichtet mit dem Ziel zufriedensteller Annäherung im Sinne rationaler praktischer Überlegungen. Das Zusammentragen von Beobachtungen scheint noch nicht zur Erarbeitung allgemeiner Grundgesetze geführt zu haben. Die Zusammenstellung zu systematisch gegliederten Listen und die Anlage von Fallbeispielen (kasuistischen Abhandlungen) zeigt aber doch schon das Bestreben auch um eine theoretische Ordnung der Welt. Dieses logische Denken findet seinen Niederschlag in einer Gesamtschau des Universums, dessen Einzelelemente durch symbolische Beziehungen weitläufig miteinander verknüpft sind. In dieses Beziehungsnetz sind sie, der Wirkung organisatorischer Prinzipien unterworfen, entweder aufgrund von Übereinstimmung oder aufgrund dialektischen Gegensatzes eingebunden. Aus der unendlichen Vielfalt der symbolischen Beziehungen hat sich so die Vorstellung eines dynamischen Universums entwickelt, das faßbar wird durch natürliche Zeichen, auch wenn es sich häufig hinter Mythen verbirgt.

MATHEMATIKTAFEL
Um 1800 v. Chr., Sippar,
Ton,
33,5 x 28 cm
London, British Museum

Behandelt werden hier
geometrische Probleme
im Zusammenhang
mit der Architektur.

Seite 162/163
**BESCHWÖRUNGSTÄFELCHEN (AMULETT)
GEGEN DIE DÄMONIN LAMASCHTU**
Assyrisches Reich, Mesopotamien,
Bronze,
13,8 x 8,8 cm
Paris, Musée du Louvre

Unter den Göttersymbolen und einer
Reihe von sieben Dämonen findet
am Lager eines Kranken ein
Austreibungsritual statt, durch das
Lamaschtu gezwungen wird, auf
ihrem Esel und in einem Boot zur
Hölle zurückzukehren. Auf der
Rückseite des Täfelchens ist Pazuzu,
Gemahl der Lamaschtu, dargestellt,
der zum Schutze des Kranken
angerufen wird.

Seite 164/165

DER DÄMON PAZUZU

Assyrisches Reich, Mesopotamien,
Bronze,
15 x 8,6 cm

Paris, Musée du Louvre

Dieser „Zwitterdämon" aus der
Unterwelt erwies sich als wohltätig,
da er die Macht zur Vertreibung
anderer Dämonen besaß, und deswegen wurde er um Hilfe angefleht.
Eine Inschrift auf der Rückseite der
kleinen Statuette verkündet: „Ich bin
Pazuzu, Sohn des Hanpa. König der
bösen Geister der Lüfte, die wütend
aus den Bergen hervorbrechen, um
den Sturm zu entfesseln, bin ich!"

DER DÄMON PAZUZU
Detail

5. Die Macht der Götter und das Schicksal der Menschen

Von jeglichem Wissen ist in den Augen der Menschen des alten Mesopotamiens jenes das wesentlichste, das seinen Ausdruck in der überreichen religiösen und mythologischen Literatur findet, die innerhalb von drei Jahrtausenden seiner Geschichte entstand. Eine umfangreiche mündliche Überlieferung fortsetzend und begleitend, bietet diese stetig bereicherte Literatur eine bevorzugte Beschäftigung mit dem Symbolischen. Trotz der Unterschiedlichkeit der Texte (Götterlisten, Hymnen und Gebete, Rituale, mythologische Erzählungen), der Bruchstückhaftigkeit der aufgefundenen Zeugnisse, der Vielfalt von Überlieferungen (spürbar bereits in sumerischer Zeit und gesteigert durch die Einbeziehung der semitischen Kulturen) ist hier eine Beständigkeit der Themen und symbolischen Inhalte zu erkennen, die auf einer gewissermaßen einheitlichen Vorstellungswelt beruht. Für die Verfasser dieser Texte handelt es sich dabei um authentisches Wissen, das allein Antwort auf die Grundfragen über die Ordnung der Welt und das Schicksal der Menschen zu geben vermag.

Die Entstehung der Welt

Unter dem, was aus der schriftlichen sumerischen und akkadischen Überlieferung zu uns gelangt ist, findet sich kein Text, der ausdrücklich und eigenständig die Entstehung der Welt zum Thema hat. Andererseits bilden solche Schilderungen als unerläßliche Verankerungen in der mythischen Ursprungszeit ausgesprochen häufig einen Prolog zu Texten unterschiedlichster Art: zu mythologischen Erzählungen selbstverständlich, aber auch zu religiösen

VOTIVTAFEL DES DUDU
Frühdynastische Epoche
von Sumer,
Tello (ehemals Girsu),
Asphaltmasse,
25 x 23 cm
Paris, Musée du Louvre

In den drei Bildstreifen
stellen der löwenköpfige
Adler, das Opferlamm und
die bewegten Wellen die
drei Ebenen des Kosmos
dar. Der Mensch hat
seinen Platz zwischen
Himmel und Erde.

VOTIVTAFEL DES DUDU
Detail

**ABDRUCK DES ROLLSIEGELS
DES SCHREIBERS IBNI-SCHARRUM**

Detail; Dynastie von Akkad,
Höhe 3,9 cm

Paris, Musée du Louvre

Ein nackter Genius tränkt als
Diener des Gottes Enki, Herrn des
Süßwassers, Büffel.

Hymnen, zu Ritualen und selbst zu wissenschaftlichen Abhandlungen oder Sammlungen von Weisheitssprüchen. Aus diesen Bruchstücken lassen sich jedoch stets wiederkehrende Elemente herauslesen, die eine allgemein verbreitete Grundvorstellung erkennen lassen.

Aus dieser geht hervor, daß man sich in Mesopotamien die Entstehung der Welt niemals als einen Schöpfungsakt in dem Sinne gedacht hat, daß sie auf die Erschaffung durch eine Schöpfergottheit zurückgeht, sondern als einen natürlichen Prozeß, dessen innere Entwicklung zum Entstehen der sichtbaren Ordnung des Kosmos führte, und in dem die Gottheiten dann ihrerseits ihre Wurzeln hatten. Der erste Zustand des Universums war jener der „Ungeschiedenheit". Man dachte sich das ursprüngliche Universum aus nur einem Element bestehend und flüssig, wasserförmig: Aus diesem Wasser der Urzeit, dem kosmischen Urmeer entstanden alle Dinge. Dieses kosmische Urwasser wurde dann zu einer Gottheit. Bei den Sumerern trug sie den Namen Nammu, das zugleich Urmeer bedeutet und „Mutter, die Himmel und Erde gebar" (*Ama.Tu.An.Ki*). Der sumerische Mythos von *Enki und Ninmach* bezeichnet Nammu als „die Urmutter, die zahllose Götter gebar".

In babylonischer Zeit zeigt das *Enuma elisch* (akkadischer Name für „Schöpfungsgeschichte") eine ganz ähnliche Auffassung vom ursprünglichen Universum. Auch hier geprägt von der „Ungeschiedenheit", bildet es zunächst eine Einheit von erst später geschiedenen Wassern: Tiamat, den salzigen Fluten des Meeres, und Apsu, dem Urgrund des Süßwassers.

> *Als der hohe Himmel unbenannt war,*
> *und unten die Erde noch ohne Namen,*
> *vermischten Apsu, der Ur-Zeuger,*
> *und Mummu Tiamat, die Gebärerin,*
> *ihre Wasser.*
> *(Enuma elisch*, Vers 1 bis 5)

In dieser kosmischen Urflüssigkeit, die anfangs das Universum bildet, kommt es dann zu einer ersten Trennung, zur Scheidung des bis dahin Ungeschiedenen. Diese erste Teilung, die das Universum gliedert, scheidet Himmel (*An*) von der Erde (*Ki*), Oben und Unten. Unter anderem hält der sumerische Mythos von *Gilgamesch, Enkidu und der Hölle* das in seiner Einleitung fest:

> *An diesem Tage, diesem Tage so ferne,*
> *in dieser Nacht, dieser Nacht so ferne,*
> *an diesem weit zurückliegenden Tage geschah, was sein mußte,*
> *wurde getan, was getan werden mußte,*
> *mit jener Sorgfalt, die erforderlich war …*
> *Als der Himmel von der Erde getrennt ward,*
> *als der Gott An den Himmel forttrug,*
> *und der Gott Enlil die Erde,*
> *ward die Hölle zur Mitgift der Göttin Ereschkigal …*

Es gab also einen mythischen Tag der großen Scheidung, einen Tag der Entstehung der Welt. „Dieser Tag, dieser Tag so ferne" ist der entscheidende

kosmologische Schritt: Aus dem Chaos entsteht ein Kosmos. Die Trennung von Himmel und Erde wird ein Bestandteil der Zeitlichkeit; mehr noch – sie begründet diese.

Es zeichnet sich ein Universum auf dem Weg zu seiner Strukturierung ab. Insgesamt stellt man es sich als einen sphärischen, also kugelförmigen Raum vor, der drei übereinanderliegende Ebenen umfaßt:

– Der Himmel (sumerisch *An*, akkadisch *Schame*) ist die höchste Enene, das Oben, das wiederum in Teilebenen unterteilt sein kann. Man denkt es sich zumeist als eine flüssige Masse, die vom Himmelsgewölbe zusammengehalten wird; an dem sind die Gestirne befestigt, welche die Welt erhellen.

– Die Erde (sumerisch *Ki*, akkadisch *Ersetu*) nimmt die mittlere Ebene ein; eine feste, kreisförmige oder quadratische Platte, die umgeben ist von den salzigen Wassern des Meeres und auf dem *Apsu* schwimmt, dem Urgrund des Süßwassers, aus dem die Quellen hervortreten, die zu Flüssen und Strömen werden.

– Die Unterwelt (*Kur* und *Engur*) ist die unterste Ebene und spiegelt das Geheimnisvolle des Oben wider. Es ist eine Art Hölle, das „Land ohne Wiederkehr", das die Verstorbenen aufnimmt, wenn diese das „Reich der Lebenden" verlassen.

Zwischen diesen Bereichen, die den festen äußeren Rahmen der Welt bilden, zirkulieren zwei bewegliche Elemente, Luft und Wasser, als Erzeuger von Fruchtbarkeit und Leben; sie verbinden sie miteinander und beleben sie. Wie die drei Hauptebenen der Welt sind auch sie Gottheiten zugeteilt: die Luft Enlil, das Wasser Enki. Denn zugleich mit den Strukturen der faßbaren Welt treten auch die großen Gottheiten auf, die mit ihnen verbunden, ja gewissermaßen ein Bestandteil ihrer selbst sind. Das sumerische Wort *An*, das zugleich den Himmel und den Himmelsgott bezeichnet, beleuchtet diese Urverbindung zwischen den Naturelementen und den mächtigen Gottheiten.

Die großen Gottheiten und die Weltordnung

Künftig wird die Weltordnung bestimmt vom dynamischen Zusammenwirken der mächtigen Gottheiten, von denen jede eine der großen Naturkräfte beherrscht. Physische Strukturen und Naturerscheinungen sind nach mesopotamischer Auffassung nur vorstellbar als Wirkungen göttlicher Kräfte: Diese sind es, welche die kosmische Dynamik in Gang halten und das Leben bestimmen.

Jede dieser Gottheiten, auf denen die Beständigkeit des Weltsystems beruht, wird von nun an mit einer eigenständigen Persönlichkeit und mit symbolischen Attributen ausgestattet, die der jeweiligen Rolle entsprechen. Damit gewinnen sie anthropomorphe, also am Menschenbild orientierte Dimensionen. In der göttlichen Natur spiegelt sich überhöht das menschliche Leben wider, ergänzt durch eine so unschätzbare Eigenschaft wie die Unsterblichkeit. Zur natürlichen Belebung kommt eine „gesellschaftliche Einordnung", ausgerichtet am Bild der menschlichen Gemeinschaften, hinzu. So werden Götter und Göttinnen zu Paaren verbunden und in Verwandtschaftsbeziehungen verknüpft. Die großen Götter leben nun in menschlicher Gestalt in den palastartigen Heiligtümern, umgeben von Gemahlinnen und Kindern, Höflingen und Dienern. Die monarchische Macht auf Erden wiederum bezieht hieraus ihre Legitimation und stellt sich dar als privilegierter Mittler zwischen der Welt der Götter und jener der Menschen.

GÖTTIN

Zweite Dynastie von Lagasch,
Tello (ehemals Girsu),
Kalkstein,
16,2 x 20 cm
Paris, Musée du Louvre

GÖTTIN

| Detail

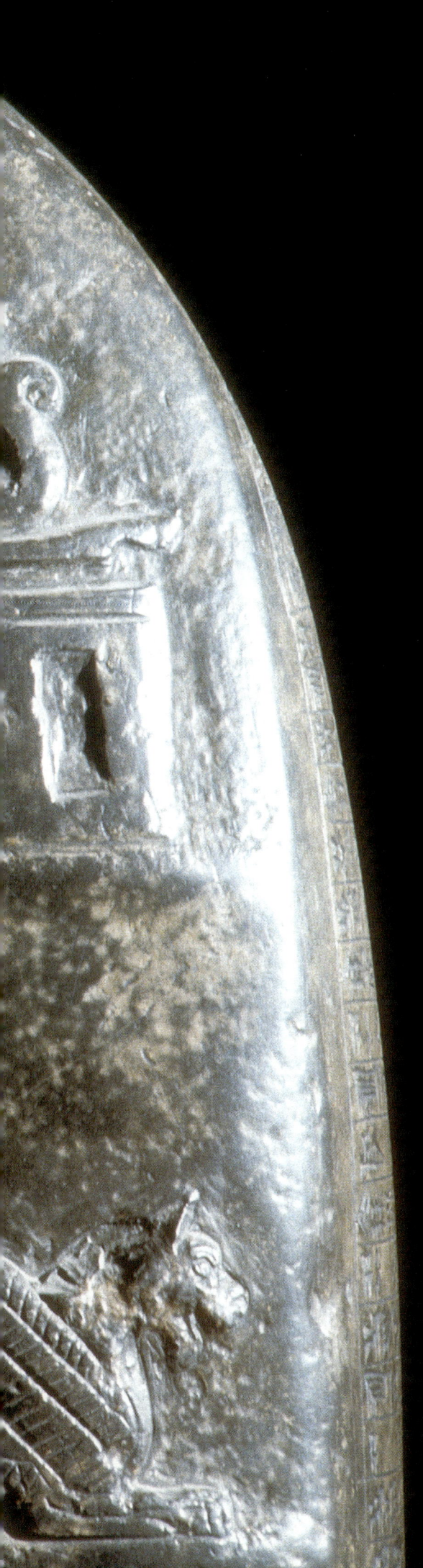

Die Generationsfolge der Gottheiten, zugleich eine mythische Zeittafel und ein Beleg für die gedachten kausalen Beziehungen, weist zwei Gruppen auf: Die „kosmischen" Gottheiten, die als erste auftreten und über die Grundstrukturen der faßbaren Welt herrschen, brachten ihrerseits die „astralen" Gottheiten hervor, welche die Wege des Lebens und des Todes regieren.

> *Als Anu, Enlil und Ea, die großen Götter,*
> *die Pläne für Himmel und Erde beschlossen hatten,*
> *erteilten sie den großen Astralgöttern Weisung,*
> *zu schaffen die Tage und zu regeln der Monate Lauf,*
> *und sie dem astrologischen Wissen der Menschen anzuvertrauen.*
> *So sah man nun aufgehn die Sonne,*
> *und die Sterne glänzen am Himmel für immer.*
> (Prolog der großen astrologischen Abhandlung *Enuma Anu Enlil*)

Die kosmischen Gottheiten
An (Anu)[1]

An ist der Gott des Himmels, von wo aus er als König der Götterwelt und „Göttervater" regiert. Den Himmel überläßt er dann seinem Sohne Enlil und tritt nur noch als oberster Richter oder als Vorsitzender der Götterversammlung auf. Es ist keine erwiesene Darstellung des Gottes An bekannt und auch kein Attribut, das ihm eindeutig zugeordnet werden kann, ausgenommen die helmartige Hörnerkrone (die jedoch auch Enlil schmücken kann) als Symbol des Götterkönigtums und ferne Erinnerung an die Stiersymbolik. Obwohl An eine der Hauptgottheiten ist, ist sein Erscheinungsbild wenig festgelegt, da er das Göttliche schlechthin repräsentiert, das sich einer Darstellung entzieht.

Enlil

Sein sumerischer Name, der sich mit „Luft-Herr" übertragen läßt, verweist darauf, daß er der Beherrscher jenes Raumes ist, der sich zwischen Himmel und Erde erstreckt und das Leben regiert: Luft, Wind und Atem. Enlil ist also „Der zwischen Himmmel und Erde", Verbindungsglied und Mittler zwischen den Ebenen der Welt, was auch sein anderer Name „Großer Berg" bezeugt. Als Sohn von Himmel (An) und Erde (Ki) tritt Enlil die Herrschaft über die Welt an. Er hält in seinen Händen die „Tafeln der Schicksale", welche die Lebensläufe der Menschen bestimmen. So sieht ihn der Unheilsvogel im Mythos von Anzu, als er den Gott in seinem Palast beobachtet: „Seine Augen betrachteten die Machtattribute Enlils: seine majestätische Krone, sein Göttergewand und in seinen Händen die Tafeln der Schicksale."

1 Dem sumerischen Namen der Gottheit ist der akkadische, falls der sich vom ersten unterscheidet, in Klammern beigefügt.

KUDURRU MELI-SCHIPAKS II.

Detail; Kassitendynastie, Susa, Kalkstein,
65 x 30 cm
Paris, Musée du Louvre

Am Kopf der Stele sind die Symbole der vier Hauptgottheiten des mesopotamischen Götterhimmels zu sehen: An, Enlil, Enki und Ninchursag. Darunter sind dann jene der Astralgottheiten angeordnet: die Mondsichel Sins, der Stern der Ischtar und die Sonnenscheibe des Schamasch.

ROLLSIEGEL MIT ABDRUCK

Dynastie von Akkad,

Mesopotamien,

Marmor,

Höhe 3,6 cm

Paris, Musée du Louvre

Auf diesem Siegel ist das Wiedererwachen der Natur im Frühling dargestellt, was dem Zusammenwirken von Enki, dem Gott des Süßwassers, dem Sonnengott Schamasch und der Göttin Ischtar zu verdanken ist.

Sein sumerischer Name ist zu übersetzen mit „Erd-Herr". Er ist Beherrscher des Apsu (sumerisch Absu), des gewaltigen unterirdischen Süßwasserbeckens, aus dem jene Quellen und Brunnen gespeist werden, deren Wasser für Fruchtbarkeit sorgt. Daher wird er gewöhnlich mit zwei Wasserläufen dargestellt, die entweder von seinen Schultern ausgehen oder aus einem Gefäß entspringen, das er in der Hand hält, und die vielleicht auch Tigris und Euphrat symbolisieren. Gelegentlich wird er auch in einem mit Wasser gefüllten Raum wiedergegeben; das ihm zugeschriebene Tier ist der Ziegenfisch, ein mythisches Wesen, aus dem sich das Einhorn entwickelte. Als Sohn Ans betrachtet, ist Enki „Der, dessen Wort gerecht ist", der Herr aller Weisheit und damit über Wissenschaft und Kunst. Außerdem ist er der Beschützer der Menschheit, die er insbesondere vor der Sintflut rettet.

ROLLSIEGEL MIT ABDRUCK

Dynastie von Akkad,
Mesopotamien,
Marmor,
Höhe 3,6 cm
Paris, Musée du Louvre

Hier steht vor Enki (Ea), dem Gott des Süßwassers, dessen doppelgesichtiger „Verwalter" Usmu.

Ninchursag

„Die Dame vom Berge" ist die Herrin der Erde, die Berg-Welt, welche die Erde symbolisiert. Sie ist aber auch die Muttergottheit unter dem Namen Nintu, „Dame des Zur-Welt-Bringens", oder Ninmach, „Erhabene Frau". Die mythische Erzählung *Lugal-e* berichtet, der Name Ninchursag sei der Ninmach verliehen worden durch ihren Sohn, den Gott Ninurta, nachdem dieser Asakku besiegt habe. Dieses Ungeheuer, Herr über das Land der Steine, wurde im Zweikampf von Ninurta bezwungen, und die für das Land Sumer so wichtigen Steine wurden von dem Gott zu einem ungeheuren Gebirge aufgeschichtet, das er von da an unter den Schutz der Ninchursag stellte.

Die Astralgottheiten
Nanna (Sin)

Der Mondgott, von Enlil mit der jungen Göttin Ninlil gezeugt, die er mit Gewalt nahm, ist der Herr der Monate und Jahreszeiten. Der mesopotamische Kalender fußt in der Tat auf den Mondzyklen, und die vollkommene Regelmäßigkeit eines solchen Kalenders ist Voraussetzung für den Wohlstand einer landwirtschaftlichen Gesellschaft. Daher schildert eine mythologische Erzählung die Ehrungen, die Sin seinem Vater angedeihen ließ, wofür er seinerseits die Zusicherung von Wohlstand und „langem Leben" erhielt.

VOTIVTAFEL MIT GIESSOPFER ZU EHREN DER GÖTTIN NINCHURSAG

Detail; frühdynastische Epoche von Sumer,
Tello (ehemals Girsu),
Kalkstein,
17,4 x 16 cm
Paris, Musée du Louvre

RELIEF MIT DARSTELLUNG DES MONDGOTTES SIN

8. Jhdt. v. Chr., Charran,
Kalkstein
Aleppo/Syrien, Museum

In Charran hatte man dem Gott Sin ein großes Heiligtum erbaut, das hier symbolisiert ist durch die davor aufgerichteten Schäfte mit Mondsicheln an ihrer Spitze.

Utu (Schamasch)

Er ist der Sonnengott, der „Herr des allgegenwärtigen Lichts", das täglich neu erstrahlt, um die Finsternis zu vertreiben und die Welt zu erhellen. Wie der Mond die Monate regiert, so erzeugt die Sonne die Tage. Jeden Morgen tritt der Gott bei Sonnenaufgang durch die Pforten des Himmels, durcheilt im Laufe des Tages die Himmelskuppel und schließt bei Sonnenuntergang die Himmelstüren wieder hinter sich. Er spendet aber nicht nur Licht und Wärme, sondern verbreitet auch Gerechtigkeit unter den Menschen. In Menschengestalt wird er mit von seinen Schultern ausgehenden Sonnenstrahlen dargestellt; zumeist wird er jedoch durch die Sonnenscheibe symbolisiert.

Ninurta

Er ist vor allem Gott des Wachstums, Spender der Fruchtbarkeit und Beschützer der Landwirtschaft. Als Herrscher über Sturm und Regen ist er „Herr der fruchtbaren Erde". Doch in den mythologischen Erzählungen erscheint er vorwiegend als kriegerischer Gott. Abgesehen von seinem Sieg über Asakku ist er im Anzu-Mythos der einzige Gott, der es wagt, sich dem gewaltigen Vogel entgegenzustellen, der Enlil die „Tafeln der Schicksale" geraubt hat. Nach seinem Sieg, der die bedrohte Weltordnung wiederherstellt, wird dieser Vogel sein Symboltier unter dem Namen Imdugud: löwenköpfiger Adler und Donnervogel, der die Sturmwolken trägt.

LÖWENKÖPFIGER ADLER

Detail; Mitte 3. Jahrtausend,
Mari,
Lapislazuli und Gold,
Höhe 12,8 cm
Damaskus/Syrien, Museum

Der vom Gott Ninurta besiegte
Donnervogel wurde zu dessen
Wappentier.

DIE NACKTE GÖTTIN ISCHTAR
Detail von einer 26,2 cm
hohen Tonvase;
Amoriterdynastie,
Larsa
Paris, Musée du Louvre

**DIE NACKTE, GEFLÜGELTE GÖTTIN
ISCHTAR AUF ZWEI GEHÖRNTEN TIEREN**
Amoriterdynastie, Larsa,
Ton,
Höhe 20,5 cm
Paris, Musée du Louvre

**ROLLSIEGEL MIT ABDRUCK:
DIE HEILIGE HERDE INANNAS**

Ende 4. Jahrtausend v. Chr.,
Mesopotamien,
Höhe 5,2 cm
Paris, Musée du Louvre

Der Schaft über dem Stall
erinnert an die frühesten
Heiligtümer der Göttin.

Inanna (Ischtar)

Ihr Name ist eine Verkürzung des sumerischen Nin-anna, „Herrin des Him-mels". Ursprünglich ist sie Fruchtbarkeitsgöttin, Herrin über Speicher und Ställe. Ihr heiliger Bezirk, oft auf dem am Eingang befindlichen Schaft darge-stellt, fand sich in Uruk schon in der vorstädtischen Epoche. Ihr Kennzeichen wurde dann ersetzt durch einen Stern unter Bezug auf den Abend- und Mor-genstern, den Planeten Venus. Da sie auch Göttin des Sturmes war, nahm Inanna/Ischtar dann auch einen kriegerischen Charakter an und wurde zu einer gefürchteten Gottheit. In menschlicher Gestalt ist sie oft bewaffnet und geflügelt in Erobererpose dargestellt. Als Spenderin der Fruchtbarkeit in der Natur wird sie auch zur Herrin über die menschliche Fortpflanzung und damit zur Göttin der Liebe und der Sexualität. In ihr sind die untrennbaren Kräfte vereint, die Leben und Tod bestimmen; dies verdeutlicht ihr Symboltier, der Löwe. Die mythologische Erzählung *Abstieg der Inanna zur Hölle* und ihr akkadisches Gegenstück *Abstieg der Ischtar zur Hölle* beschäftigen sich mit die-sem Thema. Die Göttin steigt in die Unterwelt hinab, wo ihre Schwester Ereschkigal herrscht, und muß sich dort in sieben rituellen Schritten ihrer Waffen entledigen. Sie wird als Gefangene festgehalten, bis ihr Geliebter, der Hirte Dumusi, kommt, um ihren Platz einzunehmen. Einem Menschen kam es zu, sich selbst zu opfern, um der Menschheit die regelmäßige Wiederkehr der natürlichen Fruchtbarkeit zu sichern.

ELFTE TAFEL DES GILGAMESCH-EPOS
Assyrisches Reich, Ninive,
Ton,
Höhe 13,7 cm
London, British Museum

Am Beginn dieser Tafel setzt die
Schilderung der Sintflut ein.

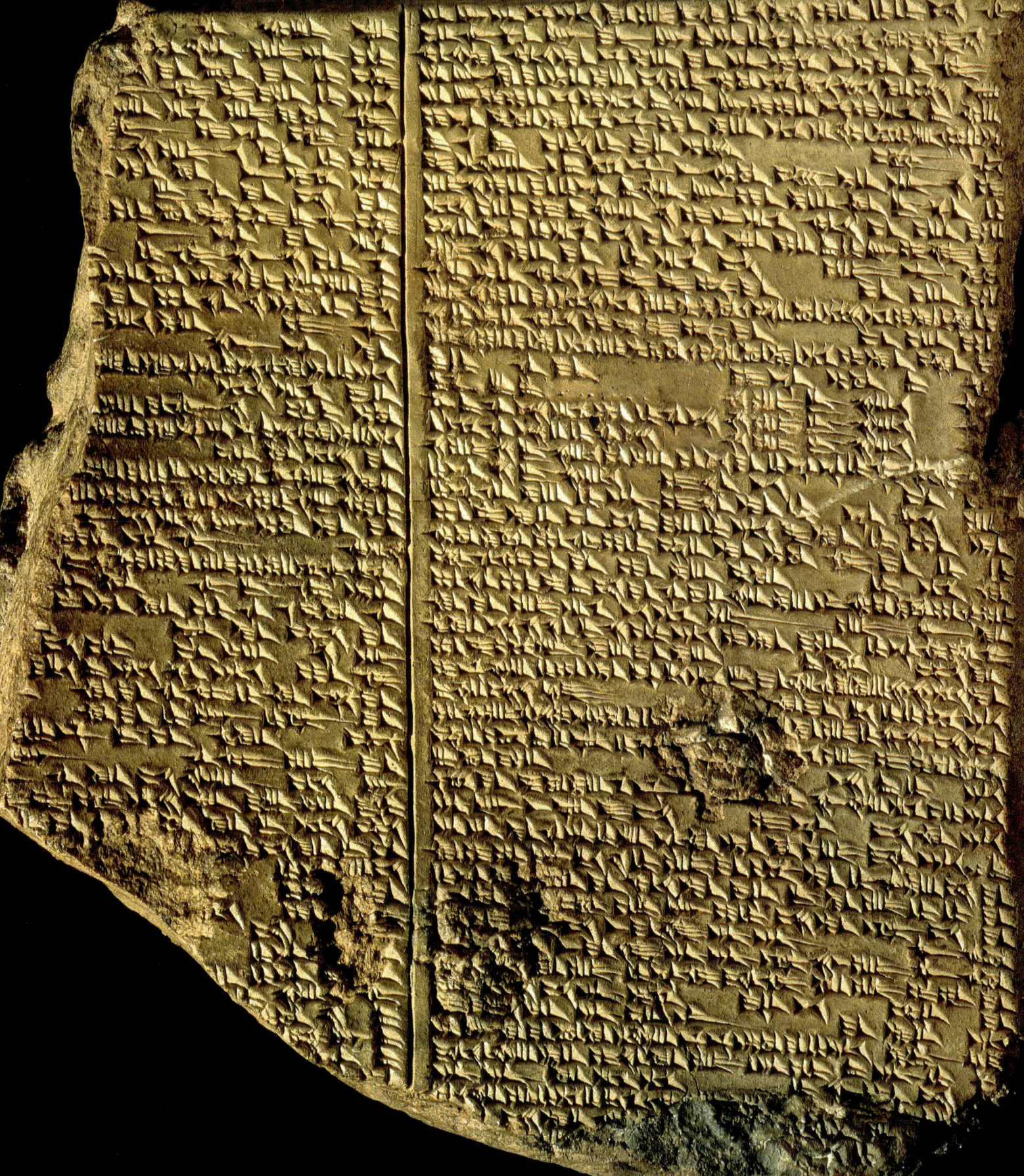

Das Schicksal der Menschen

Das aus der Vereinigung von Himmel und Erde entstandene und seither von der Gemeinschaft der mächtigen Götter regierte Universum schien einem für immer harmonischen Bestehen entgegensehen zu können. Aber der babylonische Mythos von *Atra-Hasis* berichtet von einem grundlegenden Problem, das den ruhigen Lauf der Welt in Gefahr bringt:

> *Als die Götter die Rolle der Menschen übernahmen,*
> *nahmen sie deren Pflichten auf sich, und die Bürde war schwer.*
> *Groß war die Bürde der Götter nunmehr,*
> *und schwer ihre Last: Übergroß ward die Mühe.*

Also begannen die Götter zu klagen. Der große Rat der Götter wurde unter dem Vorsitz von Anu einberufen, um sich mit der Frage zu beschäftigen:

> *Ea öffnete den Mund*
> *und wandte sich an die Götter:*
> *Da ist sie, Belat-Ili, die göttliche Mutter;*
> *sie soll gebären und dafür sorgen,*
> *daß der Mensch die Last des Gottes trägt!*

Das waren die Gründe, die nach der mythologischen Erzählung des *Atra-Hasis*, dem jene von *Enki und Ninmach* vorangeht, zur Erschaffung des Menschen führten: die Menschheit wurde von den Göttern erschaffen, um sie selbst von unangenehmen Pflichten zu befreien und sich ihre regelmäßigen Dienste zu sichern.

Die meisten Überlieferungen stimmen auch überein, was die Art der Erschaffung des Menschen betrifft. Es war der schlichte Lehm des Bodens, aus der sein vergänglicher Körper geformt wurde, ehe ihm zum Zweck vorübergehender Existenz Leben eingehaucht wurde. In der mythologischen Erzählung *Enki und Ninmach* werden die Tonklumpen mit Blut untermischt; die Muttergottheit Nammu knetet sie dann durch, um ihnen menschliche Gestalt zu verleihen. Im *Atra-Hasis* ist der Schöpfungsvorgang aufwendiger: Die vereinigten Götter opfern einen aus ihrer Mitte zweiten Ranges namens We. Sein Fleisch und Blut wird unter den Lehm gemischt, und das derart geschaffene Menschenwesen erbt so zumindest einen Bruchteil göttlichen Geistes.

In den auf seine Erschaffung folgenden Zeiten kann das Menschengeschlecht im Dienst der Götter sich eines gewissen Wohlstands. Bald jedoch ist dieser Zustand gefährdet:

> *Noch waren nicht tausendzweihundert Jahre verstrichen,*
> *und das Land war erweitert, die Menschen vervielfacht.*
> *Doch das Land schrie, wie Stiere nur brüllen …*
> *Enlil hörte dies Schreien,*
> *und zu den großen Göttern sprach er:*
> *Die Schreie der Menschheit mag ich nicht mehr hören,*
> *dies Brüllen fürwahr raubt mir den Schlaf …*
> (Atra-Hasis)

| Seite 190/191

MODELL EINER HEILIGEN STÄTTE, GENANNT SIT-SCHAMSCHI („SONNENAUFGANG")
Dynastie der Schutrukiden, Susa,
Bronze,
30 x 30 cm
Paris, Musée du Louvre

VOTIVSTATUE DES DI-UTU
Detail; 25./24. Jhdt. v. Chr.,
Südmesopotamien,
Kalkstein,
Höhe 27 cm
Paris, Musée du Louvre

NACKTER PRIESTER BEI EINEM GIESSOPFER
Detail; 27. Jhdt. v. Chr., Ur,
Täfelchen aus Muschelschale,
Höhe etwa 8 cm
London, British Museum

Als Enlil, Herr der Welt, befürchten mußte, daß seine Schöpfung ihm entglitt, beschloß er, sie lieber zu vernichten. Er überzog sie nacheinander mit Epidemien, Trockenheit und Hungersnöten, und jedesmal vermochte nur ein Eingreifen Enkis sie vor der völligen Vernichtung zu bewahren. Darauf beschloß Enlil ihren nunmehr unausweichlichen Untergang durch Verhängung der Sintflut. Vor der Versammlung der Götter ließ er Enki schwören, daß er davon den Menschen nichts mitteile. Dieser ließ sich jedoch einen Weg einfallen, um ohne Bruch dieses Eides dennoch seinen Schützling Atra-Hasis, „den sehr Weisen", zu warnen: Er wendet sich an die aus Schilfrohr errichtete Hütte an dessen Haus:

> Du Schilfwand, hör mir gut zu,
> Du Hütte aus Schilfrohr, merk, was ich sage:
> Gib auf dieses Haus und baue ein Schiff,
> Traure nicht um dein Gut,
> Sondern rette dein Leben!

Innerhalb von sieben Tagen zimmert daraufhin Atra-Hasis nach Anleitungen Enkis das Schiff. Als der Sturm losbricht, bringt er seine Familie und sein Vieh darauf unter, und während nun die Sintflut die Erde bedeckt und alle Menschen ertrinken, kann er so künftiges Leben bewahren. Sobald er nach dem Abfluß der Wasser wieder festen Boden unter den Füßen hat, richtet Atra-Hasis als erstes den Göttern ein Dankesmahl und bezeugt damit die unersetzliche Aufgabe der künftigen Menschheit. Enlil läßt deren Wiedererstehen zu, verringert jedoch die Dauer des menschlichen Lebens und erschafft Unfruchtbarkeit und Kindersterblichkeit.

Damit ist das tägliche Los der Menschen für die Zukunft bestimmt. Auf immer wird es ihre Aufgabe sein, für die sie geschaffen wurden und von der sie sich nicht lösen können, sich dem regelmäßigen Dienst der Götter zu widmen durch Umwandlung der Erzeugnisse, die ihnen von der Natur geliefert werden, und die Erbauung von irdischen Stätten zu ihrer Verehrung. Durch die getreuliche Erfüllung dieser Pflichten leisten die Menschen ihren Beitrag zum harmonischen Lauf der Welt.

VOTIVTAFEL MIT DARSTELLUNG EINER OPFERZEREMONIE
Detail; 25./24. Jhdt. v. Chr.,
Ur,
Kalkstein,
Höhe 22 cm
London, British Museum

Das Gilgamesch-Epos

EIN HEROS BEZWINGT EINEN LÖWEN

Detail. Assyrisches Reich,
Relief im Palast von Chorsabad
Alabastergips,
Höhe 470 cm
Paris, Musée du Louvre

EIN HEROS BEZWINGT EINEN LÖWEN

Assyrisches Reich,
Relief im Palast von Chorsabad
(ehemals Dur-Scharukkin),
Alabastergips,
Höhe 545 cm
Paris, Musée du Louvre

■ Die mesopotamische Überlieferung hat einen ausführlichen Text von außergewöhnlicher literarischer Qualität bewahrt, bekannt unter dem Namen *Gilgamesch-Epos*, bis heute das älteste erzählerische Werk der Menschheit. Bereits in frühen Zeiten im Nahen Osten berühmt, wo es weite Verbreitung fand auch über die Grenzen Mesopotamiens hinaus, wurde es in seiner umfassendsten Version auf zwölf Schrifttafeln in den Ruinen der Palastbibliothek von Ninive aufgefunden, die vom assyrischen König Assurbanipal im siebten Jahrhundert v. Chr. errichtet worden war.

Jenen, der alles gesehen hat,
will ich zeigen dem Lande …
Er erforschte die Rätsel
und entdeckte die Geheimnisse,
er brachte die Kenntnisse
aus der Zeit vor der Sintflut mit.

Dieser Prolog stellt Gilgamesch vor, zugleich legendäre Gestalt und doch geschichtlicher König von Uruk. Im ersten Teil des Epos werden die Heldentaten des Herrschers geschildert: zivilisatorische Leistungen der Musterstadt Uruk, die über die wüsten Kräfte der wilden Welt ringsum triumphiert. Sein förmlich ebenbildlicher Widerpart Enkidu, im Herzen der Steppe von den Göttern geschaffen, wird nach einem erbitterten Zweikampf sein untrennbarer Freund und gewinnt Zugang zur zivilisierten Gesellschaft. Gemeinsam unternehmen sie eine Reise zum fernen Land des Zedernwaldes und töten dessen Wächter, den Riesen Chumbaba. In Uruk selbst überwinden sie schließlich den die Stadt verwüstenden Himmelsstier, den die Göttin Ischtar ausgesandt hatte.

Der Tod Enkidus aufgrund eines neuen Ratschlusses der Götter wird zum Wendepunkt des Epos: So heldenhaft der Mensch auch sein mag, er bleibt doch ein Sterblicher und den Händen der Götter ausgeliefert. Verzweifelt irrt Gilgamesch durch die Steppe und beschließt dann, sich einem derart unerträglichen Los zu entziehen. So macht er sich auf zu den Enden der Welt, wo Utnapischtim wohnt, der die Sintflut überlebte und als Einziger das Geheimnis des „ewigen Lebens" kennt. Die Schilderung der Sintflut durch Utnapischtim ist der dramatische Höhepunkt des Werkes.

Gilgamesch ist ein anderes Los beschieden. Er fügt sich schließlich in sein Schicksal, sterblich zu sein, indem er auf den Rat der Wirtin Siduri hört:

Wonach jagst du, Gilgamesch?
Das Leben, das du suchst,
wirst du nicht finden.
Als die Götter erschufen den Menschen,
dachten den Tod sie ihm zu,
und behielten das Leben für sich.
Füll, Gilgamesch, lieber den Bauch dir,
genieße den Tag und die Nacht …
Freu dich des Kindes an deiner Hand
und eines Weibes an deiner Brust.
Das ist Sache der Menschen.

Fortdauernde Wechselwirkungen zwischen Orient und Okzident

Wie alt die Beziehungen zwischen den europäischen Kulturen und jenen des Nahen Ostens sind, läßt sich schwer ermessen. Kontakte auf materieller Ebene reichen zweifellos bis in die Steinzeit zurück, was sich aus der Entwicklung von Landbewirtschaftung und Viehzucht ablesen läßt. Aber auch auf der geistigen Ebene ergeben sich Verbindungen: Der Glaube an die Kräfte der Fruchtbarkeit, der seinen Ausdruck findet im Stierkult und dem der Großen Göttin, ist von Asien bis zum Balkan verbreitet. Während der Bronzezeit begünstigen weitreichende Handelsbeziehungen entlang der Bernsteinstraßen von der Ostsee bis zum Mittelmeer gleichermaßen die Ausbreitung von Techniken und von Gedankengut. Die homerischen Epen, entstanden zu Beginn des ersten vorchristlichen Jahrtausends in der ionischen Welt, bewahren die Erinnerung an eine aus der Bronzezeit überkommene höfisch geprägte Kultur. Indem er das ausgelassene Treiben einer ungestümen Kriegerkaste schildert, erweckt Homer Erinnerungen an die mythologischen Erzählungen auf den Schrifttafeln von Ugarit, in denen wortreich die heldenhaften Kämpfe wiedergegeben werden und die Bankette, auf denen die Götter reichlich schlemmen inmitten von Tanz und Gesang zu den Klängen von Leiern, Flöten und Zimbeln. Die Metallverarbeitung, die Nutzung des Feuers für Keramik, Fayencen und Glaserzeugung und die Elfenbeinschnitzerei, die die Waffen von Elefant und Flußpferd kunstvoll verwertet, entwickeln sich vergleichbar von einer Küste des Mittelmeeres zur anderen. Im ersten Jahrtausend entspricht die phönizische Kolonisation jener der griechischen Städte, was schließlich zu einer Aufteilung des Mittelmeerraums führt. Diese Konkurrenz behindert aber nicht Kontakte und Austausch, deren sicher nicht unwesentlichstes Ergebnis die Übernahme des Alphabets ist: Vom Phönizischen wird es für das Griechische adaptiert, dann für das Etruskische und Lateinische und wird schließlich von allen europäischen Sprachen angewandt. Der Siegeszug Alexanders macht einerseits aus dem Orient bis hin nach Indien ein griechisch bestimmtes Gebiet, öffnet aber zugleich Europa dem reichen Erbe des Orients.

Dieses Erbe, genährt aus jahrtausendealten Beziehungen, wird bewahrt und weitergegeben in den Schriften der alten Autoren, die den Faden niemals völlig abreißen ließen. Das babylonische Exil der Völker Israels und Syriens trägt im Umkreis der Levante zur Verbreitung der bedeutenden mespotamischen Wissenschaften Astronomie und Mathematik und auch zu jener der großen Mythen bei: Die Schilderung der Sintflut in der Bibel ist die Wiedergabe einer Passage des Gilgamesch-Epos. Der in Babylon gegen Ende des vierten Jahrhunderts v. Chr. geborene Beros erteilt auf der griechischen Insel Kos Unterricht in Astronomie, der auf der mesopotamischen Überlieferung beruht; er schreibt eine

DIE RUINEN VON PALMYRA
1./2. Jhdt. n. Chr.
Palmyra/Syrien

Blick auf den großen Bogen
am Beginn der langen, die
Hauptstraße der Stadt
säumende Kolonnadenreihe.

Geschichte über die alten Denkmäler seiner Heimat, deren Angaben regelmäßig durch die archäologischen Entdeckungen bestätigt werden. Vor ihm beschrieb der weitgereiste Grieche Herodot im fünften Jahrhundert v. Chr. zwar mit einiger Naivität, aber doch großer Genauigkeit die Sitten in Ägypten oder auch am Hofe Darius' I. Nach der Eroberung Alexanders wurden griechische literarische Schulen im Orient gegründet, die bis zum Ende der Antike blühten. Die bedeutendste ist die von Alexandria in Ägypten; weitere fanden sich in Antiochia, in Seleukia und in den Städten der Dekapolis, so etwa Gadara. Flavius Josephus, im ersten Jahrhundert v. Chr. in Jerusalem geboren, liefert uns in seinem *Jüdischen Krieg* und seinen *Jüdischen Altertümern* einen Einblick in die inneren Verhältnisse Israels zur Zeit Christi. Die Originalschriften zahlreicher griechisch-orientalischer Denker sind untergegangen, aber ihr Inhalt wurde weitergegeben durch ausführliche Zitate christlicher Autoren, die sie kommentierten oder auch widerlegten. Einer der bedeutendsten von ihnen ist Clemens von Alexandria (drittes Jahrhundert v. Chr.), seinerseits wieder Lehrer des in Alexandria geborenen und in Tyros verstorbenen Origenes, der sich in seinen Kommentaren zur Heiligen Schrift um eine Versöhnung zwischen Christentum und Neuplatonismus bemüht. Eusebius (265 bis 340 v. Chr.), Bischof von Cäsarea und enger Berater von Kaiser Konstantin, ist eine unerschöpfliche Quelle angesichts der Religionsgeschichte des Orients. Zu Beginn der Römerzeit wird das Altsyrische, ein Dialekt des Aramäischen, neben dem Griechischen zur geschriebenen Kultursprache: Theologen und Philosophen altsyrischer Sprache spielen eine bedeutende Rolle bei der Vermittlung der griechisch-orientalischen Kultur ins mittelalterliche Europa einerseits und in die arabische Welt andererseits.

Aristoteles bietet ein typisches Beispiel für die gegenseitige Bereicherung durch Weitergabe intellektueller Traditionen. Lehrer Alexanders des Großen, kam Aristoteles genau im rechten Augenblick, um von der Erschließung des Orients durch die Siege des Mazedoniers zu profitieren, und wurde dann übersetzt ins Lateinische, Altsyrische, Hebräische, Armenische und Arabische. Weil er sich mit allen theoretischen und praktischen Disziplinen befaßt, vor allem in seinem *Organon*, wurde sein Werk als methodische Wissensvermittlung, als Theorie der Wissenschaften schlechthin verstanden und fand damit Eingang in alle Bibliotheken. In der neuplatonischen Schule von Athen diskutiert, angereichert durch altsyrische Autoren, unentbehrliches Gedankengut für die mittelalterlichen Schulen des lateinischen Westens, fand es auch seinen Platz in den abbasidischen Kulturzentren Arabiens, wurde im muselmanischen Spanien von Averroes eingeführt, dem großen Gelehrten der Moschee von Cordoba, und beeinflußte gleichermaßen die europäische Renaissance und die Philosophie der Aufklärung. Auch kann im Westen an der Wende zum einundzwanzigsten Jahrhundert die Geschichte der Kulturen des Alten Orients das gleiche Interesse wie die Überlieferung der Bibel beanspruchen; dieses kulturelle Erbe beeinflußt bis heute die Geisteswissenschaften, die Technik und die Kunst.

TRIPYLON IN PERSEPOLIS

Persisches Achämenidenreich

Persepolis/Iran

König Artaxerxes I., begleitet von zwei Dienern, verläßt seinen Palast.

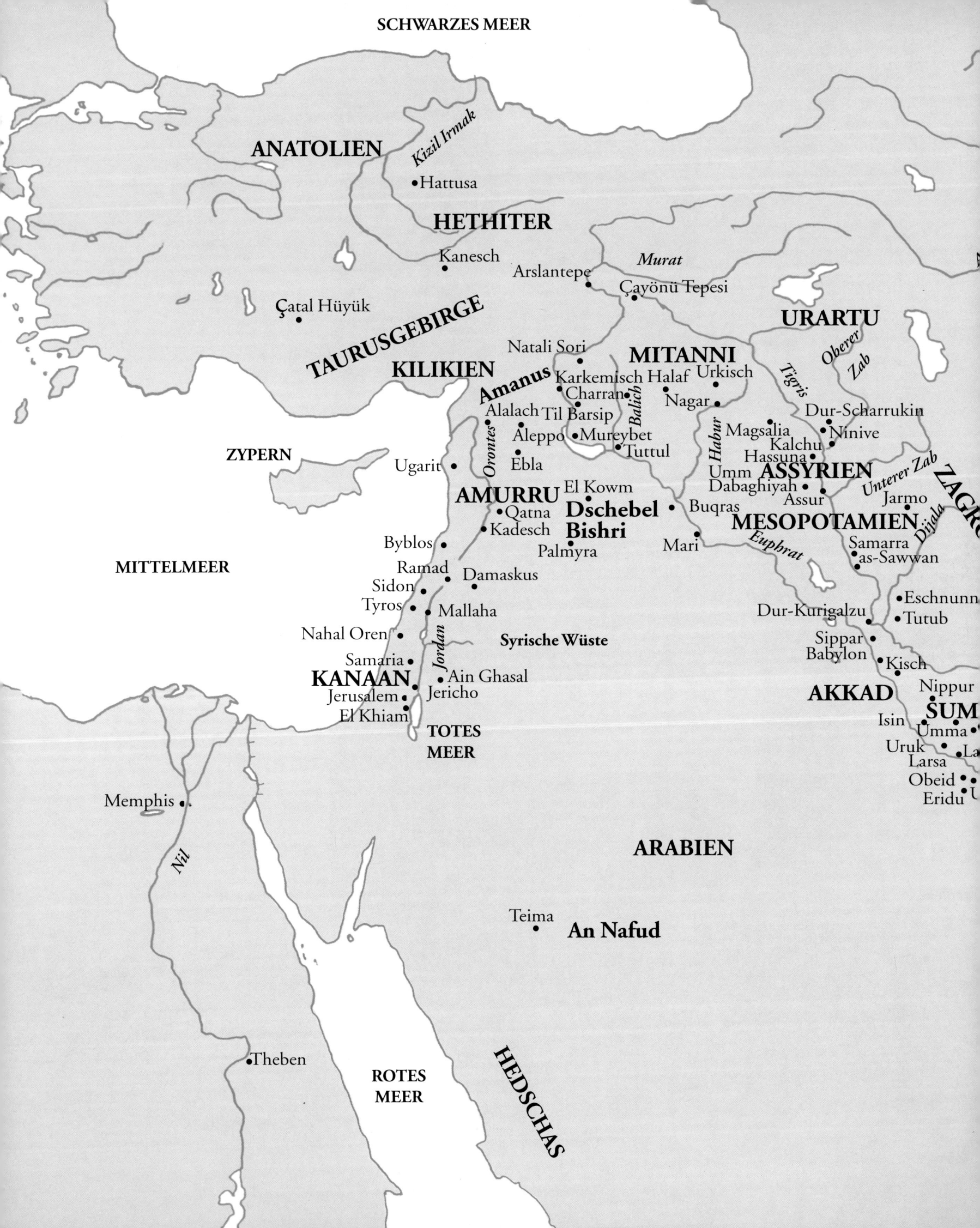

SCHWARZES MEER

ANATOLIEN

Kizil Irmak

• Hattusa

HETHITER

• Kanesch

Arslantepe •

Çayönü Tepesi •

Murat

URARTU

Çatal Hüyük •

TAURUSGEBIRGE

KILIKIEN

Natali Sori

MITANNI

Oberer Zab

Karkemisch Halaf   Urkisch •

Amanus   Charran •   *Balich*   Nagar •

Alalach • Til Barsip •

Tigris

Dur-Scharrukin •

Habur

Magsalia •   • Ninive

ZYPERN

Aleppo •   • Mureybet

Ebla •   Tuttul •

Kalchu •

Hassuna •

Ugarit •

Orontes

AMURRU   El Kowm •

Umm •   ASSYRIEN

Dabaghiyah •

Unterer Zab

ZAGR

MITTELMEER

• Qatna

Dschebel

• Buqras

Assur •

Jarmo •

• Kadesch

Bishri

MESOPOTAMIEN

Byblos •

Palmyra •

Mari •

Euphrat

Dijala

Samarra •

as-Sawwan •

Ramad •

Damaskus •

Sidon •

Tyros •

Mallaha •

Dur-Kurigalzu •

Eschnunn •

• Tutub

Nahal Oren •

Jordan

Syrische Wüste

Sippar •

Samaria •

Babylon •

KANAAN

• Ain Ghasal

• Kisch

Jerusalem •

Jericho •

AKKAD

Nippur •

El Khiam •

ŠUM

Isin •   • Umma

TOTES

MEER

Uruk •   • La

Larsa •

Obeid •   • U

Eridu •

Memphis • •

Nil

ARABIEN

Teima •   **An Nafud**

Theben •

ROTES

MEER

HEDSCHAS

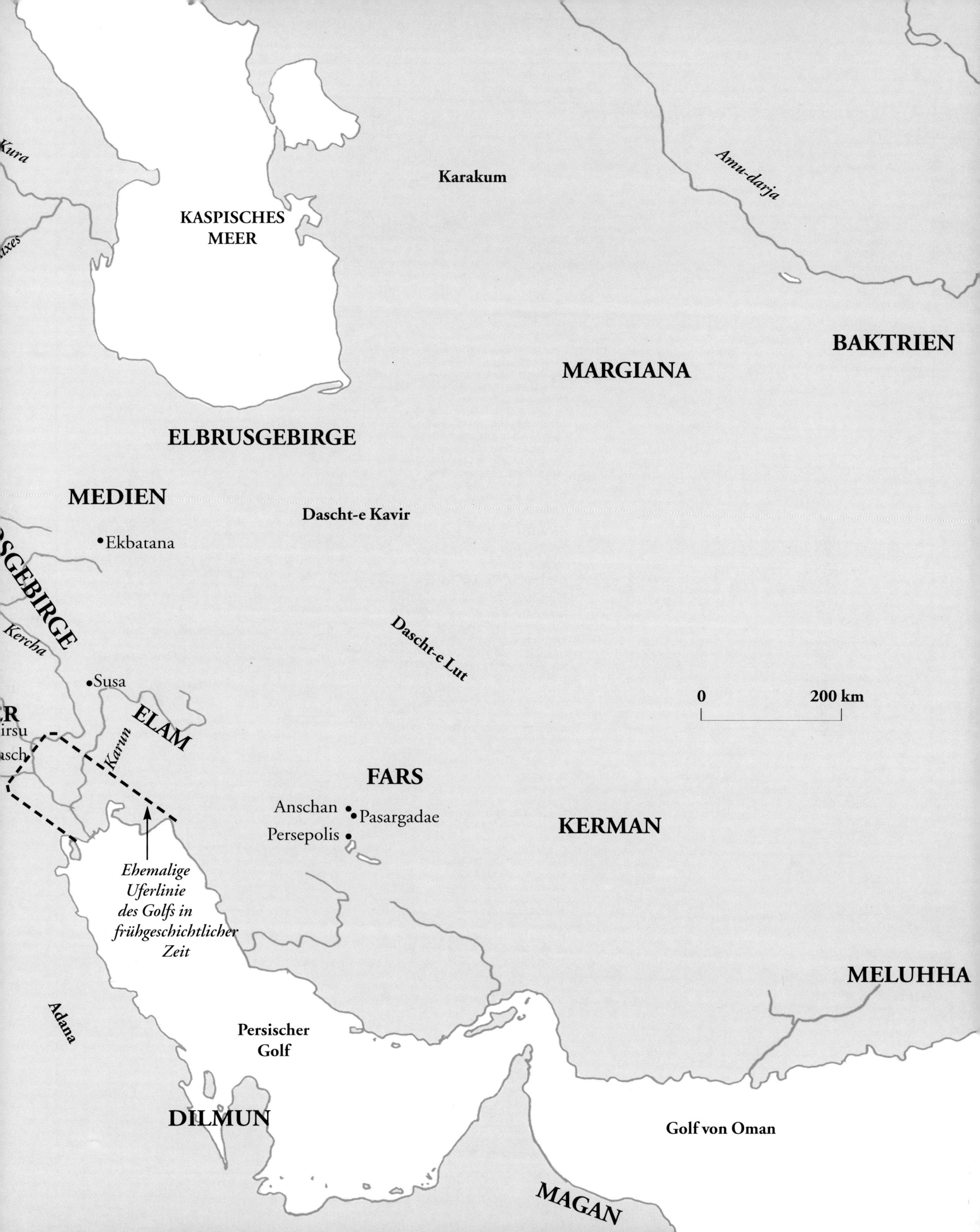

LEVANTE	MESOPOTAMIEN	IRAN
Natoufien (12 500–10 000)*		
Khiamien (10 000–9500)		
PPNA (9500–8700)	M'lefaat	
Älteres PPNB (8700–8200)	Nemrik	
Mittleres PPNB (8200–7500)		
Jüngeres PPNB (7500–7000)	Magsalia	Gandschi-Darech
		Ali Kosch
		Susiana
Jüngstes PPNB (7000–6500)	Kultur von Umm Dabaghiyah (7000–6500)	
	Kultur von Hassuna (6500–6000) — Obeid 0 (6500–5900)	
	Kultur von Samarra (6200–5700) — Obeid 1 (5900–5300)	Tschoga Mami
Halaf-Kultur	Kultur von Halaf (6000–5100) — Obeid 2 (5500–5100)	
Obeid-Kultur	Nördliche Obeid-Kultur — Obeid 3 (5300–4700)	
	Obeid 4 (4700–4200)	
	Obeid 5 (4200–3700)	Susa I (4000–3500)
	Alte Uruk-Zeit (3700–3400)	
	Mittlere Uruk-Zeit (3400–3100)	Susa II (3500–3100)
	Jüngere Uruk-Zeit (3100–2900)	Susa III (3100–2700)
	FRÜHSUMERISCHE DYNASTIEN (2900–2330)	
	Mebaragesi, König von Kisch (um 2700)	Susa IV (2700–2200)
	Gilgamesch, König von Uruk	
	Meskalamdug, König von Ur (um 2600)	
	Mesanepada, König von Ur	
EBLA	MARI — Mesilim, König von Kish (um 2550)	
	Ischgi-Mari — Ur-Nansche, König von Lagasch (um 2500)	
Igrisch-Halam	Iblul-Il — Eannatum, König von Lagasch (um 2450)	
Irkab-Damu	Enna-Dagan — Entemena, König von Lagasch (um 2400)	DYNASTIE VON AWAN (um 2400)
Ischar-Damu	Urukagina, König von Lagasch (um 2350)	
	Lugalsaggesi, König von Umma	
	DYNASTIE VON AKKAD	
	Sargon (2334–2279)	
	Rimusch (2278–2270)	
	Manischtuschu (2269–2255)	
	Narimsin (2254–2218)	
	Scharkali-Scharri (2217–2193)	
	ZWEITE DYNASTIE VON LAGASCH	
	Gudea (2125–2110)	
	DRITTE DYNASTIE VON UR	
	MARI — Ur-Nammu (2112–2095)	Pusur-Inschuschinak, König von Awan und Susa (um 2100)
Ibdati, König von Byblos (um 2050)	Dynastie der — Schulgi (2094–2047)	
	Schakkanakku — Amarsin (2046–2038)	DYNASTIE VON SCHIMASCHKI
	(um 2100) — Schusin (2037–2029)	Kindattu (um 2005)
	Ibbisin (2028–2004)	
	DYNASTIEN VON ISIN UND LARSA	DYNASTIE DER SUKKALMACH
	Ischbi-Erra, König von Isin (2017–1985)	Ebarat (um 1970)
	Lipit-Ischtar, König von Isin (1934–1924)	Attahuschu (um 1927)
	Gungunum, König von Larsa (1932–1906)	
	Rimsin, König von Larsa (1822–1763)	
	MARI — ASSYRIEN	
	Jachdun-Lim (1815–1799) — Pusur-Assur	
	Simri-Lim (1775–1762) — Erischum I. (um 1940)	
	Samsi-Addu (1810–1776)	
Jarim-Lim I., König von Aleppo (1780–1765)		
Amut-pi-El, König von Qatna	ERSTE DYNASTIE VON BABYLON	
Jantinhammu, König von Byblos	Sumu-Abum (1894–1881)	
	Hammurabi (1792–1750)	
ALTES HETHITERREICH	Samsu-Iluna (1749–1712)	
Hattusilis I. (1650–1620)	Samsu-Ditana (1625–1595)	
Mursilis I. (1620–1590)		
	KASSITEN-DYNASTIE VON BABYLON	
Telepinu (1525–1500)	Agum-Kakrime (um 1595)	
	Burnaburiasch I. (um 1500)	
Idrimi, König von Alalach (um 1500)		
MITANNI		DYNASTIE DER IGIHALKIDEN
Parrattarna I. (um 1500)		Igihalki (1400–1380)
Sauschtatar (um 1450)	Karaindas (um 1415)	Untasch-Napirischa (1340–1300)
Tuschratta (um 1370)	Kurigalzu I. (um 1380)	
	Burnaburiasch II. (1359–1333)	
	Kaschtiliasch IV. (1232–1225)	
	Meli-Schipak II. (1185–1171)	
NEUES HETHITERREICH	ASSYRIEN	
Schuppiluliuma I. (1370–1335)	Assuruballit I. (1365–1330)	
Muwatalli II. (1305–1282)	Adadnirari I. (1307–1275)	
Hattusilis III. (1275–1250)	Salmanassar I. (1274–1245)	
Tutchalija IV. (1250–1220)	Tukulti-Ninurta I. (1244–1208)	
Hammurabi, letzter König v. Ugarit (um 1200)	Tiglatpilesar I. (1115–1077)	

LEVANTE	MESOPOTAMIEN	IRAN
		DYNASTIE DER SCHUTRUKIDEN
	ZWEITE DYNASTIE VON ISIN	Schutruk-Nachunte (1190–1155)
	Nebukadnezar I. (1124–1103)	Kutir-Nachunte (1155–1150)
Achiram, König von Byblos (um 1000)		Schilhak-Inschuschinak (1150–1120)
David, König von Israel (1010–970)		
Salomon, König von Israel (970–931)	ASSYRISCHES REICH	
Hiram I., König von Tyros (969–935)	Assurdan II. (934–912)	
	Adadnirari II. (911–891)	
	Tukulti-Ninurta II. (890–884)	
	Assurnasirpal II. (883–859)	
Hadad-Ezer, König von Damaskus (um 850)	Salmanassar III. (858–824)	
Jehu, König von Israel (841–814)	Schamschi-Adad V. (823–811)	
	Adadnirari III. (810–783)	
Sarduri II., König von Urartu (um 740)	Tiglatpilesar III. (744–727)	Kyaxares, König der Meder (653–585)
	Salmanassar V. (726–722)	
Rusa I., König von Urartu (719–713)	Sargon II. (721–705)	
Midas, König von Phrygien	Sanherib (704–681)	
Hiskia, König von Juda (719–699)	Assarhaddon (680–669)	Astyages, König der Meder (585–550)
	Assurbanipal (668–629)	
		PERSISCHE ACHÄMENIDEN-DYNASTIE
	CHALDÄERDYNASTIE VON BABYLON	Kyros II. (559–530)
	Nabupolassar (625–605)	Kambyses II. (530–522)
	Nebukadnezar II. (604–562)	Darius I. (522–486)
	Nabonid (556–539)	Xerxes I. (486–465)
		Artaxerxes I. (465–424)
		Artaxerxes II. (404–359)
		Darius III. (336–330)
* Sämtliche Daten beziehen sich auf die vorchristliche Zeit.		Alexander von Mazedonien

VON DER BILDERSCHRIFT ZUR KEILSCHRIFT

	Bilderschriftzeichen um 3100 v. Chr.	Keilschriftzeichen um 2400 v. Chr.	Keilschriftzeichen um 700 v. Chr.	Sumerische Bedeutung	Übersetzung
Stern				an, dingir	Himmel, Gott
Sonne				Ud, U$_4$	Sonne, Tag
Stierkopf				gu$_4$	Ochse
Kuhkopf				ab$_2$	Kuh
Menschen-körper				lu$_2$	Mensch
Menschenkopf mit Napf				ku$_2$	Essen
Ähre				she	Getreide
Frau				munus	Frau

WEITERFÜHRENDE LITERATUR IN AUSWAHL

Forte, Maurizio/Siliotti, Alberto: *Die neue Archäologie – Virtuelle Reisen in die Vergangenheit*; Bergisch Gladbach (Lübbe) 1997

Gogräfe, Rüdiger/Obernmeier, Klaus: *Syrien*; München (Hirmer) 1995

Hirmer, Max, Strommenger, Eva: *Fünf Jahrtausende Mesopotamien;* München (Hirmer) 1962

Koldewey, R. (Hg. Hrouda, Barthel): *Das wieder erstehende Babylon*; München 1990

Laroche, Lucienne: *Mesopotamien*; Wiesbaden (Ebeling) 1971

Moortgat, Anton: *Die Kunst des Alten Mesopotamien: I Sumer und Akkad, II Babylon und Assur*; Köln (DuMont) 1984

Nissen, H.J./Damerow, P./Englund, R.K: *Frühe Schrift und Techniken der Wirtschaftsverwaltung im alten Vorderen Orient*; Bad Salzdetfurth (Gerstenberg) 1991

Odenthal, Johannes: *Syrien – Hochkulturen zwischen Mittelmeer und Arabischer Wüste*; Köln (DuMont) 1995

Pleticha, Heinrich/Dollhopf, Helmut: *Syrien;* Würzburg (Stürtz) 1993

Radt, Barbara: *Anatolien*; München (Artemis) 1993

Uhlig, Helmut: *Die Mutter Europas – Ursprünge abendländischer Kultur in Alt-Anatolien*; Bergisch Gladbach (Lübbe) 1997

Uhlig, Helmut: *Die Sumerer – ein Volk am Anfang der Geschichte*; Bergisch Gladbach (Lübbe) 1989

Ausstellungskatalog: *Sumer – Assur – Babylon: 7 000 Jahre Kunst und Kultur zwischen Euphrat und Tigris*; Mainz (Philipp von Zabern) 1978

AKG, Berlin: S. 106/107, 138/139, 139 rechts; Bildarchiv Preußischer Kulturbesitz, Berlin: S. 18/19, 34 unten, 35, 91, 112/113, 136 unten links, 136 unten rechts, 156/157; British Museum, London: S. 2, 12, 13, 24, 39, 60/61 oben und unten, 62/63, 111, 122, 122/123, 124/125, 126, 128 unten, 130/131 oben, 132, 133, 152/153, 154 oben und unten, 160/161, 189, 193, 194/195; CNRS, Mureybet-Mission, Jalès: S. 20; CNRS, Mureybet-Mission, Jalès, Fotos A. Bedos: S. 21, 22; Dagli Orti, Paris: S. 25, 28/29, 30, 32, 33, 48, 49, 59 rechts, 76, 77, 142, 181, 184/185; Explorer, Paris, Fotos Fiore: S. 86/87, 200/201; Explorer, Foto C. Lenars: S. 127; Explorer, Paris, Fotos G. Thouvenin: S. 136 oben, 137; Hirmer-Verlag, München: S. 34 oben; Musée du Louvre, Département des Antiquités orientales, Paris: S. 70, 71, 92/93, 121 links und rechts, 128 links, 129 oben und unten, 174, 175, 196, 197; Musée du Louvre, Fotos Ali Meyer: Umschlag, S. 5, 6, 14/15, 16, 26, 27 oben, 36, 37, 38 oben und unten, 40, 41, 42/43, 44, 45, 46 links und rechts, 47, 52, 53, 54, 56, 58, 59 links, 64, 65, 66, 67, 68, 69, 72, 73, 74/75, 78, 79, 80, 81, 82 links und rechts, 83, 84/85, 85 rechts, 90, 94, 95, 96, 97, 98/99, 100, 101, 102 links, 102/103, 104, 109, 110, 114, 116, 118, 119, 120, 128 oben rechts, 130 unten, 131 oben und unten, 134, 135, 140, 141, 144/145 oben und unten, 146, 147, 148, 149, 150 oben und unten, 151 links und rechts, 155, 158, 159, 162, 163, 164, 165, 166, 168 links, 168/169, 170/171, 172, 173, 176/177, 178, 179 oben, 178/179 unten, 180, 182, 183, 186 links, 186/187, 188 oben und rechts, 192; Musée du Louvre, Fotos Frank Lachenet: S. 8/9, 10/11, 23, 55, 108, 115, 117, 199; Musée du Louvre, Foto John Tsantes: S. 27 unten; Oriental Institute Museum, Chicago, Foto Victor J. Boswell: S. 57; Rapho, Paris, Foto Gerster: S. 88/89; Robert Harding, London: S. 50 oben und unten; RMN, Paris: S. 190/191.

Printed in Italy
by Grafiche Zanini - Bologna